100万人の給排水

小川正晃 編著
瀬谷昌男 イラスト

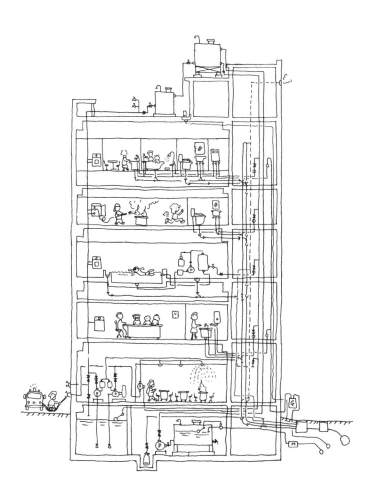

Ohmsha

本書を発行するにあたって，内容に誤りのないようできる限りの注意を払いましたが，本書の内容を適用した結果生じたこと，また，適用できなかった結果について，著者，出版社とも一切の責任を負いませんのでご了承ください．

　本書は，「著作権法」によって，著作権等の権利が保護されている著作物です．本書の複製権・翻訳権・上映権・譲渡権・公衆送信権（送信可能化権を含む）は著作権者が保有しています．本書の全部または一部につき，無断で転載，複写複製，電子的装置への入力等をされると，著作権等の権利侵害となる場合があります．また，代行業者等の第三者によるスキャンやデジタル化は，たとえ個人や家庭内での利用であっても著作権法上認められておりませんので，ご注意ください．
　本書の無断複写は，著作権法上の制限事項を除き，禁じられています．本書の複写複製を希望される場合は，そのつど事前に下記へ連絡して許諾を得てください．
出版者著作権管理機構
（電話 03-5244-5088，FAX 03-5244-5089，e-mail：info@jcopy.or.jp）

JCOPY ＜出版者著作権管理機構　委託出版物＞

はしがき

　入門書として版を重ねている「100万人の空気調和」に触発されて生まれた「100万人の給排水衛生設備」も，発刊から10年を経過したのを機に有志が再び集まり，古くなった数値データを更新し，新しい技術や機器あるいは最新の情報を盛り込むなど内容を充実させるとともに，書名も「100万人の空気調和」と対になるよう「100万人の給排水」に改めて刊行する運びとなりました．

　本書の各種データは原則として2014年の公表値を採用し，また給湯設備の配管決定法は全面的に最新の方法に改め，消火設備も最新の情報を追記し，イラストについては全面的に見直し説明文を活字として見やすくして技術系の人でなくても理解していただけるようにまとめたつもりです．

　まとめるに際して引用図表は原典の一部を記載するにとどめましたので，詳細は付記した原典を参照してください．また部分的に手を加えるなど，よりわかりやすくなるように最大限努めましたが，もし内容に齟齬がありましたらすべて編著者の責任です．

　給排水設備の目的はいうまでもなく衛生的安全性を担保することですが，建築設備に起因する健康被害はほとんど給排水設備が原因となっています．

　しかし最近では，衛生的安全性を担保するため給排水設備技術がきわめて重要であるにもかかわらず，設計・施工現場では空調設備のほうに重点が置かれており，利益の薄い給排水設備はないがしろにされている感があり，給排水設備技術を会得する機会が教育現場でも実社会でも少なくなっており，危機感を強くしています．

　本書が入門書としてお役に立ち，他領域の技術者あるいは一般の方々が給排水設備に興味をもっていただけるようになれば幸いです．

　なお，本書は前著執筆者のうちの安藤紀雄氏，小坂信二氏，瀬谷昌男氏，水上邦夫氏のご協力を得て内容を更新したもので，前著の執筆者である堀尾佐喜夫氏，小池道広氏，中村勉氏，清水亨氏，柳村暁氏を含む関係各位に深甚の謝意を捧げます．

2015年8月

編著者　小川　正晃

Contents 100万人の給排水

第1章 生活と水

1-1　水と人のかかわり ･････････････････････････････････････ 002
　　　水と安全はタダ
　　　空中を走る水道橋
　　　ジャンバルジャンの下水道
　　　井戸は受水槽
　　　日本の下水道
　　　生きていくための水

1-2　水は天下の回りもの ･･･････････････････････････････････ 007
　　　地球になぜ水があるの
　　　地球上の水の量
　　　地球を循環する水

1-3　水の性質 ･･･ 008
　　　華麗に変化する水
　　　温まりにくく冷めにくい
　　　4℃の水が最も重い
　　　水はなんでもよく溶かす
　　　圧力を加えても小さくならない
　　　水は盛り上がる（表面張力と毛細管現象）
　　　適度な粘りで流れやすい

1-4　水が危ない ･･ 011
　　　使える水
　　　世界の水資源
　　　世界の水使用量
　　　日本の水資源
　　　日本人の水消費量
　　　水源の水質の変化
　　　地下水も汚染が進む
　　　水の需給バランスと渇水
　　　渇水はなぜ起きる

1-5　水の有効利用 ･･･････････････････････････････････････ 016
　　　命を守る水

　　　　モラルに頼る節水
　　　　節水器具
　　　　節水と温暖化防止
　1-6　飲料水の条件……………………………………………018
　　　　飲料水の水質基準
　　　　水道水に混ざる汚染物質
　　　　塩素消毒は万能か
　　　　おいしい水
　　　　硬水と軟水
　　　　ガソリンより高価なミネラルウォーター
　　　　海水から水をつくる
　1-7　水の使われ方……………………………………………023
　　　　水はどこで使われているか
　　　　都市で使う水
　　　　工場で使う水
　1-8　飲料水の一生……………………………………………024
　　　　水を配る上水道
　　　　水道の種類
　　　　水を捨てる下水道
　　　　浄化槽
　　　　自然を汚す単独浄化槽
　1-9　水を楽しむ………………………………………………028
　　　　庭園の噴水や水琴窟
　　　　ビオトープづくり
　　　　水景施設の計画
　　　　ドライミスト

第2章　水を配る給水設備

　2-1　給水設備の条件…………………………………………032
　　　　水を守る
　　　　水栓は危険がいっぱい
　　　　使いやすい水圧
　　　　適正水圧を守るゾーニング
　2-2　建物で使う水……………………………………………038
　　　　水道の引込み
　　　　上水と雑用水
　2-3　建物の使用水量…………………………………………040
　　　　1日の使用水量

　　　　時間によって変わる使用水量
　　　　1回に使う水の量
　2-4　水を配る方法 …………………………………… 043
　　　　直結方式
　　　　直結増圧ポンプ方式（4階以上の建物）
　　　　高置水槽方式
　　　　ポンプ直送方式
　　　　圧力タンク方式
　2-5　給水機器の決め方 ……………………………… 047
　　　　受水槽の決め方
　　　　高置水槽の決め方
　　　　給水ポンプの決め方
　　　　ポンプの役割
　2-6　給水配管の決め方 ……………………………… 052
　　　　配管を流れる水量の決め方
　　　　管径の決め方
　2-7　給水設備機器とその働き ……………………… 056
　　　　貯水槽
　　　　貯水槽の信号機
　　　　貯水槽はいつも清潔に
　　　　ビルの中で塩素消毒

第3章 お湯を配る給湯設備

　3-1　お湯の性質 ……………………………………… 066
　　　　膨らんだり縮んだり
　　　　気体になったり固体になったり
　　　　お湯は物をよく溶かす
　　　　お湯と火傷
　　　　お湯を沸かすエネルギー
　3-2　お湯を配る方法 ………………………………… 068
　　　　広い範囲に配る中央式給湯
　　　　狭い範囲に配る局所式給湯
　　　　飲むお湯
　3-3　お湯の温度と量 ………………………………… 072
　　　　お湯の温度
　　　　お湯と水を混ぜる
　　　　お湯の使用量と機器の決め方
　　　　中央式給湯の配管方式

　　　　　給湯管径の決め方
　　　　　返湯管径の決め方
　　　　　給湯循環ポンプの決め方
　3-4　お湯をつくる方法 ……………………………………………………… 079
　　　　　ガスや石油でお湯をつくるボイラ
　　　　　資格がいらない温水機
　　　　　ガス瞬間給湯機
　　　　　追焚き機能
　　　　　自動お湯張り機能
　　　　　排気熱回収機能
　　　　　電気でお湯をつくる
　　　　　空気や水の熱でお湯をつくる
　　　　　余った熱でお湯をつくる
　　　　　水素で電気をつくる
　　　　　太陽の贈りもの
　3-5　お湯はためて使う ……………………………………………………… 091
　　　　　なぜお湯をためておくか
　　　　　貯湯槽はお湯の銀行
　　　　　貯湯槽の材料
　3-6　給湯設備の安全装置 …………………………………………………… 092
　　　　　お湯の守り神
　　　　　給湯管の材料

第4章　使った水の後始末‥排水と通気

　4-1　排水と環境 ……………………………………………………………… 096
　　　　　いろいろある排水
　　　　　自然を汚す排水
　4-2　排水管の種類と排水の流れ …………………………………………… 098
　　　　　排水管の種類
　　　　　排水の流れ
　　　　　ジャンプする排水
　　　　　特殊な排水管継手
　4-3　排水管のパートナー‥通気管 ………………………………………… 102
　　　　　呼吸する排水管
　　　　　通気管の種類
　　　　　通気の出入口
　　　　　通気管の代役
　4-4　排水をためる …………………………………………………………… 105

　　　　　　いろいろな排水槽
　　　　　　大は小を兼ねない排水槽
　　　　　　排水槽の大きさ
　　　　　　排水ポンプのコントロール
4-5　排水を中継する……………………………………… 107
4-6　特殊な排水方法…………………………………… 109
　　　　　　真空方式と圧送方式
4-7　トラップは建物の守り神………………………… 111
　　　　　　排水トラップの種類
　　　　　　大型のトラップ
　　　　　　トラップ封水を守る
　　　　　　排水の逆流から守る
　　　　　　排水管は臭い
4-8　雨の排水………………………………………… 118
4-9　排水管・通気管の管径の決め方………………… 118
　　　　　　排水管の管径
　　　　　　通気管の管径
4-10　雨水排水管の管径の決め方……………………… 123

第5章 衛生器具の話

　　　　　　衛生器具ことはじめ………………………… 128
5-1　身近にある衛生器具……………………………… 128
　　　　　　衛生器具とは
　　　　　　設備ユニット
　　　　　　和風便器と洋風便器
　　　　　　大便器の洗浄方式
　　　　　　大便器の洗浄水量
　　　　　　小便器
　　　　　　小便器の泣きどころ
　　　　　　小便器の洗浄方法
　　　　　　衛生器具の結露
　　　　　　水栓などの表面仕上げ
　　　　　　水栓のいろいろ
　　　　　　シングルレバー水栓
　　　　　　自動水栓
　　　　　　自閉水栓
　　　　　　ツーハンドル混合栓
　　　　　　サーモスタット付き水栓

　　　　　その他の水栓
　　　　　人と環境に優しい衛生器具
　　　　　温水洗浄便器
　　　　　高齢者に適した衛生器具
　　　　　身障者に適した衛生器具
　5-2　節水・節湯器具 …………………………………………… 141
　　　　　節水便器
　　　　　節湯水栓
　　　　　節水こま
　　　　　擬音装置

第6章 給排水設備の配管

　6-1　給排水衛生設備で使う配管材料 ……………………… 146
　　　　　鋼管
　　　　　ステンレス鋼管
　　　　　銅管
　　　　　鋳鉄管
　　　　　プラスチック管
　　　　　多層複合管
　　　　　ライニング鋼管
　6-2　配管をつなぐ …………………………………………… 153
　　　　　ねじ接合
　　　　　溶接接合
　　　　　メカニカル接合
　　　　　ろう付け接合
　　　　　フランジ接合
　　　　　接着接合（融着接合）
　　　　　配管の伸び縮みの吸収
　6-3　弁・計器類の働き ……………………………………… 159
　　　　　弁の役割
　　　　　弁の種類と構造
　　　　　流れる量を調整する制御弁
　　　　　計器類の種類と働き

第7章 多彩な消火設備

　　　　　火事と喧嘩は江戸の花 …………………………………… 166

7-1	火災はなぜ起きる ································ 166
	火災の起きる三つの条件
	火災の種類
	火災の進行プロセス
7-2	火災を消すには ···································· 169
7-3	消火設備のいろいろ ································ 170
7-4	水を使う消火設備 ·································· 172
	屋内消火栓設備
	屋外消火栓設備
	連結送水管設備
	スプリンクラ消火設備
	連結散水設備
	水噴霧消火設備
	泡消火設備
7-5	ガスを使う消火設備 ································ 180
	二酸化炭素消火設備
	ハロゲン化物消火設備
	不活性ガス消火設備
	粉末消火設備
7-6	その他の消火設備 ·································· 183
	大空間の消火設備
	パッケージ型消火設備／パッケージ型自動消火設備
	排気フード消火設備

第8章 給排水設備としてのガス設備

	ガス灯は文明開化のシンボル ···················· 186
8-1	ガスにも種類がある ································ 186
	ガスの原料
	都市ガス
	液化石油ガス
	液化天然ガス
8-2	ガスが届くまで ···································· 189
	都市ガス
	液化石油ガス
8-3	ガス設備を安全に使用するには ···················· 191
	ガス設備の安全装置
	ガスメータの種類
	ガス栓の構造と設置位置

8-4　ガスと給排気 ··· 194
　　　　ガス内管工事：資格制度
　　　　ガス機器と給排気

第9章　水を繰り返し使う

9-1　水の循環とろ過 ··· 198
　　　　水の循環利用
　　　　循環ろ過設備の機器
　　　　循環水の水質
　　　　循環水の消毒
　　　　遊泳プールの消毒
　　　　浴槽水の消毒

9-2　ろ過器 ··· 203
　　　　ろ過器の種類
　　　　ろ過器の能力

9-3　お風呂とレジオネラ属菌 ······································ 206
　　　　レジオネラ属菌とは
　　　　お風呂のレジオネラ属菌対策
　　　　安全なお風呂の見分け方

9-4　大浴場の仕組み ··· 208
　　　　循環式浴槽の仕組み
　　　　アトラクション風呂
　　　　レジオネラ属菌対策

9-5　遊泳プールの仕組み ·· 212
　　　　プールの水は循環水

9-6　日本人と温泉 ·· 214
　　　　温泉とは
　　　　温泉泉質表はあてにならない
　　　　温泉の誕生

9-7　クアハウス ··· 217
　　　　バーデゾーンの仕組み

第10章　生活とごみ

10-1　ごみの種類と量 ··· 222
　　　　ごみの量
　　　　ごみの内容と種類

| 10-2 | ごみの処理と環境汚染 | 223 |

ごみの処理方法
ごみの焼却と環境汚染

| 10-3 | 生ごみとディスポーザ | 225 |

ディスポーザとは
ディスポーザの仕組み
ディスポーザの復活
ディスポーザ排水処理システム
ディスポーザ排水は環境を破壊する

第11章 水質を変えて使う

| 11-1 | 物理化学的な方法 | 230 |

汚れを沈めて取る
浮き袋に付けて取る
ふるいにかけて取る
吸い付けて取る
ジャングルジムによる物々交換

| 11-2 | 生物化学的な方法 | 235 |

微生物に愛を込めて
微生物の群れで浄化する活性汚泥法
微生物の膜で浄化する生物膜法

| 11-3 | 水の種類と処理方法 | 237 |

飲める水をつくる──浄水処理
汚れを少なくする──排水処理
汚れた水を再び利用する──雑用水設備
純粋な水をつくる──純水製造

Column

クリプトスポリジウム	012
いろいろな原因で色がついてしまう水	015
水エスコ（ESCO）の話	018
トリハロメタン	019
軟水のお酒と硬水のお酒	021
海洋深層水	022
重水と軽水と純水	024
吸排気弁	046
地震と水槽	058

給排水設備によく使われる公式❶	062
給排水設備によく使われる公式❷	063
貯湯槽の有効貯湯量	074
給湯循環ポンプ	078
顕熱と潜熱	085
自然冷媒	088
熱サイホン現象	090
河川や海の汚れ	097
東京スカイツリー®の排水	101
山岳トイレ	105
避難所のトイレ	110
給排水衛生設備規準（SHASE-S206）	113
膜構造ドーム球場のトラップ	113
家庭での脱臭	117
排水管の掃除口	117
洪水対策用調整池	125
銭湯のカラン	137
自動式湯水混合栓はお湯を浪費する	142
配管の呼び径	146
機器配管材料からの鉛浸出対策	163
酸素濃度と人体と燃焼の関係	169
消火管の新しい配管材料	171
散水障害物	177
都市ガス導管とガス管（SGP）	186
ウォッベ指数	187
LNGタンカー	188
ガバナ（整圧器）	189
コロニー形成単位	200
消毒と殺菌	202
掛け流し浴槽	207
バイオフィルム	212
ブータンの露天風呂ドッツオ	214
タイの温泉	216
環境ホルモンとダイオキシン	224
第三者評価機関	229
pH調整	234
引用・参考文献一覧	239
索引	240

生活と水

第1章

水と人のかかわり

1-1

水と安全はタダ

水と安全はタダと昔からいわれてきました．安全については，最近物騒な事件も多くなり，**タダ**とはいえなくなってきていますが，世界の中では私たちは，まだ水に恵まれているといえるでしょう．水道水を飲むことができるし，水道や井戸水だけでなく喫茶店やコーヒースタンド，自動販売機などでいつでもどこでも自分の好みに合わせて水を補給することができます．しかし，最近では一部の地域を除いて水道水がまずくなってきて，都会の子供たちは学校に通うときに水筒に水を入れてもっていくようになっているそうですし，ミネラルウォーターしか飲まない人もいます．水は量的には不自由しないまでも質的には満足できない地域もあり，すべてが**タダ**とはいえなくなってきているのです．

図1・1 ミネラルウォーター

空中を走る水道橋

貴重な1杯の水を得るために昔からいろいろなことが行われてきました．人類の古代四大文明発祥地，メソポタミア文明を支えたチグリス・ユーフラテス川，エジプト文明を生んだナイル川，インダス文明をはぐくんだインダス川，黄河文明の発祥の地となった中国の黄河は，いずれも満々と水をたたえた大河の流域でした．大河の水を頼りに生活していた人々も，川から離れて人が集まり住むようになると，**給排水設備**が必要になってきました．観光の名所となっている**ローマの水道**は，空中を走っていると考えがちですが，紀元前300年頃最初につくられたアッピア水道の導水管は，全長16.6 kmのうち，地上部分はわずか0.1 kmしかありません．安全上の理由から大半が地下につくられていました．しかし，紀元後50年頃つくられた新アニオ水道は水源地が遠くなったこともあり，全長約90 kmのうち約15%に相当するおよそ14 kmは地上部分につくられ，導水管の高さもローマ市内の川の水面から約50 mと高くし，自然落差を利用して貯水槽から鉛をたたいてつくった配管で公衆浴場，公共噴水，個人住宅に給水できるようになっていました．初期のアッピア水道の導水管は，十分な落差がとれなかったため，貯水槽にためられた水を使っていました．当時人口100万人のローマには，11の水路を利用して，1人当たり

1000 L/日の水が送られていたといわれています．水量が多いのは，流しっぱなしのためと考えられています．

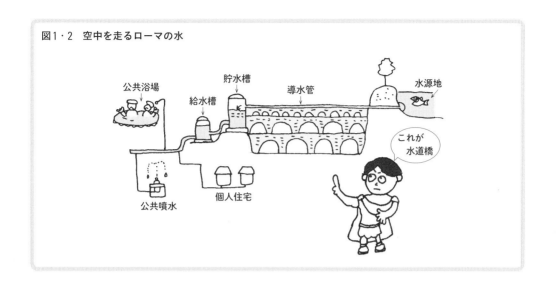

図1・2 空中を走るローマの水

ジャンバルジャンの下水道

　ヨーロッパの最も古い下水道は，紀元前5000年頃にメソポタミアのチグリス・ユーフラテス川沿いにあった都市につくられています．また，インダス文明の中心地モヘンジョダロなどにも下水道があったことがわかっています．

　古代の下水道は，その末端が都市の区域外まで延びておらず途中に沈殿池を設け，最終的には地下浸透させていたのではないかといわれています．ヨーロッパでは，し尿を肥料として使う習慣が一部の地域を除いてなかったため，下水のない地域は，し尿を窓から外に投げ捨てていました．

　パリでは，17世紀はじめに下水道が整備され，18世紀はじめにはベルサイユ宮殿に水洗トイレが設置されました．14世紀に全ヨーロッパでペストが流行し，その後インドの風土病であったコレラが19世紀にヨーロッパに侵入し，都市化に伴って河川の汚水による汚れが進み，ロンドン，パリなどで本格的な下水道が建設されるようになりました．

　小説「レ・ミゼラブル」でジャンバルジャンが逃走に利用したパリの下水道は，ごみなども捨てられたため，人が容易に掃除できるように大きな暗渠形式で建設されていたのです．

図1・3 世界で最も古い下水道（約4000年前）

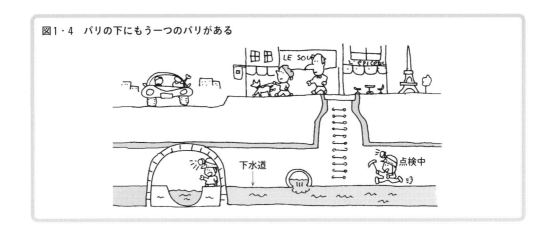

図1・4 パリの下にもう一つのパリがある

井戸は受水槽

　日本最古の水道は，神田川から江戸城下に引いた**小石川水道**です．町中では井戸が使われていましたが，江戸時代の井戸は地下水汲み上げではなく，地下貯水槽のような仕組みとなっていました．江戸の町は湿地帯の上にあり，良い井戸が掘れないため，木樋（現在の給水本管）から竹樋（現在の引込み管）を通って時代劇の映画で見るようなつるべ式の上水井戸（地下貯水槽）に水が供給されていたのです．したがって現在，大きな建物で使われている受水槽と同じように定期的に井戸底を掃除していました．

　16世紀には，小田原の早川上水，江戸の神田上水，金沢の辰巳用水など，上水道が全国各地でつくられています．18世紀はじめには江戸の人口は100万人を超えて，地下式上水道はその延長が150 kmと当時では世界最長となり，人口の60％までが水道で生活していました．玉川上水は当時としては空前の大工事で，1653年（承応2年）2月に着工してわずか7か月で多摩川の羽村から取り入れた水を，延々43 kmの水路で四谷大木戸まで送水していました．

　江戸時代の優秀な用水技術の一例として，1632年に完成した金沢の辰巳用水は全長10 kmの用水ですが，金沢城内で逆サイホンの原理を応用して，城の石川門より8 mも高い二の丸にある藩主住居の防火用泉水に水を押し上げ蓄えていました．その用水は現在

図1・5 江戸の給水の仕組み

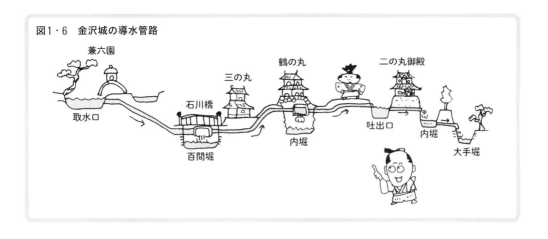

図1・6 金沢城の導水管路

でも金沢の兼六園へ送られ，池の噴水としても利用されています．なお，逆サイホンはローマの水道でも使われていました．

日本の近代水道のはじまりは，1887年（明治20年）に横浜市に創設された水道で，1898年（明治31年）12月には東京でも水道が使われるようになりました．

日本の下水道

日本ではつい最近まで，し尿は貴重な農耕資源としてリサイクルされていました．し尿は放流するよりも貯留するほうが役に立っていたのです．し尿を肥料として使いはじめたのは鎌倉時代からで，1955年（昭和30年）ぐらいまで続いてきました．

江戸ではかなり早い時期に排水路がつくられていましたが，し尿は近郊の農家が肥料として買い取っていくので，洗顔，食器洗浄用などの雑排水や雨水だけが川や堀に放流されていました．人々も米をといだ水で野菜を洗うなど何回もくり返して使用したため，排水量も少なかったので川や堀を汚すようなことはなかったものと思われます．

しかし，ヨーロッパと同じように日本でも疫病の発生が下水道建設を促進させました．1877年（明治10年）コレラが流行して死者が10万人を超えるなど，下水道の必要性が高まり，1881年（明治14年）横浜で下水道が開通し，3年後の1884年には東京で，1894年

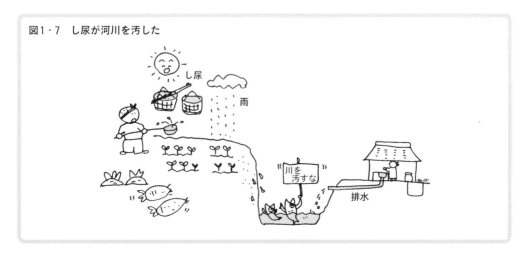

図1・7 し尿が河川を汚した

には大阪で下水道事業が開始され，1900年に下水道法が公布されました．しかし，昭和30年代頃まで，し尿は農作物の肥料として施肥されていたため，便所はくみ取り式でした．これが下水道の発達を遅らせ，河川の汚れがひどくなる原因ともなりました．

生きていくための水

成人の体重の60％以上を水が占めており，赤ん坊は80％にもなります．また血液や腎臓は80％以上，心臓や内臓も80％近くは水ですし，からだ全体では筋肉が体内の水の40％強，皮膚が約20％の割合いとなっています．年をとるとこの割合いが少なくなっていきますが，「水の滴るような」若者は水分の割合いが高く，皮膚だけでなくからだ全体の細胞の活動が活発であることを示しています．

人の生命を維持するためには，体内で1日に約25Lの水が必要とされており，そのうちの90％は腎臓で水をリサイクルして使用しているといわれています．したがって，人は生命維持に必要な水の10％，約2.5Lの水を毎日新たに補給する必要があります．補給する2.5Lの水は，飲料水など直接水として摂取されるものが1L，食事によって摂取されるものが1.15L，体内で栄養が燃焼して出る水が0.35Lといわれています．

体内から排出されるのは便，尿によるものが1.6L，皮膚，呼吸によるものが0.9Lです．のどの渇きを癒す1杯の水0.15L（150 mL）は，直接水として摂取されるものの15％くらいに相当するわけです．体内の水分の1％が失われただけでものどの渇きを覚え，体内の水分の4〜8％に相当する水分量，たとえば体重60 kgの人が約1.5L（約4％）以上の水分を失うと，吐き気や脱力感を感じ，12％以上失うと脱水症などで死亡するおそれがあるのです．

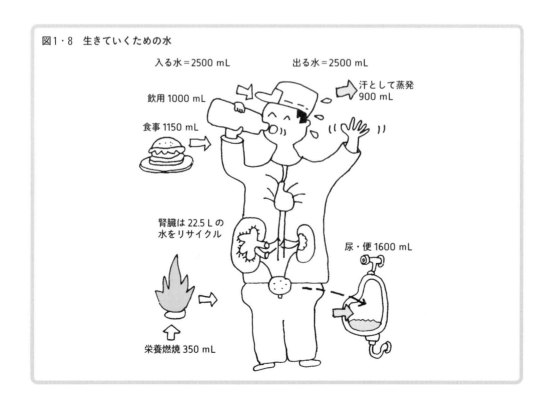

図1・8　生きていくための水

水は天下の回りもの

1-2

地球になぜ水があるの

　水素と酸素の原子や水の分子は宇宙区間に多く存在していますが，地球になぜ液体としての水があるのでしょうか．水は，氷，液体，水蒸気とその温度により状態（相）が変わりますが，これを**相変化**といいます．平均気温－270℃の宇宙では，水は液体では存在できません．水が液体として存在できるのは温度が0～100℃（ある一定の圧力条件で）の間の狭い範囲に限られます．地球の気温はおよそ－40～＋60℃で，水が氷や液体として存在するのに最適な環境なのです．太陽系の中では，地球にしか大量の水が液体として存在できないのも気温と圧力の関係からなのです．

地球上の水の量

　地球上の水は，海水，地下水，河川水などを合わせると約13.86億km³あると推計されています．最も多いのが海水で約96.5％，次が地下水で約1.7％です．私たちが飲み水などに使える淡水は，地球上の水のわずか約2.5％の3.5億km³で，そのうち南極と北極の淡水が1.7％を占めています．大気中の水は約13万km³と淡水全体の0.04％にすぎませんが，河川水2.1万km³の約6倍の淡水が大気中に水として存在しています．

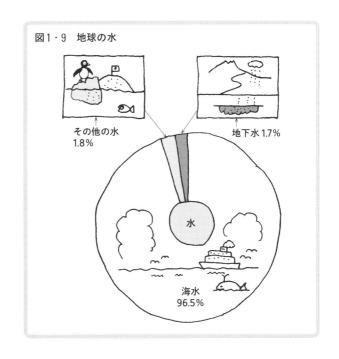

図1・9　地球の水

地球を循環する水

　地球上の水は，太陽の熱で蒸発し空気中に常に約13万km³の淡水として存在し，雲となり，雨や雪となって再び地上に降ってきます．水は，液体，気体（水蒸気），固体（雪や氷）と形を変えながら地球と地球を取り巻く空気層の間で循環しているのです．そして，

この水の循環は地球の気候変動をも支配しています.

　水は海から毎年約430兆m^3蒸発し,雨や雪となって約390兆m^3が海に戻り,その差40兆m^3が,雨や雪として陸地に降り河川や地下水となって海に戻っています.陸地での蒸発分も入れると陸地に降る雨の総量は115兆m^3となりますが,再度蒸発するものもあるため,地上に残るのは40兆m^3といわれています.

　水は大気中の循環だけでなく,海でも海流として大循環を行っています.南極や北極の氷河から溶け出した水は,水の比重差により海底にもぐり込み,海面と海底の海水が入れ替わる大きな海流の流れが発生しています.

　近年,ごみ焼却場などから放出される汚染物質による大気汚染が深刻な問題となってきています.雨は大気中の汚れを溶かしながら降り,大気を浄化する機能がありますが,溶け込んだ汚染物資は川から海に流れ込み,プランクトンや海草などをエサとする魚貝類に蓄積して食物として人体に入り込むため,汚染物質が循環する危険性が問題となっています.特に遺伝子に影響を与える環境ホルモン（正式には,外因性内分泌かく乱化学物質という）については,人類の生存を脅かす重大な危険性をはらんでいるので,汚染物質の循環を一刻も早く断ち切る,つまり汚染物質を出さないようにする必要があるのです.環境ホルモンについては10章で述べています.

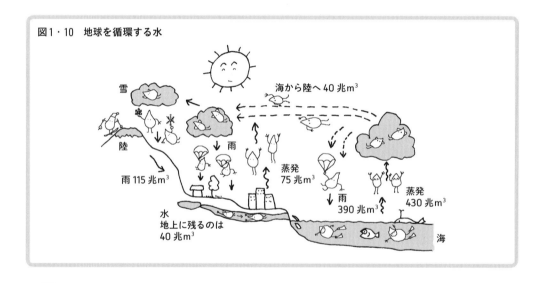

図1・10　地球を循環する水

水の性質

1-3

華麗に変化する水

　物質が変化するときには,それに合わせてエネルギーを使ったり放出したりします.水が液体から気体に相変化（気化）するときは,**気化熱**（2257 kJ/kg）を奪い水蒸気になります.

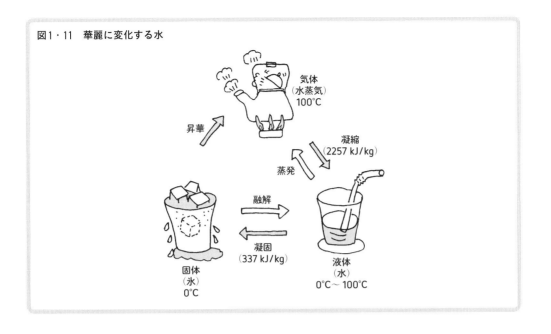

図1・11 華麗に変化する水

蒸気ボイラは，この水の気化熱を蒸気として蓄えて供給する機械で，蒸気が水に戻るときに放出する**凝縮熱**（2257 kJ/kg）を使って，給湯や暖房あるいは洗濯設備に使うスチームとして使用されています．水は常温でも蒸発します．人は汗をかいて体温を調節していますが，気化熱により体温の上昇を防いでいるのです．

温まりにくく冷めにくい

物質1gの温度を1℃上げるのに必要な熱量を**比熱**といいますが，水の比熱は他の物質に比べると大きく，たとえばエチルアルコールは水の約2/3，鉄は約1/10です．水は温めるのに大きな熱量が必要ですが，一度温まると冷めにくい性質があります．深夜電力で沸かしたお湯が，タンクを保温してあれば夜まで冷めずに使えるのも比熱が大きいためです．今ではあまり使われなくなりましたが，沸かしたお湯を入れて寝るときに暖をとる湯たんぽも水の比熱の大きさを利用しているのです．

4℃の水が最も重い

物質の単位体積当たりの重さ（質量）を**密度**といいますが，水は4℃で密度が最大になり，温度が上がるにつれてだんだん小さくなり，軽くなります．100℃を超えると水蒸気に変化し密度は大幅に小さくなります．容器にためた水を加熱すると，軽くなったお湯が容器の上部に上がり，容器内の水は上部から温かくなっていきます．風呂の湯加減を見るとき表面だけ見て風呂に入ると下は水風呂だった，というような経験をしたことはありませんか．

また，水は4℃から0℃に近づくと密度はだんだん小さくなり，氷になると密度は一段と小さくなります．同じ体積で固体が液体より軽い例は非常にまれで，氷と水の密度比がおおむね10対11のために氷は水に浮いているのです．配管の中の水が凍ると配管が破

1-3 水の性質

裂するのは，水が氷となって体積が大きくなるためです．

水はなんでもよく溶かす

まったく合わないことを「水と油」にたとえますが，水は一般に物を溶かしやすい性質があるので，食器や洗濯物の汚れを水に溶かして流すことができるのです．しかし，物を溶かしやすいということは，人や生物にとって有害な化学物質なども溶かし込んでしまうという弊害もあります．20世紀の後半以降，今まで自然界になかった化学物質が大量につくられてきました．これらの化学物質が水に溶け込み，人や生物や地球環境にとっては有害な働きをすることが明らかになってきたため規制が強化され，水道管として加工が容易なために昔から使用されてきた鉛管が，今では鉛の溶出のおそれがあるため，使用禁止となっているのです．

圧力を加えても小さくならない

水に圧力を加えると容易に体積が小さくなり，圧力から開放されると元の体積に戻るような性質をもっていたらどうでしょうか．水栓を開けると同時に水が膨張し，水栓から跳ね出してとても使えません．水蒸気は圧縮すると体積が小さくなりますが，水は圧縮してもほとんど体積が変わりません．そのため体積を小さくして貯蔵できないという欠点はありますが，圧縮されないため給水ポンプを使って高い所へも水を送ることができ，水栓を開けるとほどよく水が出てくるのです．

水は盛り上がる（表面張力と毛細管現象）

水は常に表面積を小さくしようという性質があります．水銀が玉になるのを中学の理科の実験で見たことがあると思いますが，水も同じような性質があるのです．この力が**表面**

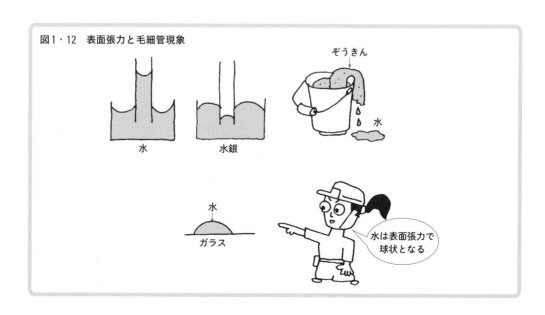

図1・12　表面張力と毛細管現象

張力で，コップから水が盛り上がるのは表面張力によるものなのです．

細い管を容器に入れた水の中に立てると，管内の水は容器の水面よりも高くなります．この現象を**毛細管現象**といい，管内の水面が上昇する度合いは表面張力が大きいほど大きく，管が太いほど小さくなります．表面張力の大きな液体はお互いの引き合う力が強いと浸透し，すきまにしみ込んでいく性質があり，毛細管現象はこのような水の性質により発生するのです．バケツにたらした雑巾からポタ，ポタ…と水がたれ落ちるのは毛細管現象によるものです．

家庭で使っている加湿器の多くは，容器に補給した水を毛細管現象で上昇させて湿めらせたところに空気を通して加湿する構造になっています．

適度な粘りで流れやすい

水が河川や給水管，給湯管，排水管などの中を流れるのは適度な粘性があるからなのです．重油のように粘り気（粘性）が大きいものは，ポンプで送る場合に水に比べると余分な圧力が必要になり，配管のこう配を大きくしてもよく流れない場合があります．建物内の排水設備が1/50～1/100程度の配管こう配で流すことができるのも，水の粘性に合っているからです．

1/100のこう配とは，長さ100 mの排水管の落差が1 mあるということです．流体の粘度は，温度が高くなるにつれて小さくなるので，温度が高い液体ほど流れやすくなります．

水が危ない

使える水

湯水のごとく使うのたとえにあるように，水は空気と同じように無限にあるものと考えて使われてきました．しかし最近では水源が汚れて水質が悪化して飲用水として使える量が限られてきているのです．したがって，「油断大敵」より「水断大敵」という人もおります．

世界的規模で考えた場合でも，人口の増加や発展途上国の生活水準の向上，飼料をつくるのに大量の水が必要な牛や豚などの動物性たんぱく質の消費量が増えるなどにより，水の使用量は大幅に増加する傾向があり，将来危機的な状況が予想されます．また，水源の水がダイオキシンなどの化学物質によって汚染されたり，クリプトスポリジウムなどの原虫による汚染など，水質についての不安もあり，量，質の両面から水が危ない状況になっているといわれています．

クリプトスポリジウム

　牛, 馬, 豚, 犬や猫, ねずみなどに寄生している原虫で, 汚染された生水や生野菜, 手指などを介して口から入って感染し, 下痢と腹痛や発熱を起こします. 特に幼児の感染率が高く夏季に多発しています. この原虫は通常の塩素消毒では死滅しないため, 浄水場では膜処理 (11章参照) などの高度水処理をして安全性を確保していますが, 水を煮沸することによっても死滅します. 最近では, 1994年 (平成6年) 神奈川県平塚市の雑居ビルの受水槽に汚水が混入して461人が感染し, また1996年 (平成8年) には埼玉県越生市で町営水道が汚染されて町民の約70％の約8 800人が感染した例があります. その後, 2002年 (平成14年) にも北海道で続けて2件の集団感染があり, 2007年 (平成19年) に, 水道法で, 耐塩素性病原生物を不活性化することができる紫外線処理設備を水道施設に設けることが義務づけられています.

世界の水資源

　水資源は雨に依存しています. 地球の陸地に降る雨の平均年間降雨量は約 900 mm で, その総量は約 115 兆 m^3 になりますが, 半分以上が水蒸気として蒸発してしまうため, 既述のように地上に残るのは約 40 兆 m^3 と推計されています. しかし, 熱帯雨林と砂漠のように地域的な偏りや乾季と雨季, 夏の台風や冬の降雪など季節的な偏りもあり, すべての水を有効に利用することはできません. 地上に残った 40 兆 m^3 のうち, 約 10％ の 3.9 兆 m^3 の水しか取水されていないのです. そして 3.9 兆 m^3 の水のうち農業用水 69％, 工業用水 19％, 生活用水 12％ の割合 (2006年) で使われています.

　しかし世界の水使用量は, 1950～2010年 (昭和25～平成22年) までの60年間に同期間の人口の増加率2.7倍よりも多い3.2倍に増えており, 今後の人口増加と工業の発展, 生活様式の変化や向上による工業用水や生活用水の増加を考えれば, 楽観を許さない状況にあります. 現在でもアジア, アフリカなど31か国が水不足に苦しんでいるのです. 2025年には48か国が水不足になるという研究も発表されています.

　水資源の限界が間近にきていることを深刻に考える必要があるのです.

世界の水使用量

　約 3.9 兆 m^3 の水を, 全世界約66億人の人が使用しています. 平均すると1人当たりで年間約 590 m^3 を使用していることになり, 標準的な 50 m プールの 1/2 くらいの水を毎年1人で使用しているのです. そのうち生活用水は約12％, 1年に 70 m^3 を使用しています.

　世界の人口は, 2025年には約80億人近くになると予想されており, 全世界の約 2/3 の人々が水不足の状態になるおそれがあるといわれています. つまり, 取水量を増さないと1人当たりの生活用水は年間 48 m^3 と大幅に減らす必要があるのです.

　水は運搬コストがかかり, ミネラルウォーターなどの一部の高価な飲料水を除いては輸出入はあまり行われていないので, 各地域での取水量を増やすか消費量を減らすことを考えなければならなくなっているのです.

図1・13 世界人口1人当たりの水の使用量

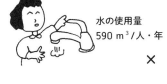
水の使用量
590 m³/人・年

66億人
3.9兆m³
東京ドームの
315万個分

590 m³＝50 mプールの約半分を
1人で年間使用している

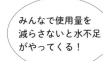
みんなで使用量を
減らさないと水不足
がやってくる！

日本の水資源

日本の年間降雨量は約1700 mmで，世界の平均降雨量約810 mmの約2倍あります．しかし，降雨量は多いものの国土が狭く人口が多い日本では，人口1人当たりの降水量は年間約5000 m³となり，世界平均（16100 m³/人・年）の約1/3程度となります．

そして年間降雨量約1700 mmのうちの700 mm分が蒸発散で失われ，残りの1000 mm分が河川水や地下水となって，年間約810億m³を取水して，その中から農業用水に2/3の約544億m³，生活用水に約20％の152億m³，工業用水に約15％の約113億m³を使用しています．しかし近年の積雪量の減少や少雨化傾向により，資源として利用可能な水の量が減少しつつあるといわれており，水資源は大丈夫とはいいきれないのです．

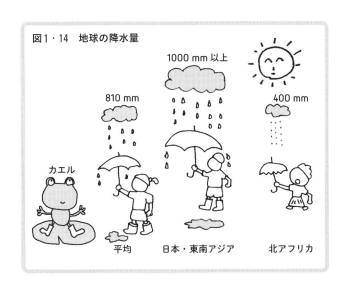

図1・14 地球の降水量

日本人の水消費量

私たちは1年に1人当たり約630 m³の水を使っています．この量は先進国の消費量1000 m³/人よりは少なく，世界の平均590 m³/人よりも10％程度多いことになります．しかし先進国より少ない分，農産物や肉類を輸入することによって補っていることになります．つまり，農産物や牛，豚，鳥などを育てるためには多量の水が必要で，日本で水を

消費することなく，大量の水を使って育てた農産物を輸入しているのです．この水を**仮想水**（バーチャルウォーター）といい，輸入した食料から換算すると，年間約1000億m^3の水を輸入していることになります．1人当たりにすると約780 m^3になり，実際に使っている水と合わせると年間約1410 m^3もの水を使っていることになり，先進国の数値よりも多くなります．

ちなみに，水の少ない中近東諸国でも，原油を輸出した資金で農水産物や大量の水を使って製作した工業製品を輸入して水の不足を補っていることになります．

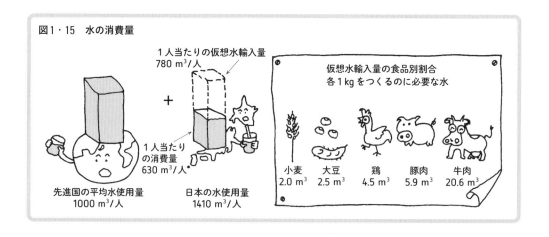

図1・15　水の消費量

水源の水質の変化

ダム，湖沼，河川や地下水などの水源の水質の悪化が進んでいます．河川の堤防がコンクリート化され自然の浄化能力が大幅に失われたこともありますが，自然界のバランスが大きく乱れているためとも考えられます．都市部の人口増大と生活水準の変化や向上によって生活用水の使用量が増えたことや，多量の化学物質を利用した製品を使い排水中に有害化学物質が溶け込んできていること，農薬の使用など多くの要因が考えられます．また洗剤や，浄化槽排水に含まれる窒素やリンによる富栄養化により，水源となる湖沼にア

図1・16　水質の悪化

オコなどが発生し，異臭やカビ臭の問題なども発生しています．水源の水質が悪化した結果，浄水場での水処理に多量の塩素が使われてその副生成物で発がん性物質であるトリハロメタンが発生するというような悪循環も起きています．

地下水も汚染が進む

工場やクリーニング店で洗浄剤として使用されたトリクロロエチレン，テトラクロロエチレンが，地中に漏れて地下水を汚染したり，塩素消毒が効きにくい病原性原虫クリプトスポリジウムが地下水を水源とする簡易水道から見つかっています．登山でのどの渇きを癒してくれる谷川の水も上流に小屋があると汚水が漏れ出し，水の中に大腸菌が入っているおそれがあるので十分注意する必要があり，自然界の水はおおむね安全という時代の終わりを物語っています．

図1・17 地下水の汚染

いろいろな原因で色がついてしまう水

湖の色が違うことで有名な五色沼は，水中に溶けている化学物質によってその色が変わります．水栓から流れ出す水も，設備機器や配管材料を構成する金属が腐食し溶け出すことにより，着色されることがあります．赤い水は鉄のさびにより発生し，銅配管などが原因の緑青（ろくしょう）では青い水が発生します．また，溶け出した銅イオンと石けんに含まれる脂肪酸が反応すると青色の不溶性の銅石けんが生成され，タイルや洗面器を青くすることがあります．白濁した水が出るのは，過飽和状態で溶けていた水中の空気が水栓から出るときに気泡となるために発生するものです．

水の需給バランスと渇水

日本の年間平均降雨量は1700 mmですが，渇水年は1300 mmに減ります．年間平均降雨量が2000 mmを超えている地域は，東海，北陸，四国，南九州，沖縄で，北海道は1200 mm程度です．平均降雨量から蒸発によって失われる水量を除き，陸地面積を

掛けたものを**水資源賦存量**といいます．この賦存量を人口で割った1人当たり水資源賦存量が，水の需給バランスを表しています．1人当たりの水資源賦存量の全国平均は，約3500 m^3/年で人口密度や降雨量により地域によって大きく違っています．日本では1年中雨が降りますが，川が急峻なため降った雨がすぐに海に流れ込んでしまうので，水資源を有効に使うために多目的ダムの建設，膨大な水をためておくことができる水田による耕作，ため池などの工夫が払われており，この工夫を大切に守ることが必要なのです．

渇水はなぜ起きる

1964～2013年（昭和39～平成25年）までの間で渇水のために行われた給水制限は57件あり，1964年には東京で84日間の給水制限が行われ，東京五輪渇水といわれました．これまで全国的には200日間以上の給水制限は8回発生し，沖縄の那覇市街は何度も200日以上の給水制限が行われ，1981年（昭和56年）に最高326日間給水制限が行われました．福岡では1978年に287日間，全国的な渇水に見舞われた1994年には295日間の給水制限が行われました．

渇水は異常気象などで長期間降雨がないことが最大の原因ですが，❶地形上の制約から貯水池に十分な水が確保できないことや，❷水需要の増加に対して十分な水源確保が追いつかないなど，いくつかの要因が重なって起きます．四国や離島などは，❶の地形的な要因が多く，人口の集中化が急激に起きている大都市周辺などでは❷の要因が大きくなっています．ダムなどの貯水施設の計画は，10年に1回程度の渇水はやむをえないとしているので，現在でも毎年のようにどこかで渇水騒ぎになるのです．

水の有効利用
1-5

命を守る水

水の大切さは，渇水時の給水制限や地震などの災害による断水のときに切実に感じるものです．空気調和・衛生工学会緊急時水源確保小委員会では，災害発生時から3日間は飲料水1人当たり1日3Lを，1か月後には100L/日の水を確保する必要があると提案しています．つまり，命を守るには最低限1日3Lの水が必要なのです．

現在私たちは1人1日当たり250～350Lの水を使っています．生活用水は1965年（昭和40年）には1人1日当たり約170Lでしたが，2000年にはその1.9倍にまで増え，2012年には減少して1.7倍の290L/人となっています．最近では使用水量はほぼ横ばい状態となっていますが，有限な水資源を大切に使う心構えを常にもって節水に努めたいものです．

モラルに頼る節水

　節水は，使う人の意識を変えて節水する方法と，設備機器を節水型に変える方法があります．歯磨きのとき，水を30秒流しっぱなしすると6L，洗車のとき20分間流しっぱなしにすると240Lもの水が流れてしまいますが，コップやバケツにくむことにより大幅に節水できるのです．大小便の洗浄レバーを使い分ける，シャワーはこまめに止めて使うなどは使う人の意識，モラルに期待するものです．浴槽の湯を洗濯に使ったり打ち水に使うなど，水をきれいな水質が必要な用途からやや汚れてもよい水質の用途へ段階的に使用していくことも節水の有効な手段となります．

　過去に世界の各都市で節水のために水道料金を上げた例がありますが，値上げ当初は効果があってもすぐに使用量が元に戻ってしまい，効果を持続させることは難しかったそうです．やはり節水は個人個人のモラルの向上に頼るほうが良い結果を生むようです．

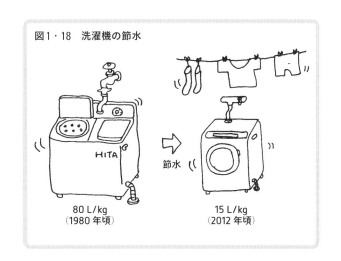

図1・18　洗濯機の節水

節水器具

　住宅では水の使用割合が比較的多い洗濯や調理で節水器具の採用が進んでいます．1980年（昭和55年）頃の二槽式洗濯機は1kgの洗濯をするのに約80Lの水を使っていましたが，最近の全自動洗濯機は約15Lと使用水量が1/5程度になっています．食器洗浄器も各社の節水競争の結果，手で洗うときの1/3程度以下の水量で食器が洗えるようになっています．また節水型大便器が開発され，1回の洗浄に15L必要であった水量が現在では6～11Lと大幅に少なくなっています．事務所ビルの調査では大便器の洗浄弁は，1回の使用時に男性は平均1.5回，女性は2.0回操作していますが，用便時の音を気にして水を流すためで，擬音装置を付けることによりむだな操作を防ぎ節水につながります．

　水栓に付ける節水こま（5章図5・11参照）は，90度開のときの水量が毎分6Lと普通こま水栓の毎分21Lの1/3しか流れません．意識しないで節水できるような自動水栓などの節水器具を採用するのに合わせて利用者の節水意識を高めることも大切なのです．

図1・19　擬音装置

1-5　水の有効利用

節水と温暖化防止

近年地球温暖化防止のために，二酸化炭素（CO_2）発生量の削減が叫ばれていますが，水を使うことは CO_2 を排出していることになります．上水道や下水道の維持・運営には電力が必要ですが，2011年（平成23年）にはそのために1人当たり約113 kW/年の電気が使われました．この電力をつくるために1 kWh当たり0.476 kgの CO_2 が大気に排出されているのです．また，水の需要が増えて新たにダムや浄水場，配水設備，下水道，下水処理場などをつくるとしたら，その建設のために膨大な CO_2 が排出されることになります．節水が地球温暖化防止に役立つことがわかるでしょう．

水エスコ（ESCO）の話

省エネルギー計画を立案して削減されたエネルギー費で設備投資を回収するESCO（Energy Service Company）と同じように，水使用量を診断して節水器具に取り替えることなどを提案して，上下水道料金が削減された分で投資金額を回収する「水ESCO」と呼ばれる事業を行う会社も最近出てきています．

飲料水の条件
1-6

飲料水の水質基準

コレラなどの疫病対策として強化されてきた水道水の水質基準も，現在は発がん性が高い化学物質の規制項目が多くなっています．1921年（大正10年）の水道条例では水質試験の規制項目は12項目ありましたが，規制対象の化学物質は亜硝酸，アンモニア，クロール，硝酸の4種類だけでした．現在の水道法は1957年（昭和32年）に制定され，規制項目は26項目でした．その後1978年（昭和53年）にカドミウムなどが追加され，1992年（平成4年）に有機塩素系化合物，農薬，セレンを追加，またヒ素基準の強化などで規制項目は46項目となりました．さらに2011年（平成23年）の改正では基準項目は51項目に増え，規制の対象にはしないが一般環境中で検出される物質や，使用量が多く，今後水道水中で検出される可能性がある27項目（2020年）が水道水質管理上留意すべき水質管理目標設定項目として決められました．水質基準値はWHO（世界保健機構）の飲料水のガイドラインに沿って順次改定されてきているのです．

水道水に混ざる汚染物質

　水道水中には，浄水場では完全に除去されない汚染物質や，浄水処理過程で添加された消毒剤などの薬品によって生成された汚染物質，あるいは配水管の管材などから溶け出したさまざまな汚染物質が混入することもあります．水道原水中に存在して完全に除去できないものは，水銀などの重金属，農薬・除草剤，トリクロロエチレンなどの有機塩素系化合物，ベンゼンなどの合成化学物質，硝酸性窒素，ウイルスなどがあります．

　浄水処理や塩素処理のとき，水中の有機物と塩素やオゾンなどの酸化剤とが反応してトリハロメタンなどが発生します．また水源水質の悪化により浄水処理過程でアルミニウム塩などの凝集剤を多く使うようになって水の味を悪くし，腐食性を高める原因ともなっています．

　このように，化学物質による汚染が拡大していったため，0.00001 mg/L まで測定できるようになった測定技術の進歩に合わせて，化学物質の水質許容値が相当厳しくなってきているのです．

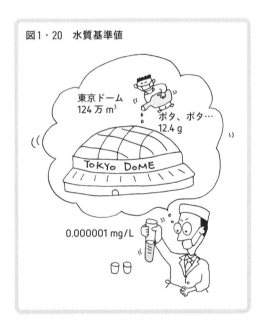

図1・20　水質基準値

トリハロメタン

　トリハロメタンは水中の有機物と塩素が反応して生成される発がん性がある物質で，水を加熱すると反応がすすむためトリハロメタンの発生量が増えます．電気ポットなどの密閉された容器は，たまには蓋を開けてトリハロメタンを発散させたほうがよいでしょう．

塩素消毒は万能か

日本では，1877年（明治10年）にコレラの大流行があり「飲料水注意報」の通達が出されました．この通達では井戸への汚水流入の防止，下水道の設置，井戸から3間（5.4 m）以内の厠（トイレ）の設置の禁止などが盛り込まれました．しかし，このときは薬品を使って消毒するという考えはありませんでした．

コッホがコレラ菌を発見して生活用水によって細菌が伝播されることがわかったのは，5年後の1882年になってからでした．アメリカで1910年（明治43年）に塩素ガスによる消毒がはじまり，1937年（昭和12年）水道が原因となった赤痢が発生して，水道水の残留塩素濃度が定められました．

日本では，1945年（昭和20年）GHQ（占領軍総司令部）により塩素消毒強化の指令が出され今日に至っています．塩素による消毒法以外にオゾン処理，紫外線処理や煮沸などがありますが，消毒効果の持続性からみると，上水道のような大規模な消毒には持続性のある塩素消毒が適しているのです．

しかし，塩素消毒は万能ではありません．塩素に対して強い抵抗力をもつ病原性原虫も発見されており，たとえばクリプトストリジウム汚染のおそれがある場合には，それに対する特別のろ過装置を設けて除去したり，紫外線処理設備を設ける必要があるのです．

おいしい水

水の味は，含まれている成分やその量の微妙なバランスによって決まります．水のおいしさは個人差も大きく，飲んだときの体調や気温などにも左右されます．1985年（昭和60年）厚生省（現 厚生労働省）「おいしい水研究会」からおいしい水の七つの要件とその基準値が発表されました．

水を口に含んだときに感じるにおいは，残留塩素が関係しておいしさを大きく左右します．においの主な原因は，藻類がつくり出すかび臭や消毒による塩素臭などがあります．また有機物の量が多くなると水の味が悪くなります．水の味はミネラルが少ないと味が淡白になり，多いと苦味を感じます．おいしく飲めるまろやかな水はミネラル分が比較的少

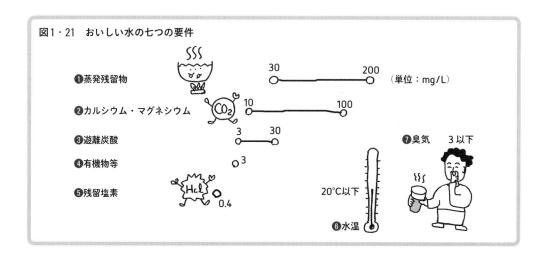

図1・21　おいしい水の七つの要件

❶蒸発残留物　30～200（単位：mg/L）
❷カルシウム・マグネシウム　10～100
❸遊離炭酸　3～30
❹有機物等　3
❺残留塩素　0.4
❻水温　20℃以下
❼臭気　3以下

なめな軟水です．水に溶けている炭酸は湧き水や地下水に多く含まれており，水に適度なさわやかさを与えますが，多すぎると刺激が強くなります．

硬水と軟水

水の硬度とは，水中のカルシウムイオンとマグネシウムイオンを炭酸カルシウム（$CaCO_3$）に換算して，1 L 中の量（mg）で表したものです．一般には水 1 L 中の炭酸カルシウムの量が 100 mg 以下を**軟水**，100 mg 以上を**硬水**と呼んでいます．水の硬度は飲み物，料理，お酒などに大きな影響を与え，昔から世界各地でその土地の水の硬度にあった飲み物，料理法などが生まれています．軟水は日本茶，紅茶，硬水はコーヒーに向き，軟水はダシをとる料理に向いており，グツグツと煮込むスープストックはヨーロッパの硬水地域でつくられたものです．軟水が多い日本はご飯を炊き，硬水が多い中国はせいろでご飯を蒸すのも水質に適した調理法だからなのです．

軟水のお酒と硬水のお酒

ビールやお酒は，主として軟水，ウイスキーは硬水の地域で飲まれています．硬度の低い軟水でつくった日本酒は甘口に，やや高い硬度の水からは辛口の日本酒ができます．フランスでは，水をいっさい使わないブドウ酒が飲まれているのも水がおいしくないからなのです．

硬水の場合

ガソリンより高価なミネラルウォーター

1975〜2019 年（昭和 50〜平成 31 年）までの約 45 年間のガソリンは 1 L 当たり 100〜180 円ぐらいでしたが，ガソリンより高い値段で売られているミネラルウォーターも多くあります．高いか安いかは別として，国内で消費されたミネラルウォーターの総量は，1986〜2019 年（昭和 61〜平成 31 年）の 34 年間で約 49 倍となり，2019 年では，国民 1 人当たり年間 31.7 L のミネラルウォーターを飲んでいます．500 mL ペットボトルに換算すると 1 人当たり 1 年に 63 本飲んでいることになります．日本の水道水はどこでも飲めるため，この量は 1 日に人が必要とする飲料水の 12.5 日分にすぎませんが，イタリアでは，日本人の 6 倍以上 1 人当たり年間 380 本以上のミネラルウォーターを飲んでいます．日本のコーヒー，お茶なども含めた清涼飲料の消費量は，年 1 人当たりおよそ 180 L となっています．

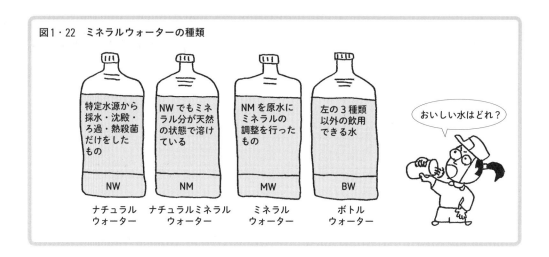

図1・22 ミネラルウォーターの種類

海水から水をつくる

　水不足を解決する手段として，海水から水をつくる海水淡水化プラントが各地で活躍しており，2011年には全世界で1日に3300万 m^3 以上の飲料水が海水からつくられています．日本では，1966年（昭和41年）長崎県にはじめて淡水化プラントが建設されました．また，沖縄県北谷町の日量4万 m^3 のプラントや，福岡市の日量5万 m^3 のプラントなどが有名です．世界的に見ると，中東やスペイン，カリブ海に多くの淡水化プラントがありますが，最近では，サウジアラビアの日量24万 m^3 のプラントに日本製の逆浸透膜が使われています．

　海水の淡水化には蒸留法，逆浸透膜法，冷凍法などが使われていますが，最近では逆浸透膜法がよく使われており，沖縄や福岡のプラントも逆浸透膜法を採用しています．逆浸透膜法の真水回収率は約40％程度といわれていましたが，最近できた福岡のプラントでは回収率を約60％まで向上させています．つまり，100 m^3 の海水から60 m^3 の真水がつくられるわけです．なお，逆浸透膜法については11章を参照してください．

　また海の深いところを循環している海水を，太陽の光が届かない200 m以下の深い所から汲み上げた，海洋深層水を使ったミネラルウォーターもありますが，適度にミネラル分を含み，水温が10℃程度で安定し，表層水に比べて清浄であるなど，健康食品ブームの中で脚光を浴びて清涼飲水やビールの原水としても使われています．

海洋深層水

　海面から200 m以上の深海の海水を**海洋深層水**（または単に**深層水**）といいますが，地球上にある水の約90％が海洋深層水であるといわれています．太陽光が届かないため，光合成が行われないので水質を悪化させる有機物や病原菌，環境ホルモンなども少なく，豊富なミネラルを含んでいるという特徴があります．グリーランド周辺で冷やされた表層の海水が深層部に沈み込み，大気に触れることなく地球を周回しているのです．

水の使われ方

1-7

水はどこで使われているか

　日本の1人当たり年間使用水量は630 m³で，生活用水に約120 m³，工業用水に約90 m³，農業用水に約420 m³使用しています．水の使用形態は大きく**都市用水**と**農業用水**に分けられ，都市用水は**生活用水**と**工業用水**に分けられます．

　生活用水は家庭用水と都市活動用水に分けられ，家庭用水は飲料水，調理，洗濯，水洗トイレ，掃除用水などで，都市活動用水は飲食店，デパート，ホテルなどの営業用水，事務所などの事業所用水などをいいます．

　工業用水は原料用水，ボイラ用水，洗浄用水などです．高度経済成長がはじまった1965年（昭和40年）の都市用水の使用量は年間235億m³でしたが，8年後の1973年にはほぼ倍の使用量となり，1990年（平成2年）に約3倍弱となってからほぼ横ばい傾向となっています．

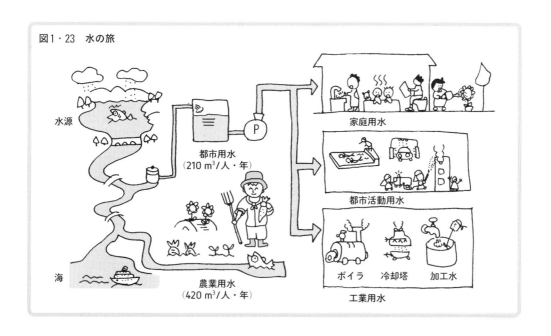

図1・23　水の旅

都市で使う水

　事務所，デパート，ホテルなどの冷暖房用の補給水，公園の噴水などの都市活動に必要な水は，1人当たりにすると1日約70 Lが使われています．当然のことですが，飲食や入浴施設がある建物の使用水量は多く，ホテルや病院は床（ベッド）当たり1000～

2000 L/日の水を使用していますが，最近では節水器具の採用，自動水栓の普及，水を使わない空冷ヒートポンプエアコンによる冷暖房方式が増えたため，建物の水使用量はやや減少傾向となっています．建物使用水でトイレの洗浄水は飲料水ほどの水質は必要ないので，洗面や炊事などの排水を浄化処理して便器洗浄水などに再使用する，排水再利用設備が大規模な建物などに設けられています．再処理水は上水と下水の中間的存在ともいえるので，日本では**中水**と呼ばれています．

雨水・排水再利用設備は 2010 年（平成 22 年）全国でおよそ 3650 か所あり，再処理水量は生活用水使用量の約 2％弱となっています．

工場で使う水

生産工場などで冷却や洗浄などに使う水を**工業用水**といいます．1965 年（昭和 40 年）に比べると 2002 年（平成 14 年）の使用量は 3 倍くらいになっていますが，2011 年では 2.5 倍まで下がっています．工場などでは一度利用した水を再利用する回収再利用が進んでおり，工業用水道から買う水量はほとんど増えていません．工業用水の総使用量は生活用水の 3 倍程度になっていますが，新たに補給する量は，生活用水使用量の 75％程度にしかなりません．工業用水は用水多消費三業種といわれる化学工業，鉄鋼業およびパルプ・紙・紙加工品製造業で全体の 70％の水を使用しています．

重水と軽水と純水

水は酸素と水素の化合物で分子式では H_2O で表されますが，水の中にはこの H_2O で表されない重水素 D の入った重水（D_2O）がわずかに含まれています．この水を重水といい，一般の水を軽水といいます．重水は原子力発電所の中性子の減速材として利用されています．

また半導体工場では水中の有機物や無機物を取り除き，水に溶け込んだ酸素も脱気して取り除いた純水や超純水が半導体の洗浄などに使われています．純水は，注射液や目薬などにも使われています．

飲料水の一生

1-8

水を配る上水道

上水道は水源で取水した水を導水管で浄水場に送り，浄化・消毒して送水ポンプで水圧をかけて給水区域に配水する仕組みになっています．水源には地表水と地下水があり，取水施設はダムなどの水源から直接とる取水塔，河川の表流水からとる取水口，取水堰（しゅすいぜき）など

があります．浄水場では沈殿とろ過との組合せによって原水を浄化して，井戸水のようなきれいな原水は**緩速ろ過方式**で，汚れている河川などの表流水を原水とする場合は**急速ろ過方式**が使われています．浄化された水は 200 kPa 程度の水圧で配水管により建物に供給され，配水管から建物の水栓などにつながる装置は**給水装置**と呼ばれます．

水道の種類

水道は水道法で上水道・簡易水道・専用水道・貯水槽水道に分類されています．**上水道**は給水人口が 5000 人を超える水道，**簡易水道**は給水人口が 101〜5000 人以下の水道，**専用水道**は寄宿舎・社宅などの自家用水道などで 100 人を超える居住者に給水するもの，または 1 日最大給水量が 20 m³ を超える給水設備をいいます．

また**貯水槽水道**は，2002 年（平成 14 年）の水道法の改正で新たに定義されたもので，ビルやマンションなどの建物で水道局から供給される水をいったん受水槽にため，ポンプで直接あるいは屋上にある高置水槽に送ってから利用者に給水する施設をいい，受水槽の規模 10 m³ を超える**簡易専用水道**と，10 m³ 以下の**小規模貯水槽水道**があります．受水槽に入るまでの水質は水道局が管理しますが，受水槽から給水栓までの設備の管理については，設置者（建物の所有者）の責任となっています．ただし，受水槽の水源のすべてまたは一部に井戸水などを使用している施設や，受水槽の用途がもっぱら消火用，工業用などで，まったく飲用に利用されていない施設は除かれます．

現在，日本の総人口の 98.5 % に当たる 12431 万人が水道を利用しています（2019 年（平成 31 年）3 月 31 日現在）．

表 1・1 上水道の種類と給水人口

上水道の種類	事業者数	給水人口
上水道	1330	1 億 1953 万人
簡易水道	3208	220 万人
専用水道	8225	38 万人

2019 年（平成 31 年）3 月 31 日現在
［出典］厚生労働省健康局水道課：水道の基本統計

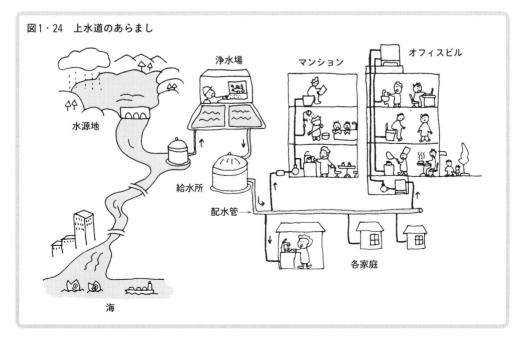

図 1・24 上水道のあらまし

水を捨てる下水道

　日本の下水道普及率は77％（2014年）で先進諸外国に比べると普及が遅れています．ちなみにイギリスは97％，ドイツやスウェーデンが93％，アメリカが71％となっています．

　下水道には公共下水道，流域下水道および都市下水路の3区分があります．一つの市街地の下水を処理するのが**公共下水道**，2以上の市町村の下水を処理するものが**流域下水道**で，いずれも終末処理場（下水処理場）で住宅，事務所ビル，ホテルなどから排出される生活排水や工場などから排出される事業所排水を浄化処理して河川や海などに放流します．それに対して**都市下水路**は市街地における雨水の排除を目的につくられたもので，生活排水や事業所排水を流すことはできません．したがって，一般には下水道といえば公共下水道や流域下水道のことをいいます．

　下水道にはどんな汚水でも流せるわけではありません．事業所などから排出される重金属などの有害物質に対しては，全国一律の排出基準が定められており，さらに下水道の立地条件や使用状況に応じて水温，pH, BOD, 浮遊物質，動植物油（ノルマルヘキサン抽出物質）などについて排出基準が設けられています．特に，ほとんどの地域では定められた排水量以上のちゅう房排水を流す場合には，動植物油を除去する有害物質**除害施設**を設けないと放流できません．

　下水道には生活排水や事業所排水と雨水を同じ排水管に流す**合流式**と雨水を別に流す**分流式**があり，比較的新しくつくられた下水道は分流式となっています．

　このほか農村集落のし尿や生活排水を流して処理する農村集落排水も，下水道と同じ役目をしています．

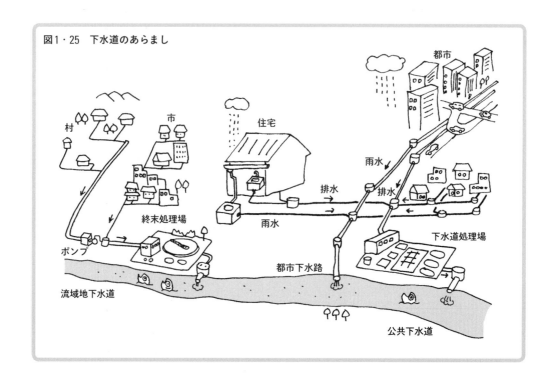

図1・25　下水道のあらまし

浄化槽

　下水道が整備されている地域以外で，生活排水を浄化して放流するために設けられているのが**浄化槽**です．日本では下水道普及率は79.3％（2018年）と変わっていませんが，浄化槽を使用している人が9.3％います．浄化槽には水洗トイレの汚水だけを処理する**単独処理浄化槽**とトイレの汚水はもとより，台所排水，洗面所・浴室排水，洗濯排水など家庭排水のすべてを処理する**合併処理浄化槽**があり，すでに設置されている約756万基の浄化槽のうち，合併処理浄化槽は約50％となっています．

　単独処理浄化槽を使っている地域ではトイレの汚水以外の排水はすべて汚れたまま河川などに放流しているため，河川や海の汚染の大きな原因となっています．炊事，洗濯，洗面・浴室などから出る排水を**雑排水**といいますが，雑排水の汚れの指数BODは1日当たり1人27gですが，し尿のBODは1日1人当たり13gですので，私たちが1日に排出する生活排水のBODは13＋27＝40gとなります．単独処理浄化槽ではし尿のBOD 13gを5gに減らしますが，なんの処理もしない雑排水と合流して河川に放流される排水のBODは5＋27＝32gとなります．

　これに対して合併処理浄化槽は，家庭排水をすべて処理してBOD 40gを90％程度除去できるので，河川などに放流される排水のBODは4gとなり，単独処理浄化槽に比べて汚れは1/8に減るのです．

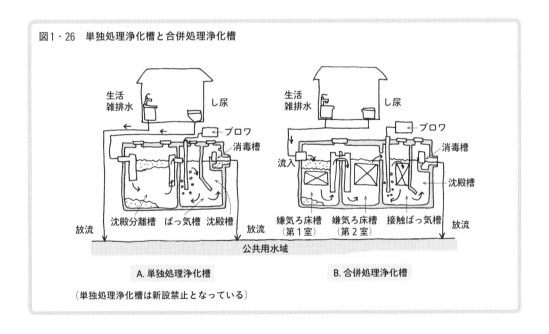

図1・26　単独処理浄化槽と合併処理浄化槽

（単独処理浄化槽は新設禁止となっている）

自然を汚す単独浄化槽

　くみ取り式のトイレではし尿は処理場に運ばれるので，家庭から出る排水のBODは雑排水のみの27gであり，単独処理浄化槽を付けた場合は上記のように32gですので，くみ取り式のトイレの家庭のほうが河川を汚さないわけです．日本では疫病の発生を防ぐために単独処理浄化槽によるトイレの水洗化が推奨されてきたわけですが，かえって河川や

海の汚染が広がっているという，なんとも皮肉な結果となってしまったのです．

このようなことから2011年（平成13年）に浄化槽法が改正されて，単独処理浄化槽を新設することができなくなりましたが，1日も早く既存の単独処理浄化槽を合併処理浄化槽に改めて，環境汚染を少なくしたいものです．

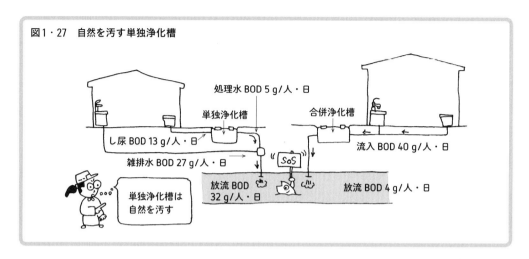

図1・27 自然を汚す単独浄化槽

水を楽しむ
1-9

庭園の噴水や水琴窟(すいきんくつ)

今でも人気の高い京都の寺院や住居は，昔から積極的に自然を取り込んでつくられてきました．庭園は池を眺め池の周りを散策し，水しぶきを上げる滝，川底を洗うように流れる清流，水音をたて穏やかに流れる小川などが楽しめるようになっています．日本人は特別な音感があり，西洋人が雑音，騒音としか判断しない自然界の音を心を癒す音楽として聞いています．水の流れで筧(かけひ)がつくり出す音，ししおどしとも呼ばれる添水(そうず)，ポタポタと落ちる水を利用して地中から響く幽玄な音を楽しむ水琴窟など，水を利用して安らぎを得たり，楽しんだりする工夫がとられてきました．しかし，高度経済成長期に建てられた建築や変貌した都市空間は，人工的なものにおおわれ利便性が優先されました．

ビオトープづくり

自然環境に触れ合う機会が少なくなると，人工的に自然環境をつくろうという動きが現れ，生物（ビオ）と空間（トープ）を表すビオトープづくりが進められています．ビオトープは，池や小川などの水辺空間をつくり植物を植え，昆虫や鳥など生き物が戻ってこられるような自然浄化機能をもつ自然環境を再現するものです．私たちはビオトープにより自

然との触れ合いだけでなく，自然浄化機能の大切さなどを体験できます．ビルの屋上などにも小規模のものがつくられていますが，公園の中に大きな流れをつくり，ビオトープをつくるようなことも行われています．

図1・28　ビオトープ

水景施設の計画

　水景施設は，人工的な池や流れ，噴水をつくり，擬似自然体験の場をビルの周辺だけでなく，アトリウム（吹抜け大空間）などの建物内空間で自然との積極的な触れ合いの場を提供し，水と緑に合わせて音楽噴水，ウォーターショー，光の演出など新たな水環境をつくり出しています．緑だけでなく水を加えることで，より自然に近い空間を再現したのです．

　水と緑を使った水景施設は，公園，街路，公開空地と周辺の河川，湖沼との一体化を追求するようになっていますが，そこで使われている水はほとんど循環利用されており，最近では水中で増殖するレジオネラ属菌対策の必要性が叫ばれています．特に噴水や滝は空中に細かな水滴が飛散することからレジオネラ対策は欠かせません．なお，レジオネラ対策については9章で説明します．都市河川を埋めてつくられた高速道路も自然の景観を取り戻すため，元の河川に戻すような計画も進められています．

ドライミスト

　最近，夏の暑い日にまちを歩いていると，突然霧のような水を浴びることがあります．これは，水を微細な霧の状態にして噴射し，水が蒸発する際の気化熱を利用して地上の局所を冷却する**ドライミスト**と呼ばれる装置です．2005年（平成17年）の愛・地球博の「グローバル・ループ」で大々的に導入されました．ドライミストは，水の粒子が小さいためすばやく蒸発し，肌や服が濡れることもありません．また，周辺の気温を2～3℃下げる効果があるといわれています．

1-9　水を楽しむ

第2章 水を配る給水設備

給水設備の条件

2-1

　給水設備は，水を使う器具や機器・装置などに必要とする量の水を，適切な水圧で水質を悪化させることなく供給するための設備です．水を使う器具などはその目的に適した水量と水圧が必要であり，水圧が小さくても大きすぎても機能を満足に発揮しません．飲用水よりも質の悪い水を便器洗浄水などに送水する雑用水給水設備を設けた建物もありますが，一般の建物では送水する水はすべて飲用水ですので，<u>水を汚染から守ること</u>が給水設備の最も大切な使命になります．

水を守る

　給水設備は貯水槽，配管，水を使う器具などで汚染される危険性をはらんでいます．<u>貯水槽</u>ではマンホールやオーバフロー管などからの異物の混入による汚染，<u>配管</u>ではクロスコネクションによる汚染や，配管材の腐食が原因となる汚染があり，器具では排水や飲用水以外の水が給水管に逆流する<u>逆流汚染</u>があります．

　<u>クロスコネクション</u>とは，飲用水や給湯の配管がその他の配管や装置と直接接合されることをいいます．実際に暖房用ボイラや冷暖房配管，井水配管，浴槽循環配管などに飲用水配管を直接つないでいるクロスコネクションが多く見られます．

　最近では有名なレジャー施設で，水飲み器に飲用には適さない水の配管が誤って結ばれていた例がありますが，クロスコネクションは一般の人には見分けがつかないだけに，危

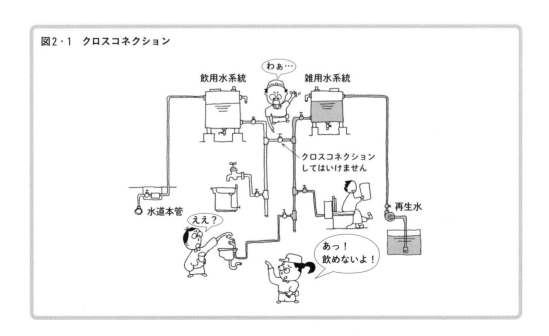

図2・1　クロスコネクション

険きわまりないことなのです．

　給水配管の汚染で最も多いのが配管の腐食によるもので，古い建物で配管内面がさびて水栓から赤い水が出てくる現象は，まさにその例です．また水を使う器具には必ず洗面器など水を受ける容器とそれにつながる排水管があり，汚れた水が器具を通じて給水管内に逆流することがあるので，十分すぎるほどの注意が必要なのです．

　器具での汚染防止について説明しましょう．

水栓は危険がいっぱい

　断水したときや建物の下層階などで水が多量に使われた場合に，一時的に給水管内が負圧になることがあります．また下層階で急激に水の使用量が増えたときなどに，上層階で一時的に管内が負圧になることがあります．給水管内が負圧になると，水栓から器具にたまっている汚れた水を吸い込むことがあるのです．たとえば，水栓につないだホースをバケツや浴槽の中に入れて給水している光景をよく見かけますが，このときに給水管内が負圧になるとバケツや浴槽の中の水が水栓から給水管に逆流して，建物全体の水を汚染してしまいます．

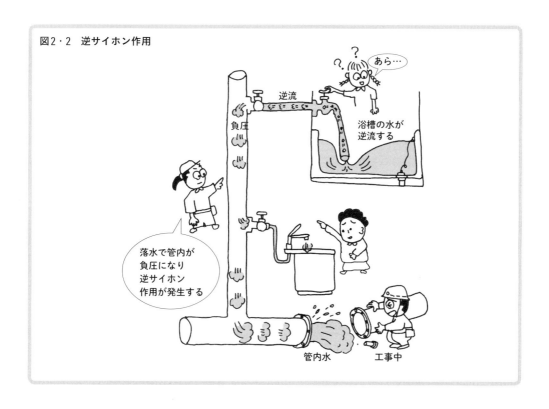

図2・2　逆サイホン作用

　そのため，洗面器や流しなどの水栓の吐出し口は，容器のあふれ縁から離して取り付けるように決められており，水栓と**あふれ縁**との間に設ける垂直距離を**吐水口空間**といいます．吐水口空間は水栓の内径や水受け容器に接した壁からの離れなどによってその距離が決められていますが，おおむね吐出し口の内径の**2倍以上**となっています．

　吐水口空間は洗面器をよく見るとすぐ理解できます．洗面器にはほとんど直接水栓が取

2-1　給水設備の条件

り付けられていますが，洗面器の左右の縁にまたがるように板を置くと，水栓の吐水口との間に25 mmくらいの空間ができますが，この空間が吐水口空間なのです．

吐水口空間は，最も基本的かつ確実な逆流防止方法ですが，逆流防止器（バキュームブレーカ）を取り付ける方法もあります．**逆流防止器**は取り付けた位置の上流側の配管内が負圧になると，逆流防止器から空気を吸い込んで，下流側から水を吸い込まないようにする

図2・3　吐水口空間

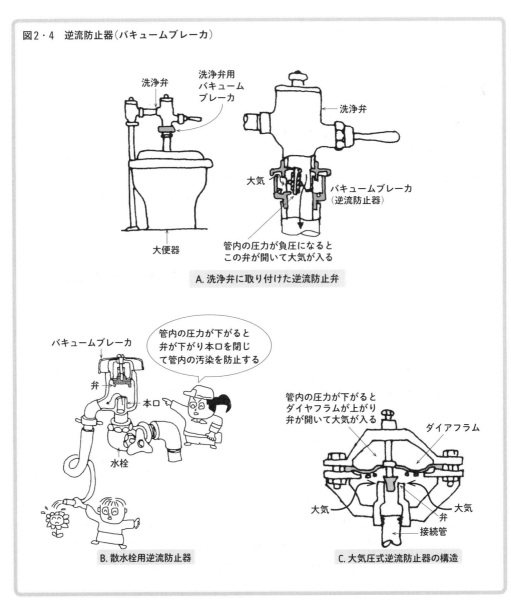

図2・4　逆流防止器（バキュームブレーカ）

器具です．代表的なものに，大便器の洗浄弁（フラッシュ弁）に取り付けるものや，ゴムホースをつなぐことが多い散水用の逆流防止器付き水栓があります．またバスタブに浸かることがあるハンドシャワーには，ホースの基部に逆流防止器付きの金具を使うこともあります．これらは器具を使うとき以外は水圧がかからないので，**大気圧式逆流防止器**といいます．これに対して，常時水圧がかかっている配管の途中に使うのが**圧力式逆流防止器**で，逆止め弁と負圧発生時に自動時に空気を吸引する空気弁をもった構造になっています．

使いやすい水圧

給水はすべての器具や機器に対して，適正な水圧で送られてくることが大切です．衛生器具や給湯機（湯沸し器）などの水を使う機器は，使う目的に応じた機能を発揮するある範囲内の水圧が必要です．水圧が低くても高すぎても困るのです．必要な水圧よりも低い場合は水の出が悪く不便ですし，ガス給湯機が着火しなかったり，便器の洗浄が不足したりします．高すぎる場合には，洗面器や流しの水はねがひどくなり，後で述べるウォータハンマが起きて器具や配管を破損させることもあります．

最低必要水圧は器具の構造と用途によって決まりますし，最高水圧は建物の用途に応じて決めます．最高水圧は一般に住宅やホテルでは200〜300 kPa，事務所ビルなどでは300〜400 kPa程度になるように計画します．なお，水圧200 kPaとは20 mの高低差に相当する水圧になります．衛生器具の必要水圧を表2・1に示します．

建物内の水圧は，戸建住宅のように給水管が道路内の水道管に直接つながっている場合は水道管の水圧に，マンションのように屋上

表2・1 衛生器具の最低必要水圧

器　具	最低必要水圧〔kPa〕
大便器（洗浄弁）	70
大便器（洗浄タンク）	30
小便器（洗浄弁）	70
洗面器	30
シャワー	70
一般水栓	30
自動水栓	50
ボールタップ	30
ガス給湯機（4号〜30号）	40〜80

［出典］空気調和・衛生工学会編：空気調和・衛生工学便覧，13版，第4編，p.88（2001）より加筆修正．

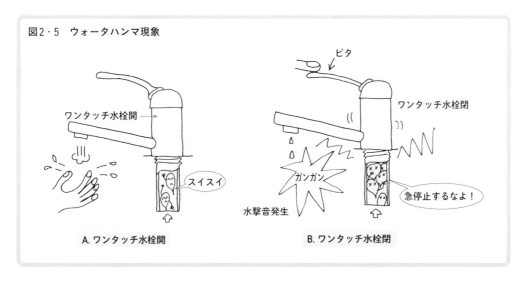

図2・5 ウォータハンマ現象

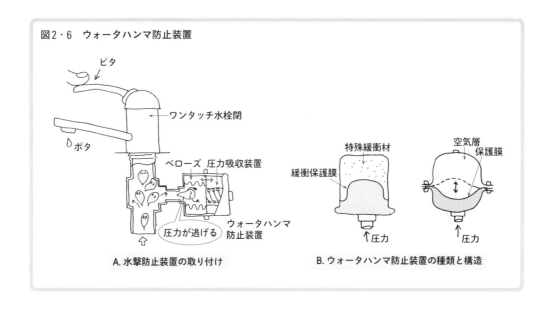

図2・6 ウォータハンマ防止装置

の高置水槽から給水されている場合は高置水槽からの落差に，給水ポンプで直接送られてくる場合はポンプの圧力によって決まります．

ウォータハンマとは，水栓を急に閉めたときに配管をハンマでたたいているような音がする現象をいいます．給水管の内部では水が充満して流れています．その給水管につながる水栓などを急に閉めて水の流れを急に止めると，水の運動エネルギーが圧力に変わって配管内の圧力が急激に上昇し，圧力の波が配管内を往復して，配管・弁・機器類をハンマのように打ち続けて振動させ衝撃音を発する**水撃作用**が起こります．水圧が高く，配管内の水の流れる速度（流速）が早く，凹凸があって管内に空気がたまりやすい配管で，水の流れを急に止める器具を使ったときなどに起こりやすくなります．

ウォータハンマはしばしば配管を破損させたり，継目から漏水したりする事故の原因となります．ウォータハンマが起こらないようにするには，❶水圧を必要以上に高くしない，❷配管の途中に空気たまりができないようにする，❸流れを急激に止めるような器具を使わないことが必要ですが，給水設備で使う器具の中にはシングルレバー水栓やボールタップのように水を急閉する器具もあり，このような場合にはウォータハンマ防止装置（ショックアブソーバ）を使って防止します．

適正水圧を守るゾーニング

高層建物では給水を上層階から下層階までの1系統で供給すると，下層階では給水圧力が過大になりすぎることもあるので，水圧によって給水系統を分けています．このことを**圧力別ゾーニング**といいます．また多目的ビルなどでは用途別に給水系統を分けることもあり，これを**用途別ゾーニング**といいます．

圧力別ゾーニングの方法としては，中間階に水槽を設置して水圧を調整する方法や，減圧弁による方法があります．用途別ゾーニングは建物内の用途ごとに給水系統を分ける方法で，多種多様な用途の部屋がある複合用途建物や，ホテル，病院などで用いられています．ホテルでは客室，ちゅう房，パブリック，テナント，給湯補給水などの系統に，病院

図2・7 高層ビルの給水系統ゾーニング方式

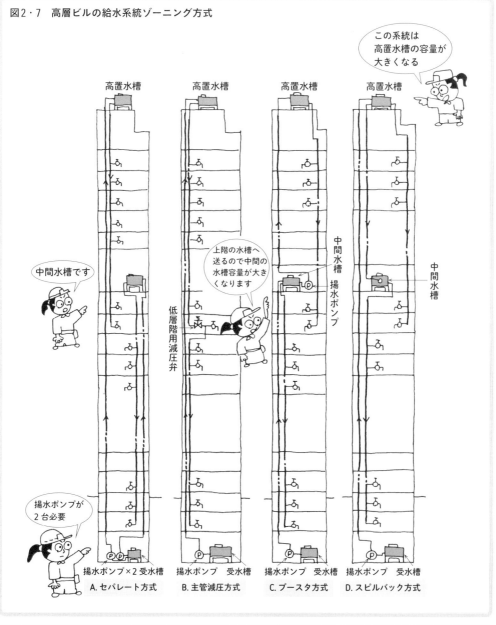

図2・8 用途別のゾーニング方式

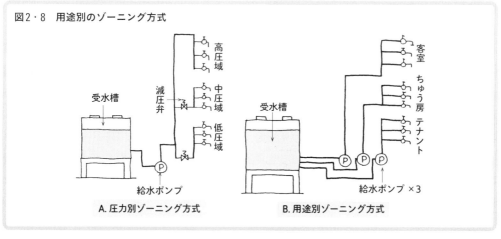

2-1 給水設備の条件

では病室，診療部門，ちゅう房などの系統に分ける場合がありますが，小規模の建物ではあまり用途別ゾーニングはしません．

建物で使う水

2-2

建物では水道法で定められた各種の水道や，水道法が適用されない小規模水道（飲料水供給施設で給水人口10～100人）や飲用井戸（自家用井戸，業務用井戸）などの水を使っています．なお，水道については1章を参照してください．

水道の引込み

建物で水道を使う場合には，公道に敷設してある配水管から分岐して止水栓，水道メータ（量水器）を経由して建物内に給水します．配水管からの分岐部分から給水栓などの給水用具までの範囲を**給水装置**といい，水道事業者の管轄範囲として水道法で定められています．給水装置や貯水槽以下の配管や給水機器・器具などは，設置者の責任で管理しなければなりません．

上水と雑用水

上水とは上水道から供給される水のことですが，一般には飲用に適する衛生的に安全な水のことをいいます．**雑用水**は飲んだり洗ったりする目的に使わない水，たとえば便器の洗浄水などに使う水をいい，上水ほど良質ではなく下水ほど悪い水質ではないというような意味から**中水**とも呼ばれています．一般の住宅などでは上水と雑用水を使い分けることはありませんが，上水道の供給能力を超える多量の水を消費する大規模な建物などでは，水を使う目的によって上水と雑用水とに使い分ける場合もあります．特に水の需要が急激に増えた都市部では，ある規模以上の建物では雑用水を使うことを義務づけている地域もあります．雑用水は飲用に適さない井水や河川水，工業用水，雨水，あるいは建物から出る排水を浄化した再生水・再利用水などを使っています．

雑用水は水洗トイレの洗浄用，修景用，芝生への散水などに使います．なお，飲用水と雑用水の使用量は，おおむね表2・2に示すような比率になっています．

表2・2 飲用水と雑用水の比率

建物用途	飲用水	雑用水
事務所	30～40％	60～70％
住　宅	60～80％	20～40％

［出典］空気調和・衛生工学会編：空気調和・衛生工学便覧，13版，p.106（2001）

図2・9 給水装置

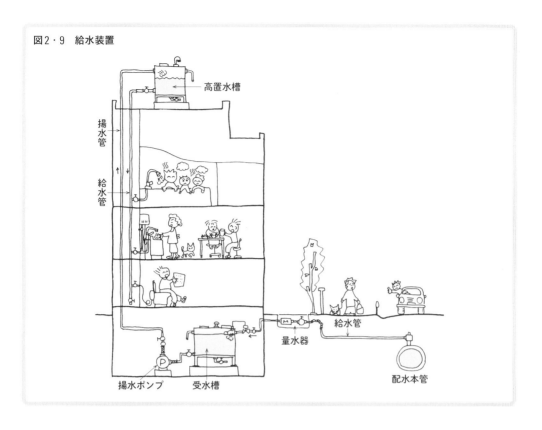

図2・10 雑用水の構成

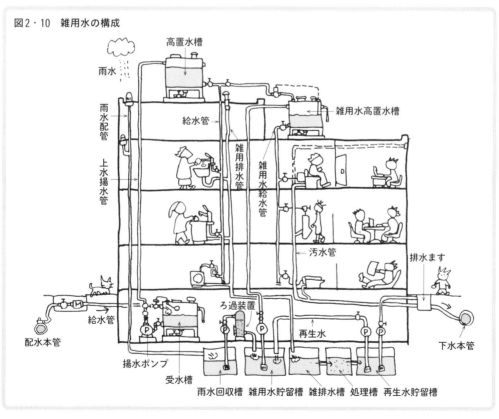

建物の使用水量

2-3

　冷房設備では，室温が設定した温度より下がると冷やすのを止め，上がると冷やしはじめるように，使うところで冷やすための熱の使用量をコントロールしており，暖房設備も同じです．

　一方，私たちは便器や洗面・シャワー，流しなどで，なんの制約もなく水を自由に使っています．つまり給水設備では原則として水の使用量を，使う場所でコントロールすることはないのです．このことが給排水衛生設備の難しさ，不確実さのすべてなのです．

　給水器具で1回に使われる水の量は，器具の種類と使用時間で決まりそうですが，実際には特定することは不可能ですし，予測することも困難なのです．たとえば，水栓はハンドルの回し方によって水量が異なりますし，便器では水を2回や3回流す人もいて予測すら難しいのです．

　しかし，給水設備は水の使用量がわからなければ計画できないので，さまざまな実測データを使って使用水量を予測することになります．家庭で使われる水の平均的な用途別の割合は，お風呂が全体の24%，洗濯17%，炊事23%，トイレ28%になっています．

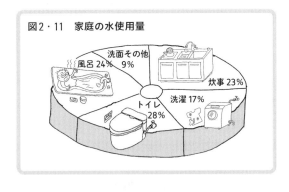

図2・11　家庭の水使用量

　2000世帯の家庭を対象とした水道の使用量の調査の結果では，1か月約17 m³（1世帯2人の場合）の水を使っています．そして1世帯当たりの人数が多くなるほど1人当たりの使用水量は減る傾向にあり，1人世帯では平均260 L/人，7人世帯では平均150 L/人というデータもあります．あなたの家庭の使用水量と比べてみてはいかがでしょうか．

表2・3　世帯人員別使用水量一覧

世帯人員	1人	2人	3人	4人	5人	6人以上
使用水量[m³/(世帯・月)]	8	17	23	28	32	40

［出典］東京都水道局：平成12年度　生活用水実態調査

　また戸建住宅と集合住宅では，同じ世帯人員であっても使用水量には違いがあります．このようなことから，幅をもたせた使用水量を予想給水量としてまとめた表2・4のようなデータを使って，使用水量を予測することになります．

1日の使用水量

表2・4は，建物の用途ごとに1人が使うであろう使用水量を過去のデータをもとにまとめたものです．建物の使用水量は，この表の1人当たりの使用量に建物の利用者数を乗じて求めることができます．建物の利用者数は建物の面積によって求め，ホテルや病院などでは客室や病室の定員や従業員数，職員数などによって求めます．

表2・4 建物種類別の水使用量の実績

建物種別	平均使用量		有効面積当たりの人員など
戸建住宅	1人世帯 260 L/(人・日) 7人世帯 150 L/(人・日)	11 L/(m²・日)	0.16 人/m²
集合住宅	200～350 L/(人・日)	600 L/(戸・日)	0.16 人/m²
事務所	60～100 L/(人・日)	8 L/(m²・日) 130 L/(人・日)	0.2 人/m²

[出典] 空気調和・衛生工学会編：空気調和・衛生工学便覧，13版，第6編，p.107，表5-15（2001）を参考に作成．

建物がさまざまな用途に使われる複合用途ビルなどで，使用人員を特定することが困難な場合には，面積当たりの使用水量によって建物の使用水量を予測します．すなわち

$$1日予想給水量\ V_d = P \times P_v$$

または

$$V_d = A \times Q$$

P：建物の使用人員〔人〕
P_v：1人1日当たりの使用水量〔L/人〕
A：建物の面積〔m²〕
Q：面積1m²当たりの使用水量〔L/m²〕

時間によって変わる使用水量

人の生活や，いろいろな活動に使われる水の量は，当然のことですが時間ごとに変化します．住宅と事務所ビルでの使用水量の変化を示したものが図2・12です．給水設備では，1日に使われる水量の1時間当たりの平均値（時間平均予想給水量），1時間に使うと思われる最大値（時間最大予想給水量），ピーク時に1分間に使う水量（ピーク時予想給水量）を次のような計算式を使って予測して，設計に必要な基礎数値として使い，後に述べる受水槽，高置水槽，給水ポンプの大きさを決定します．

$$時間平均予想給水量\ Q_h = \frac{V_d}{T}\ 〔L/h〕$$

V_d：1日予想給水量
T：建物使用時間

$$時間最大予想給水量\ Q_m = K_1 Q_h 〔L/h〕\quad (K_1 = 1.5 \sim 2.0)$$
$$ピーク時予想給水量\ Q_p = K_2 Q_h 〔L/h〕\quad (K_2 = 3.0 \sim 4.0)$$

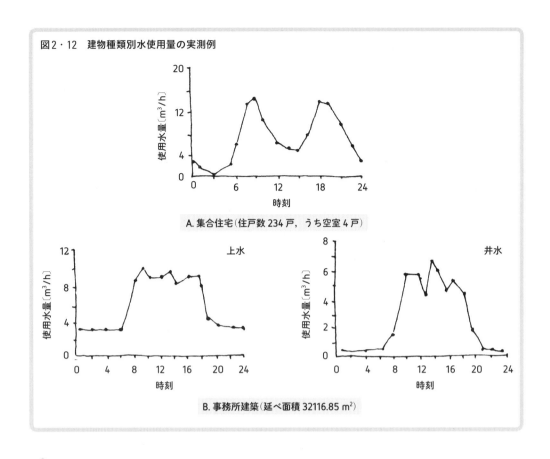

図2・12　建物種類別水使用量の実測例

A. 集合住宅（住戸数234戸，うち空室4戸）

B. 事務所建築（延べ面積32116.85 m²）

1回に使う水の量

表2・5は各種衛生器具・水栓の1回の使用水量，1時間の使用回数を示したものです．

表2・5　各種衛生器具・水栓の特性

器　具		1回の使用流量 [L]	1時間の使用回数 [回]	備　考
大便器	（洗浄弁）	13～15	6～12	平均15 L/回/10 s
	（洗浄タンク）	8～20	6～12	
小便器（洗浄弁）		4～6	12～20	平均5 L/回/6 s
洗面器		10	6～12	
シャワー		24～60	3	水量は種類により大きく異なる
一般水栓		15	6～12	

［出典］空気調和・衛生工学会編：給排水衛生設備　計画設計の実務の知識，改訂3版，p.42（2010）より加筆修正．

水を配る方法

2-4

建物内では水を**直結方式**，**直結増圧ポンプ方式**，**高置水槽方式**，**ポンプ直送方式**，**圧力タンク方式**とこれらを組み合わせた給水方式で給水します．どのような給水方式を使うかは，建物の高さや規模，用途などによって選びます．

水道管の水圧と供給能力が，建物の最上階の器具に必要な水圧と水量を供給できる場合には**直結方式**が使われます．ただし，病院などのように断水によって建物の機能が損なわれる場合には，受水槽を設けて給水する方法を採用しています．

その他の方式は，直結方式ではすべての器具に必要な水圧で必要な水量を送れない建物で使われています．

直結方式

直結方式は，道路内に敷設された水道本管（配水管）から分岐して，水道メータを経由して，配水管の水圧で給水栓へ直接給水する方式です．一般には戸建住宅や小規模の建物でおおむね2階建て以下の建物などですが，最近では配水管の水圧が高くなって5階建てまで**直結方式**が使える地域もあり，そのつど，水道管理者（水道局など）と打ち合わせて決めます．

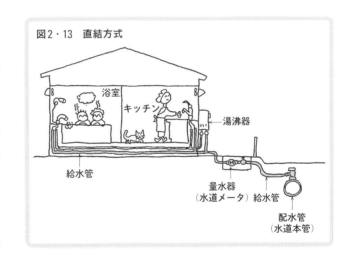

図2・13 直結方式

例として，3階まで給水を行う条件を次のように定めている自治体もありますので，参考にしてください．

① 建物内の給水栓の位置が道路面からの高さ9mまで．
② 3階部分までの給水を水道局が計算で確認できた建物．
③ 建物への水道引込み管が水道局の配水管から直接分岐され，その建物専用に新設されたもの．

直結方式の特徴は，①法で定められた安全で良質な水が保証されている，②受水槽・ポンプなどの設置スペースや設置費用が不要，③受水槽の定期的な清掃および受水槽・ポンプ設備などの保守管理が不要，④停電時でも給水ができることです．

一方，欠点として，❶配水管が断水事故を起こしたときに水が出なくなるため水を常時必要とする建物には向かない，❷水道管の水圧が変動して吐水量が安定しないことがある，❸配水管の水圧が高い場合，流水音やウォータハンマが発生するおそれがあることです．

直結増圧ポンプ方式（4階以上の建物）

　直結増圧ポンプ方式は，配水管から分岐した水道引込み管に直接ポンプを接続して，水圧を高くして建物へ給水する方法です．しかしこの方式は，すべての水道事業者が認めている方法ではないので，事前に問い合わせる必要があります．

　直結増圧ポンプ方式は建物内の水が逆流などで汚染された場合，配水管まで汚染が拡大して深刻な事態となるため，水道事業者が認定した**逆流防止装置**を付けた増圧給水ポンプユニットを使うように定められています．また停電した場合に建物全体が断水するため，毒物や薬品などの危険物を取り扱う事業所や病院，ホテルなど，常時水が必要で断水による影響が大規模な建物には認められていません．

　直結増圧ポンプ方式の特徴は，❶受水槽・高置水槽が不要のため，建設費用が安くなる，❷水槽の清掃や点検などの衛生管理費用が削減できる，❸機器の設置スペースが不要，❹水が汚染されにくいなどの利点がある反面，貯水槽がないために断水の影響をもろに受けます．

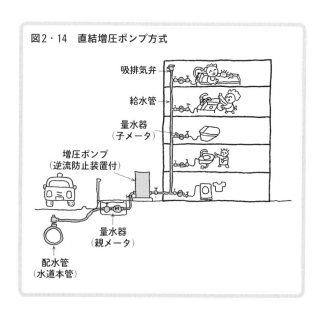

図2・14　直結増圧ポンプ方式

　直結増圧ポンプ方式には，**直列多段型**と**並列型**があります．直列多段型は増圧ポンプを直列に設置する方式で，標準型より高層階への直結給水が可能です．並列型は増圧ポンプを並列に設置する方式で，より大規模な集合住宅等への直結給水に使われています．

高置水槽方式

　建物で使う水道水などをいったん受水槽にためてから，揚水ポンプで建物の屋上などに設置した高置水槽に給水して，高置水槽から重力によって給水栓へ給水する方式です．

　この方式は，ホテルのように一時的に多量の水を使用するような建物に適しており，常に安定した水圧が得られ，断水時にも受水槽と高置水槽の水を使えるなどの特徴をもっていますが，他の方式に比べて貯水槽をもっているだけに水が汚染されやすく，設備費が高くなる欠点をもっています．これまでこの方式が最も一般的な方式でしたが，最近ではポンプの制御技術の信頼性が増した結果，次に述べるポンプ直送方式が採用されることが多くなっています．

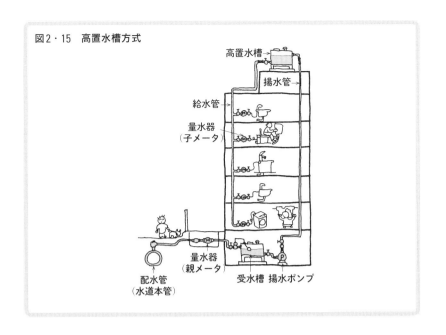

図2・15 高置水槽方式

ポンプ直送方式

ポンプ直送方式は,高置水槽を置かないで受水槽からポンプで直接各給水器具に送水する方式で,**タンクレスブースタ方式**とも呼ばれています.この方式は,建物内の刻々と変わる使用水量に併せて送水量を変えることによって消費電力使用量を減らすことができます.

ポンプの送水量を変える方法には,常に一定の水量を送る定速ポンプを複数台設置して,ポンプの運転台数を送水量により変える**台数制御方式**と,ポンプの回転数をインバータ(周波数変換装置)を利用して送水量を変える**回転数制御方式**があります.実際には地域給水,集合住宅,工場など大規模な給水設備には両方式を組み合わせた方式が多く使われており,小規模の建物には回転数を制御する変流量ポンプを使ってユニット化された給水装置が使われています.

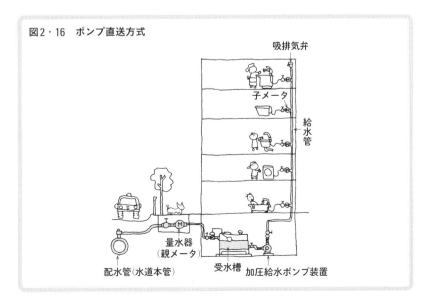

図2・16 ポンプ直送方式

吸排気弁は配管中の空気を自動的に排出しますが，配管内が負圧になると空気を吸い込み，負圧を解消して給水先からの逆流を防止します．特に直結給水や圧力タンク給水方式等で，配管の頂部に設置して安全な給水システムを構築します．

圧力タンク方式

圧力タンク方式とは，受水槽から圧力タンク付きの給水ポンプを使って水を送る方式で，家庭で使われている井戸ポンプはこの方式です．

圧力タンクは空気を封入した密閉タンクで，給水ポンプの出口側の配管に圧力タンクをつないで，タンク内の空気圧が一定の圧力より低くなったらポンプを運転し，一定の圧力になったら停止する信号をポンプに送ります．圧力タンク内は樹脂製の膜（ダイヤフラム）で二つに仕切られていて，片方に空気が，他方に水が入るようになっており，水を使うと給水管内の圧力が下がり，タンク内の圧力も下がるのでポンプが運転されるわけです．

以前は，高置水槽が設置できないような建物や地下街などによく使われていましたが，最近ではポンプ直送方式にとって代わられ，あまり使われなくなりましたが，ポンプ直送方式ではポンプを小型の圧力タンクを使って，タンク内の圧力の変化によって運転したり止めたりしています．複合用途建物などでは低層系統のテナント部分にはポンプ直送方式，高層系統のオフィス部分には高置水槽方式などの使い分けをする場合もあります．

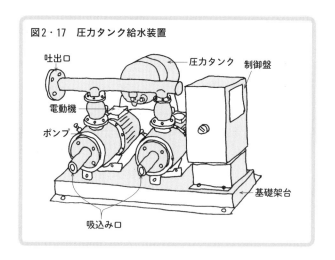

図2・17　圧力タンク給水装置

吸排気弁

給水にはいろいろな気体が溶け込んでいますが，水圧が小さくなったり水温が高くなったりすると水から分離して，気体となって配管の中にたまってきます．

吸排気弁はこの配管の中の気体を自動的に配管から排出し（**常時**），配管の中が負圧になると大気から空気を吸い込んで給水への逆流を防ぎ（**吸気**），逆に配管の中の圧力が高くなったときには排気（**排気**）して，給水管内を常に通常状態に保つために，給水立て配管の頂部に設置します．多層階への水道直結や増圧ポンプ，圧力ポンプ給水方式には欠かせない装置です．

給水機器の決め方

2-5

給水機器を決める基本的な考え方は，受水槽に供給する❶水道引込み管などの給水管の管径は**毎時平均予想給水量**（Q_h）で，❷揚水ポンプの揚水量は**時間最大予想給水量**（Q_m）で，❸高置水槽は小規模の建物では**時間平均給水量の1時間分**程度を目安として，大規模な建物では**給水ポンプの20分間分**程度の水量を高置水槽の容量としています．そして，❹高置水槽から出る給水管は**ピーク時予想給水量**（Q_p）で決めています．

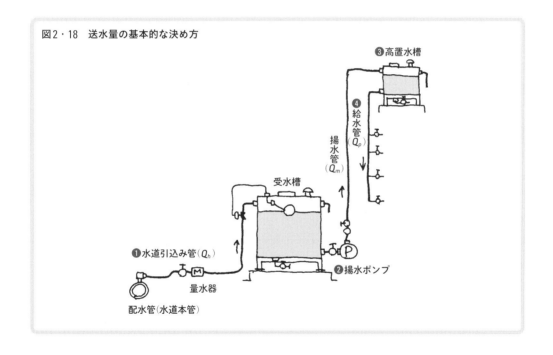

図2・18 送水量の基本的な決め方

受水槽の決め方

受水槽は建物の水源となる貯水槽なので，貯水量が多いほど良いと思われるかもしれませんが，そうではないのです．災害や断水のことを考えると多いほうが良いのですが，貯水量が多いことはそれだけ水が水槽の中に溜まっている時間が長くなり，消毒用に水に添加されている塩素が消滅して水質が悪化することになります．また，大きな水槽では水槽内の流れが偏って滞留水（死に水）ができて変質することもあります．したがって，貯水量はその建物の使用水量に見合った量とすることが望ましいのです．

受水槽の容量は，水道あるいは水道を使わない場合は自家用井戸などその他の水源の供給能力によって決めますが，水道の場合にはその水道事業者の規定がある場合も多いので確認する必要がありますが，一般には受水槽は建物の1日使用水量の40〜60％程度と

しています．特に規定されていない場合は，受水槽の容量は次式で求めます．

$$受水槽の容量\ V_s \geq V_d - Q_s T$$
$$Q_s(24-T) \geq V_s$$

V_s：受水槽の有効容量〔m³〕
V_d：1日予想使用水量〔m³/日〕
Q_s：受水槽に給水する水道管などの給水能力〔m³/h〕
T：1日平均使用時間〔h〕

高置水槽の決め方

高置水槽は建物の最上階の給水器具が必要とする水圧が確保できる，高低差のある位置に設置する必要があります．たとえば，最上階にシャワーや便器洗浄弁がある場合には，配管の摩擦抵抗を考えれば10 m程度の高低差が必要になります．階高を3 mとすれば最上階より3階上の階ということになるでしょう．実際にはこのような高所の面積は限られているので，高置水槽はできるだけ小さいほうが望ましく，構造的に重量の制約を受けることがあります．このような場合には次式の関係式から容量を求めています．

$$高置水槽の有効容量\ V_e \geq (Q_p - Q_{pu})T_1 + Q_{pu}T_2$$

Q_p：ピーク時予想給水量〔L/min〕
Q_{pu}：揚水ポンプ揚水量＝時間最大予想給水量（Q_m）〔L/min〕
T_1：ピークの継続時間〔min〕（30分程度）
T_2：揚水ポンプの適切な最短運転時間〔min〕（10～15分程度）

また，この関係式から，設置スペースや重量を減らす必要があるときには，揚水ポンプ揚水量をピーク時予想給水量に近づけることで高置水槽の容量を小さくします．

給水ポンプの決め方

(1) 揚水ポンプ：

揚水ポンプの送水量〔L/min〕やどのくらいの高さまで揚水できるかを示す揚程〔m〕は，高置水槽の大きさ（容量）と設置する位置によって決まります．

揚水ポンプの送水量とピーク時給水量との差が小さいほど，高置水槽の容量を小さくすることができますが，ポンプの運転・停止が頻繁に繰り返されるため，ポンプの寿命が短くなり，さらにポンプは起動時に多くの電力を消費するため，経済的な損失も大きいなどの弊害が出てきます．

そこで前に示した建物での1日の水の使われ方のグラフを思い出してください．使用水量は時間によって大きく変化していますが，ピーク時は長く続いていないことがわかります．このことから，高置水槽への送水量を時間最大予想給水量（Q_m）として，ピーク使用時に不足する水量（$Q_p - Q_m$）にピーク継続時間を乗じた水量を高置水槽に貯水しておけば，揚水ポンプの運転間隔を適切に保つことができますし，最大給水量に対しても対応できる給水設備とすることができます．つまり，一般に揚水ポンプの送水量は，時間最大予想給水量（Q_m）として選定します．

揚程は，受水槽の最低水位と高置水槽の揚水管接続位置との高低差に配管やバルブなどの抵抗，および水を水槽内に押し流す圧力（吐出し速度水頭）を加算して次式で計算します．なお，揚程とは，水を汲み上げる高さのことで，図2·19に示すようないろいろな揚程の合計が**全揚程**になります．

　図2·19を計算式にすると次のようになります．

$$揚水ポンプの全揚程\ H \geqq H_a + H_l + \frac{v^2}{2g}\ [\text{m}]$$

H_a：実揚程〔m〕

H_l：配管・バルブ類の摩擦損失水頭〔m〕

$\dfrac{v^2}{2g}$：吐出し速度水頭〔m〕

　なお，$v^2/2g$のvは流速〔m/s〕，gは重力加速度（9.8 m/s²）で，揚水管の流速は2 m/s以下なので微小であり，実際には概算値として1〜2 m程度としています．なお**摩擦損失水頭**（H_l）とは，水が配管の中を流れるときに水と管壁との摩擦で生じる摩擦抵抗を高さに置き換えて表したものです．摩擦損失水頭を求めるには，配管の口径（太さ）と流量から，後述する配管の流量線図（図2·26）を使って管1 m当たりの摩擦抵抗〔kPa/m〕

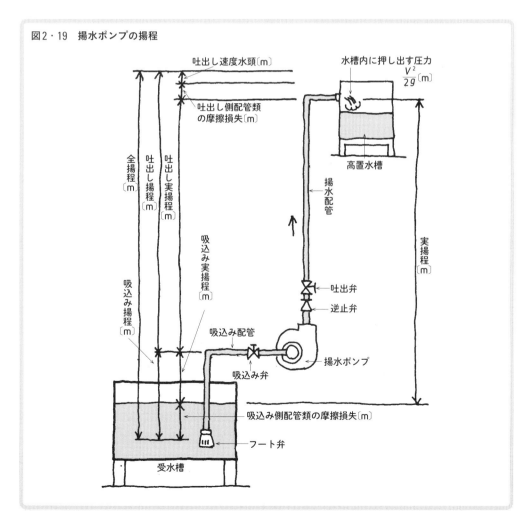

図2·19　揚水ポンプの揚程

2-5　給水機器の決め方

を求め，受水槽から高置水槽までの配管の長さを乗じて計算します．

ただし，配管の継手やバルブ類はまっすぐな管（直管）よりも複雑な形状をしているため摩擦抵抗が大きいので，その摩擦抵抗を加味して直管の長さに換算した局部損失相当管長を直管の長さに加えます．すなわち，継手やバルブの長さを相当管長によって計算して直管の長さに加えます．

$$摩擦損失抵抗＝\{(長管の長さ)＋(継手・バルブ類の相当管長の合計)\}×(配管 1m 当たりの摩擦抵抗値)$$

なお，局部損失相当管長とは，管の継手や弁での摩擦抵抗による圧力損失を直管の長さによる圧力損失で表したもので，たとえば図 2・20 に示すように管径 20 mm の 90 度曲がり継手（エルボ）の圧力損失は，長管 3.1 m の圧力損失に等しいのです．

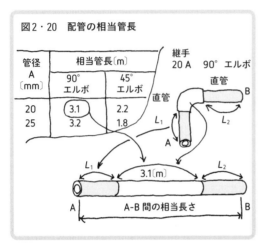

図 2・20　配管の相当管長

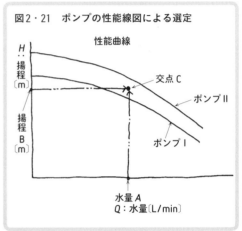

図 2・21　ポンプの性能線図による選定

(2) 加圧給水ポンプ：

加圧給水ポンプの送水量は，建物で最も多く水が使われたときにも水栓などから必要な吐出し量が確保できるように，ピーク時予想給水量（Q_p）[L/min] とします．揚程は揚水ポンプの揚程計算式の吐出し速度水頭（$v^2/2g$）を建物最高所の器具の必要圧力 [kPa] を [m] に換算した数値（kPa/10）として計算します．器具の必要圧力については表 2・1 を参照してください．

💧 ポンプの役割

高層マンションやビルの高置水槽に受水槽から水を揚水する場合ポンプを使いますが，このポンプを**揚水ポンプ**と呼んでいます．

送る水量や受水槽と高置水槽の高低差などによって使うポンプの種類は異なりますが，給水設備で使用するポンプはモータによって高速回転する羽根車の遠心力で水を勢いよく押し出し，ポンプの出口に接続した配管で高いところへ水を運ぶ渦巻きポンプが多く使われています．

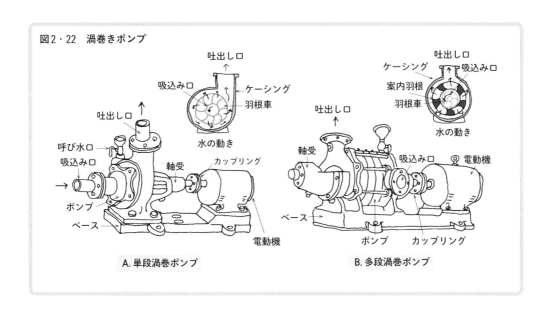

図2・22 渦巻きポンプ

　給水衛生設備に使用されるポンプには，いろいろのポンプがあります．遠心力で水に勢いをつける羽根車が一つのものを**単段渦巻ポンプ**，何段もつなげたものを**多段渦巻ポンプ**といい，多段ポンプは高い圧力が出るので，より高いところまで水を上げることができます．

　ポンプは機械室などの床上に設置して使うものと，配管の途中に設置して水を循環する目的に使用するラインポンプや，直結増圧給水ポンプとして使うキャビネット形立型ポンプ，水の中に沈めて使う水中ポンプがあります．

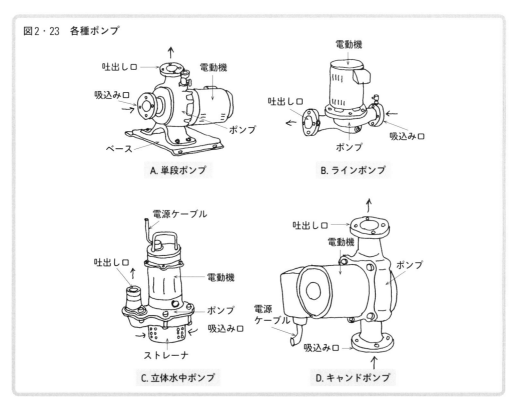

図2・23 各種ポンプ

2-5　給水機器の決め方

キャンドポンプはポンプとモータを一体化し，取り扱う液体が密封される構造で，液漏れがなく化学薬品や高温・高圧に優れています．

給水配管の決め方

2-6

水は配管の中をさまざまな抵抗（摩擦抵抗）に打ち勝って給水器具にたどりつきますが，たどりついた先でも必要とする水量と水圧とが残るように管径を決めなければなりません．

配管を流れる水量の決め方

まず，給水管に接続される器具などでピーク時に同時に使われるであろう水量（ピーク時予想給水量）を予想して，その給水管に流れる水量を求めなければなりません．

配管を流れる水量の決め方には，❶器具給水負荷単位法，❷器具利用予測法，❸水使用時間率と器具給水単位法，などがあります．

水使用時間率と器具給水負荷単位法は，建物内の衛生器具の使われ方により各衛生器具ごとの水使用時間率を求め，それにより水使用量を求める方法で，空気調和・衛生工学会規格：給排水衛生設備規準・同解説「SHASE-S 206-2009」に詳細な選定方法が決められているので，参照してください．

また，器具利用予測法は，比較的小規模の範囲に器具がある場合に各器具の水量と同時使用率から水使用量を算出するものです．ここでは，一般によく使われている器具給水負荷単位法について説明しましょう．

器具給水負荷単位とはアメリカで考えられたもので，器具の種類による使用頻度や使用時間および多数の器具が同時に使われる割合（同時使用率）を見込んで，器具の流量を単位で表したもので，水圧 100 kPa がかかっている水栓を開けた（開度 90 ～ 120°）ときの流量 14 L/min を 1 単位として，さまざまな器具の流量を単位化したものです．

表2・6は代表的な器具の給水負荷単位ですが，給水管の区間ごとに接続されている器具の種類と数から単位を合計して，表からその部分の水量を求めます．実際にこの方法で

表2・6 器具給水負荷単位

器　具	水　栓	器具給水負荷単位 公衆用	器具給水負荷単位 私室用	接続管径 [mm]
大便器	洗浄弁	10	6	25
	洗浄タンク	5	3	13
小便器	洗浄弁	5		20
洗面器		2	1	13
シャワー		4	2	13
一般水栓		4	3	13・20

［出典］空気調和・衛生工学会編：給排水衛生設備　計画設計の実務の知識，改訂3版，p.61（2010）

管径を決めると管径が過大になりがちですが，他の方法と比べると使いやすく実用的なため，一般にはこの方法が多用されているのです．

管径の決め方

高置水槽方式を例にとって説明しましょう．まず，その給水設備の給水圧力，たとえば高置水槽方式であれば高置水槽と器具の落差に相当する圧力，ポンプ直送方式であればポンプの吐出し圧力（揚程）で，高置水槽やポンプの位置から最も遠い位置にある器具に給水するとき，器具が必要とする水圧を残して水を送るには配管や継手，弁類などの摩擦抵抗がどのくらいまで許容できるか，つまり**許容摩擦抵抗**を計算します．

許容摩擦抵抗 R は次式で求めます．

$$R = \frac{(P_1 - P_2)}{(L_1 + L_2)} \, [\text{kPa/m}] \tag{2・1}$$

ここに，P_1：高置水槽と代表給水器具の高低差に相当する圧力〔kPa〕
P_2：代表給水器具の必要最低圧力〔kPa〕
L_1：高置水槽と代表給水器具までの直管長〔m〕
L_2：継手・弁類などの相当管長〔m〕

ここで求めた許容摩擦抵抗を超えないようにして，流量線図によって管径を決めます．このとき，管の種類ごとに決められている最大流速以下で管径を決めることも大切です．なお，簡易的に継手・弁類などの相当管長を配管の直管長と同じとして計算する場合もあります．

では，実際に図 2・24 に示す事務所ビルの給水配管の管径を求めてみます．管径は建物の中で最も水圧が低い位置（この場合は 9 階）の配管から決めていきます．

❶ A 点から最も遠い器具（掃除流し）A 〜 F までの高低差に相当する水圧（P_1）を求めます．この区間の器具のうち，最も高い水圧が必要なのは大便器洗浄弁であり（表 2・1 参照），高低差 1 m は約 10 kPa に相当するので，（A 〜 B）= 10.5 m + 2.1 m = 12.6 m = 126 kPa，（E 〜 E'）= 0.6 m + 0.7 m = 1.3 m = 13 kPa となり，（A 〜 E'）の圧力差は

$$P_1 = 126 - 13 = 113 \text{ kPa}$$

❷ 大便器洗浄弁の必要水圧（P2）は，表 2・1 より，$P_2 = 70$ kPa

❸ A より E' までの配管の許容摩擦抵抗を求めます．

$$R = \frac{(P_1 - P_2)}{(L_1 - L_2)}$$

L_1：A より E' までの直管の長さ
(15.0 + 3.0 + 2.0 + 2.0 + 2.0 + 0.6 + 0.7 + 0.7 = 26.0 m)

L_2：A より E' までの継手・弁類の相当管長は簡易的に直管の長さに等しいとして 26 m とすれば，$R = (113 - 70)/(26 + 26) ≒ 0.8$ kPa/m となり，1 m 当たり 0.8 kPa 以下の摩擦抵抗になるように管径を決めればよいことになります．

❹ 各配管区間の器具給水負荷単位を求めます．ただし，掃除流しはトイレの清掃中し

2-6 給水配管の決め方

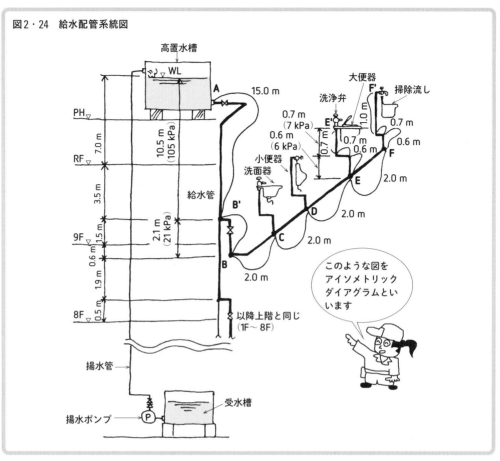

図2・24 給水配管系統図

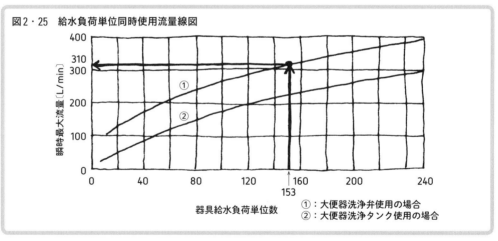

図2・25 給水負荷単位同時使用流量線図

か使用しないので計算上は無視して，表2・6より，器具給水負荷単位は，大便器（C）=10，小便器（U）=5，洗面器（L）=2なので

(F'～D)：0+C=10

(D～C)：10+U=10+5=15

(C～B')：15+L=15+2=17

(A～B)：8～1階の器具の流量も加えて

(B'～F')＋{(B'＋F')×(8～1F)}＝17＋(17×8)＝153

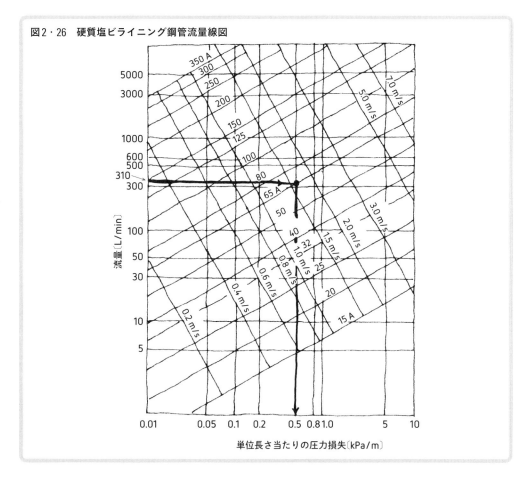

図2・26 硬質塩ビライニング鋼管流量線図

表2・7 配管流量と管径

	単 位	流量 〔L/min〕	管 径	損失水頭 〔kPa/m〕	流速 〔m/s〕
F'－E	掃除流し（水栓）	15	20 A	0.90	1.0
E－E'	大便器 10	100	40 A	0.75	1.48
E－D	大便器 10	100	40 A	0.75	1.48
D－C	小・大 5＋10＝15	105	40 A	0.8	1.5
C－B'	手・小・大 2＋5＋10＝17	110	40 A	0.9	1.6
B'－A	17×9＝153	310	65 A	0.50	1.6

（管径A：コラム「配管の呼び径」参照）

❺ 給水負荷単位が10以下の場合は，器具の接続管径あるいは管材の使用最小管径（塩化ビニルライニング管の場合 20 A）とし，管内の流速は 2.0 m/s 以下にして管径を決定します．

❻ 計算した各区間の給水負荷単位から図2・25 より流量を求め，許容摩擦抵抗（0.8 kPa/m），流速を 2.0 m/s 以下として，図2・26 より管径を決定すると表2・7のようになります．

2-6 給水配管の決め方

給水設備機器とその働き

2-7

　給水設備では受水槽，高置水槽などの貯水槽や給水ポンプなどの機器と配管で構成されています．それぞれの給水設備での役割，その働きと決め方について説明しましょう．

貯水槽

　飲用水をためておく貯水槽は，耐久性に富み，水が変質したり外部から汚染されないように密閉性があることが必要です．**耐久性**とはさびない，漏れない，壊れないということで，地震や台風にも耐えられる構造であることです．水が変質するのは水槽の材料から異質な成分が溶け出したり，太陽光が透過して内部で藻が発生する場合に起こります．飲用水をためておくので常時密閉されていることは当然のことですが，外部から異物が侵入しないように厳重に保護されていることが必要です．

　また，水槽を空にして清掃するときにも，建物が断水しないように水槽を二つに分けて設置したり，一つの水槽で内部に中仕切りをつけて二つに分けられるようにすることも大切なことです．

　貯水槽には，ガラス繊維強化プラスチック（FRP）製，ステンレス鋼板製，表面にエポキシ樹脂の防食・被覆をした鋼板製，木製などがありますが，一般には比較的安価で使いや

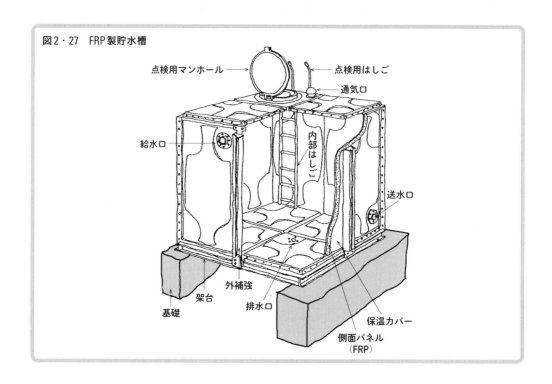

図2・27　FRP製貯水槽

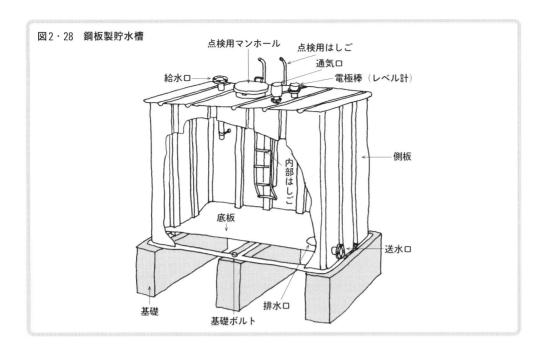

図2・28 鋼板製貯水槽

すいFRP製やステンレス鋼板製が多用されています.

　木製水槽は日本ではあまり見かけませんが，ヒノキやベイヒバ，ベイマツを使ったものが欧米ではよく使われており，ニューヨークの摩天楼の水槽はほとんどがこの木製です．保温効果があるので水温の変化が少なく，自然の材料なので廃棄しやすく環境にやさしいなどの長所がありますが，日本ではコストが高くあまり使われていません．

貯水槽の信号機

　貯水槽では常に必要な水量を確保するために，水面が下がると水が補給され，満水になると水が止まるようにコントロールする必要があります．水道本管から直接給水する受水槽につなげる水道管には，受水槽内の水面の上下を感知して開閉する弁（定水位弁）が設置されています．

　この水面の上下によって給水をコントロールする方法には，水面の変化によって直接弁を開閉するボールタップを使う方法と，電気的に水位を感知してバルブを開閉する電極棒を使う方法があります．ボールタップは丸いフロート（浮子）の浮く力によって水面が下がったときには開き，水面が上がったときには閉じる水面の上下によって開閉する弁です．電極棒は電気を通す金属性の棒で水位を電気的に感知して給水弁を開閉します．なお，ボールタップは，便器の洗浄タンクなどにも使われています．

地震と水槽

　2011年（平成23年）の東日本大震災や1995年（平成7年）の阪神大震災では，被害を受けた設備の中でも，水槽の被害が多くありました．これは水槽の固定が不十分で地震の力によって移動して破壊したり，地震の揺れによって生じる水面の波が水槽の上面や側面にぶつかり（スロッシングといいます）水槽を破壊したことによります．

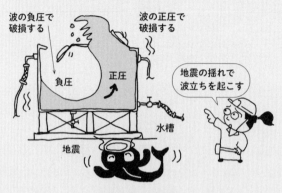

スロッシング現象

　また，水槽に接続された配管が破損して，水槽の水が流れ出て水が使えなくなることがありました．これらの教訓から次のようなことを考えておくのがよいでしょう．

❶ 耐震性のある水槽を使い，地震に耐える固定をして，壊れない水槽にする．水槽の地震に対する強さを表す例として，銘板に"水平震度K＝1.0"とあるのは，水槽に水平震度が1.0の地震が来ても耐えられる仕様であり，"耐震強度1.5G"とあるのは1G＝980 galですから，水槽の自重の1.5倍の地震が来ても耐えられることを表しています．

❷ 水槽に接続してある配管が破損しても水が流れ出ないように，地震を感知して配管を閉塞する通称"緊急遮断弁"を水槽の出口に取り付け，貯水量を確保する．

❸ 水槽から直接水を使えるように水槽に緊急用の水栓を設置する．

❹ 水槽に中仕切りを入れ，水道本管が使えない場合，給水車から水槽に給水した水を有効に使えるようにする．

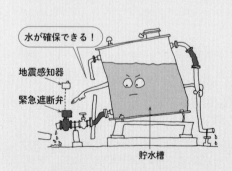

緊急遮断弁を閉じて貯水量を確保する

中仕切りで貯水ができる．蛇口を設けて給水OK

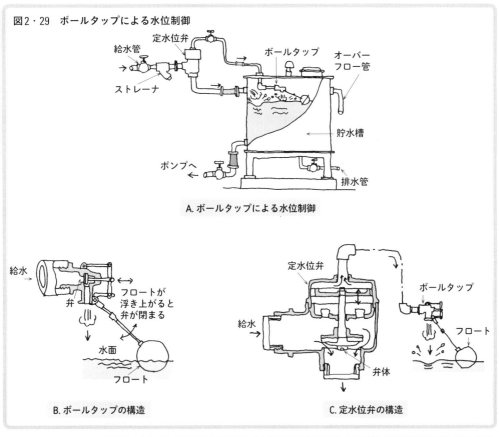

図2・29 ボールタップによる水位制御

A. ボールタップによる水位制御

B. ボールタップの構造

C. 定水位弁の構造

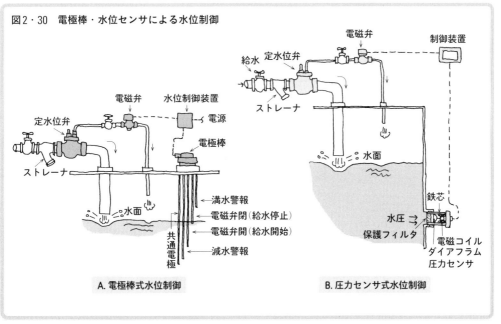

図2・30 電極棒・水位センサによる水位制御

A. 電極棒式水位制御

B. 圧力センサ式水位制御

2-7 給水設備機器とその働き

貯水槽はいつも清潔に

日本の水道は常に衛生的に管理されていますが，配管のさびや修理などのときに混入した土砂が混じることもあり，貯水槽に沈殿することもあります．また管理が悪いとマンホールやオーバフロー管などから異物が入って汚染されることもあります．貯水槽のマンホールは鍵をかけて密閉することになっていますが，清掃や点検のときに外してそのままになっている例もあり，鳥の死骸が浮いていたなどという例もあるので，定期的に点検して常に清潔に保つように維持管理することが大切です．

貯水量が10 m³以上の水槽には，定期的な点検や年1回の清掃が法律で義務づけられていますが，10 m³未満の水槽は所有者の自主的な維持管理にゆだねられているため，衛

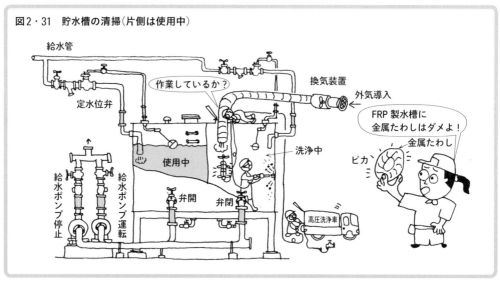

図2・31　貯水槽の清掃（片側は使用中）

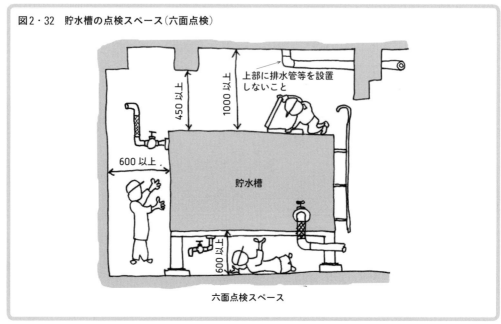

図2・32　貯水槽の点検スペース（六面点検）

生管理が十分行き届いていないものが多いようです．中小規模の建物では建築面積に入らない床下の空間に設置された貯水槽は，維持管理が不十分になりがちなのです．

貯水槽の材質により，清掃などの方法が違ってきます．たとえば，FRP製水槽の清掃に金属たわしを使うと傷がつき汚れがつく原因になるなど，材質の特徴をよく知ったうえで清掃する必要があります．

1976年（昭和51年）以降は，貯水槽は床上に設置して，周囲を点検できるようにすること（六面点検）や，外部からの汚水や異物の侵入を防ぐ構造とし，1年以内に1回内部を清掃することが定められましたが，日常の維持管理が大切なことはいうまでもありません．

ビルの中で塩素消毒

水道法では，給水配管の末端での塩素濃度（残留塩素濃度）が水1L中に0.1mg以上残っていることを定めています．水道管から供給される水道水は塩素消毒されていますが，大規模な建物では貯水槽や長い配管の中を通っているうちに水中の塩素濃度が薄くなって消毒効果がなくなる場合があります．このような場合には，その建物の給水設備に塩素消毒装置を設置して消毒する必要があります．

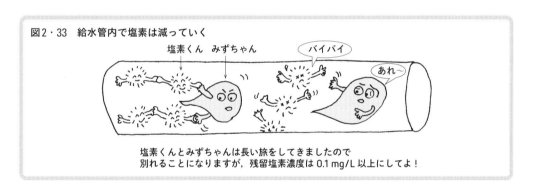

図2・33 給水管内で塩素は減っていく

塩素くんとみずちゃんは長い旅をしてきましたので別れることになりますが，残留塩素濃度は0.1mg/L以上にしてよ！

一般には，給水ポンプが動くと，塩素が自動的に給水管に注入される方法が使われています．消毒剤には液体の**次亜塩素酸ナトリウム溶液**が使われていますが，この消毒剤はガスを発生するので，注入用の細いホース内に空気だまりができて塩素が送られなくなったり，注入口が結晶成分で詰ったりすることがあるので，日常の点検が欠かせません．

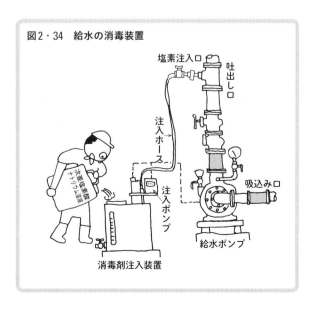

図2・34 給水の消毒装置

給排水設備によく使われる公式 ❶

ベルヌーイの定理

給水の流れなどを考える基本となる流体力学の定理として**ベルヌーイの定理**があります．これは，圧縮性と，粘性を考えない理想的な流体の場合には，圧力と速度および位置のエネルギーが常に一定になるということを表しており，次式で表されます．

$$\frac{P_1}{\rho g} + \frac{v_1^2}{2g} + h_1 = \frac{P_2}{\rho g} + \frac{v_2^2}{2g} + h_2 = 一定$$

- P ：圧力〔Pa〕
- ρ ：流体の密度〔kg/m³〕
- g ：重力の加速度（= 9.8m/s²）
- v ：流速〔m/s〕
- h ：基準面からの高さ〔m〕

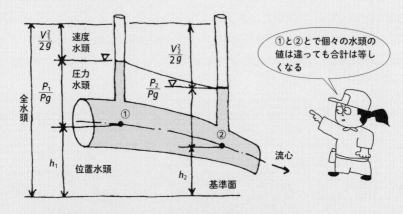

ベルヌーイの定理

式の各項目は，圧力，速度，位置を表しており，たとえば位置が変わればそれに伴って圧力もしくは速度が変わり，全エネルギーとしては一定ということになります．

（圧力エネルギー）＋（速度エネルギー）＋（位置エネルギー）＝ 一定（全エネルギー）

給水設備では，エネルギーの代わりに水頭（ヘッド）という言葉を使いますので，次のようにいいかえることもできます．

（圧力水頭）＋（速度水頭）＋（位置水頭）＝ 一定（全水頭）

しかし，実際の配管経路を考えた場合は，管路での摩擦損失によるエネルギー損失（水頭損失）があるため，その損失を h_{f12} とすると次のようになります．

$$\frac{P_1}{\rho g} + \frac{v_1^2}{2g} + h_1 = \frac{P_2}{\rho g} + \frac{v_2^2}{2g} + h_2 + h_{f12} = 一定$$

給排水設備によく使われる公式 ❷

トリチェリの定理

　水槽の断面積が大きく水位変動を無視できると仮定した場合,水深 h にある穴から流出する流体の速度は次式で表されます.これを**トリチェリの定理**といいます.

$$V = \sqrt{2gh}$$

　　　V :流速〔m/s〕
　　　g :重力の加速度($= 9.8\text{m/s}^2$)
　　　h :基準面からの高さ〔m〕

この式から,水深が4倍になれば水速は2倍になることを表しています.

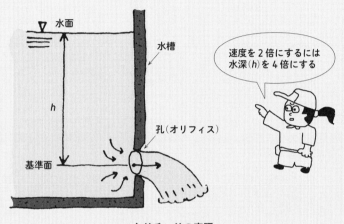

トリチェリの定理

2-7　給水設備機器とその働き

第3章 お湯を配る給湯設備

お湯の性質

3-1

汗をかいた後に浴びるシャワーほど，お湯のありがたさを感じるものはないでしょう．水栓のハンドルをひねるだけでお湯を使えるようにするのが**給湯設備**です．水に熱を加えてお湯にすると，いろいろとやっかいなことが起きてくるので，まずお湯の性質を理解しておくことにしましょう．

膨らんだり縮んだり

水の密度は水温によって変化しますが，既述のように約4℃で最大となります．このときの密度は$1\,g/cm^3$で，これより温度が上がっても下がっても小さくなります．逆に水の体積は水温が約4℃のときに最小となります．たとえば，水温4℃での水の体積$1\,cm^3$は，水温が60℃になると$1.017\,cm^3$となります．つまり4℃の水を60℃に加熱すると，体積は1.7％大きくなるのです．また，温度が下がった場合は，0℃の氷の体積はさらに大きくなり10％程度膨張します．

したがって，密閉した容器の中で水を加熱してお湯にすると，体積が大きくなるため容器内部の圧力が上昇します．したがってお湯をためておく貯湯槽や，水を加熱する給湯機などの加熱装置，そして配管は密閉された状態になっているので，この圧力の上昇に対する防護策を考える必要があるのです．特に貯湯槽や加熱装置は破裂する危険があありますし，配管は伸び縮みを繰り返すために接続部で漏水が発生することがあるので，機器に圧力逃し弁や逃し管などの安全装置を設け，配管は伸び縮みを吸収する伸縮管継手などが取り付けられています．

気体になったり固体になったり

水は気体になったり固体になったり変化します．水に熱を加えていくと沸騰して水蒸気になり，冷やしていくと氷になります．この変化は水にかかる圧力によって異なり，1気圧のもとでは100℃で水蒸気になり，0℃で氷になりますが，気圧が低くなると100℃以下でも沸騰してしまいますし，逆に圧力を加えると100℃以上になっても沸騰しません．高い山でお米が

おいしく炊けないのは100℃以下で沸騰してしまうため、お米に十分熱が通らないからです。ですから、高い山では圧力釜を使ってお米を炊けばおいしいご飯が食べられるのです。なお、気圧とはその場所の上にある空気の重さに等しい圧力で、水銀柱760 mmの圧力に等しい気圧が1気圧です。1気圧〔atm〕は1013.25ヘクトパスカル〔hPa〕で、海抜4000 mまでは400 m上がるごとに水の沸騰する温度が1℃ずつ下がっていきます。

お湯は物をよく溶かす

熱いコーヒーや紅茶に砂糖を入れるとよく溶けますが、冷たい場合には砂糖が沈殿してなかなか溶けません。また洗濯のとき、汚れがひどい衣類はお湯で洗ったほうが水より汚

れがよく落ちることを経験された方も多いと思います。このようにお湯のほうが水よりも物をよく溶かすように見えますが、すべてがそうではありません。固体や液体は水温が高いほど水に溶けやすいのですが、逆に気体は水温が高いほど水に溶けにくく、冷えていないビールをコップに注いだとき、泡がこぼれ出した経験もあると思いますが、ビールに溶け込んでいた炭酸ガスが急に分離して泡になって噴き出したのです。溶ける割合は圧力が低いほど少なくなります。

実はこの現象が給湯設備に大きな影響を与えるのです。水を加熱すると水に溶け込んでいる空気が水から追い出されて気泡となって、お湯といっしょに配管の中を流れ、配管の凹凸部や直角に曲がる継手（**エルボ**）などの、空気がたまりやすいところに滞留してお湯が流れにくくなったりします。また、配管内の流れ（流速）が速いと気泡が配管の内壁を削って孔を開けてしまうなど、漏水の原因となることがあるのです。水栓を開けたときに白く濁ったお湯が出てきたり、空気とともにお湯が噴き出してびっくりした経験がある方も多いと思いますが、これも水から分離した空気が原因なのです。

お湯と火傷

給湯設備で送られてくるお湯はほとんど60℃程度ですので、短時間触れる程度では火傷をする心配はありませんが、保温されていない給湯配管に直接触ったり、シャワーから

急に熱いお湯が出てきたときなどに火傷することがあります．そのほとんどは，俊敏な動きができない赤ちゃんや体の不自由なお年寄りなどで，安全な温度であれば火傷をすることもなかったでしょう．ちなみに英語では，直火による火傷は"burn"，熱湯による火傷は"scald"といって区別しています．

ところで，お湯と火傷の関係は，皮膚の表面温度とその温度に接触している時間（暴露時間）に関係します．52℃のお湯に3分間以上，55℃の場合30秒間以上，58℃の場合10秒間以上浴びると火傷するといわれています．お湯はできるだけ使用する温度に近いことが望ましいのですが，お湯の温度が低いと有害なレジオネラ属菌が繁殖する危険があるため，給湯設備ではお湯の温度は60℃以上としています．なお，レジオネラ属菌については9章を参照してください．

近年ではお湯と水を希望する温度に自動的に混合してくれる**サーモスタット付き混合水栓**を使うことが多くなっていますので，火傷の心配はほとんどなくなりましたが，病院や老人施設では幼児やお年寄りに配慮して，お湯の温度を低くして送る場合もあります．また幼児やお年寄りがいる家庭では給湯機の出湯温度に注意してください．特に高温のお湯を出す電気温水器を使う場合には，必ずサーモスタット付き混合水栓を使うべきです．

お湯を沸かすエネルギー

お湯を沸かすにはどのくらいのエネルギーが必要なのでしょうか．ある物質1gの温度を1℃上げるために必要な熱量を<u>比熱</u>といいます．比熱や密度は温度によって微妙に変わりますが，給湯設備では計算が煩雑になるために水の比熱は4186ジュール〔J/(kg・℃)〕，密度は1kg/Lとして計算します．したがって，お湯を沸かすために水に加えるエネルギーの量，つまり加熱量は1ジュール〔J〕が1秒間に1ワット〔W〕の仕事をする仕事率なので，次式によって計算できます．

$$加熱量〔W〕= \frac{4186}{3600} \times 水量〔L/h〕\times 水の密度〔kg/L〕\times お湯と水の温度差〔℃〕$$

たとえば，10℃の水100Lを加熱して1時間で60℃にするための熱量は；

$$\frac{4186}{3600} \times 100 \times 1 \times (60-10) = 5815 \text{ W}$$

となります．

お湯を配る方法

3-2

給湯設備は一般に60℃のお湯を給湯栓に送って，使うときに水と混ぜて適温にして使います．水と混ぜて使うのでもっとお湯を高温にしたほうが，お湯の量を少なくできるわけですが，高温にすればするほど火傷の危険が増え，配管からの放熱量も多くなり，配管

が腐食しやすくなるので60℃としています．

また厚生労働省ではレジオネラ感染症を予防するために，給湯温度を60℃とし，末端の給湯栓でも55℃以上に保つことと規定しています．なおレジオネラ感染症について9章を参照してください．

給湯設備では，お風呂やシャワーをはじめ台所流し，洗面，洗濯など，主に洗うことが目的の**一般給湯**と，飲むことが目的の**飲用給湯**とはお湯の温度が異なるため，給湯方法を変えています．

一般給湯の給湯方法は，建物の規模や用途，使う場所の数や位置などによって異なります．たとえば，ホテルや病院のように広い範囲にお湯を配る場合には，機械室でお湯をつくり建物全体にお湯を循環させて給湯する方式を使います．この方式を**中央式給湯方式**あるいは**セントラル給湯方式**と呼んでいます．

しかし，お湯を使う場所がバラバラに点在していたり，トイレの洗面器や給湯室などの限られた範囲でお湯を使う場合には，給湯機をお湯を使うところに設置する方式が使われています．この方式を**局所式給湯方式**と呼んでいます．最近の事務所ビルはほとんどこの方式になっています．

マンションやアパートなど集合住宅では，一般に各住戸に給湯機を設置して給湯しています．住戸としては中央式給湯方式になりますが，建物としては局所式給湯方式ということに

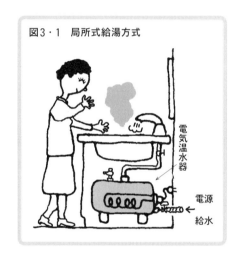

図3・1　局所式給湯方式

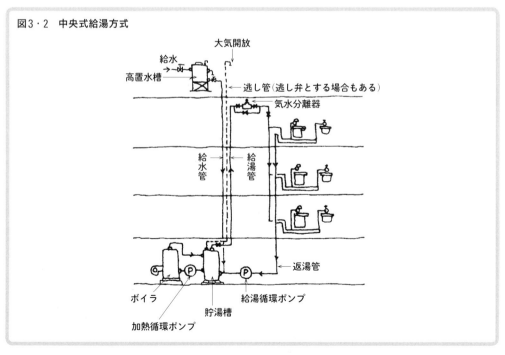

図3・2　中央式給湯方式

3-2　お湯を配る方法

なります．最近の高層マンションなどでは，中央機械室のボイラから各住戸に温度の高い温水（熱源温水）を循環させて，各住戸で熱交換器によってお湯をつくる**中央熱源給湯方式**が使われることもあります．

賃貸マンションでは中央式給湯方式が使われることもあり，**住棟セントラル方式**とも呼ばれています．

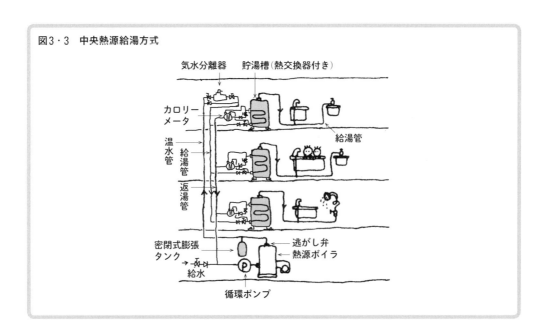

図3・3　中央熱源給湯方式

広い範囲に配る中央式給湯

建物内の給湯箇所すべてに配管でお湯を送るには，水を加熱する加熱装置，お湯をためておく貯湯槽，お湯を送る給湯配管，お湯を循環させる循環ポンプなどを使います．循環ポンプは，給湯配管が長くなると配管からの放熱でお湯の温度が下がるため，いつでも決められた温度のお湯が使えるように，お湯を循環して温めるために設けられているものです．ですから配管はお湯を送る給湯管と，温め直すために加熱装置に戻す返湯管が設置されています．この配管方式を**二管式**と呼んでいます．

しかし給湯温度を保つためには，広い範囲に設置した湯栓にお湯を均等に循環させることが必要ですが，すべての湯栓にお湯が循環するように返湯管を設けると，配管が長く複雑になり不経済なので，一般には最短距離に配管するため，お湯が循環しない部分もあるのです．さらに，配管内を流れるお湯の量は給湯栓の使用個数によって変わるので，流れるお湯と配管との間に生じる摩擦抵抗が変化するため，均等にお湯を循環させることはほとんど不可能なのです．

実際にあるホテルの二管式給湯設備で各系統の返湯管の流量を測定したところ，お湯がほとんど流れていない系統もあったとの報告もあります．つまりほとんどの給湯設備で，湯が均一に循環していないと思われます．

そこで最近では，湯を均一に循環させるために定流量弁を設置する**一管ループ配管方式**という配管方式が提案されて，後で述べる返湯管の管径決定法も変わってきました．また

給湯設備で大切なことは，給湯箇所での水圧を給水と同じにすることです．水圧が異なると水との混合割合が一定に保たれにくくなり，熱くなったりぬるくなったりするからで，給水設備と同じ圧力を保つように区分するゾーニングが必要なのです．

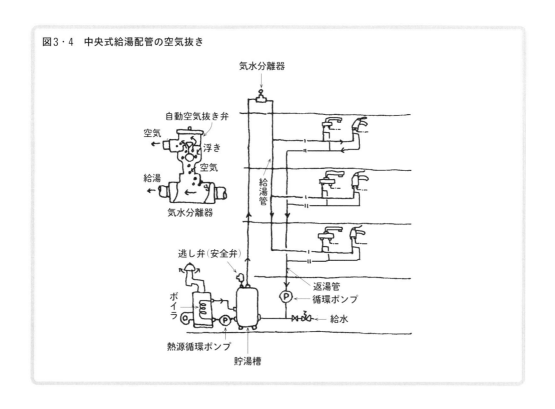

図3・4　中央式給湯配管の空気抜き

狭い範囲に配る局所式給湯

　給湯箇所が建物内に点在している場合には，一つの水栓あるいは狭い範囲に設置されている給湯器具に，その範囲だけの給湯ができる加熱装置（給湯機）を置いてお湯を送ります．したがって，給湯配管が短いため，お湯の温度が下がってもすぐに給湯機から熱いお湯が送られてくるので，一般に配管はお湯を送る給湯管のみで返湯管は設けません．給湯管の中のお湯は時間とともに温度が下がるため，配管が長いと水栓を開いてもお湯が出るまで時間がかかるので，配管の長さはできるだけ短くするほうがよいのです．この配管方式を**単管式**と呼んでいます．

　水を加熱する装置には，加熱装置を通過する間にお湯になる**瞬間式**や，水をためておいて加熱する**貯湯式**を使います．瞬間式の代表的なものが**ガス瞬間給湯機**（湯沸し器）で，貯湯式では**深夜電力温水器**がよく使われています．

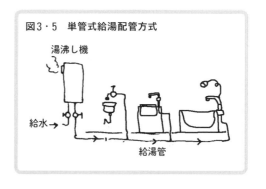

図3・5　単管式給湯配管方式

飲むお湯

お茶やコーヒーには沸騰したお湯が必要ですので，専用の給湯機を設置して直接お湯を取り出します．タンクに水をためて加熱する貯湯式を使うことが多く，鍋でお湯を沸かすのと同じで内部の圧力が上がらない構造となっています．給湯機から配管してお湯を送る例はあまりありませんが，配管するにしても給湯機からの落差で送るので長い配管はできるだけ短くします．長い配管は，お湯がすぐに出てこないことや，配管の中にスケールが付くなど不潔になりやすいので，好ましくありません．

お湯の温度と量
3-3

お湯の温度

お湯の温度は使用する目的や用途によって異なります．入浴やシャワーの温度は洗面や手洗いと比較して多少高い温度で使用されています．

また，使用温度は季節によっても変化し，夏よりも冬のほうが多少高めの温度となります．夏冬の温度差は入浴やシャワーのように全身でお湯を使う場合と比較して，食器洗浄や洗面のようにからだの一部でお湯を使う場合のほうが比較的大きくなる傾向にあります．"お年寄りは熱いお風呂が好き"とよくいわれますが，お年寄りはお湯の熱さや水の冷たさに対しての感じ方が鈍ってくるためのようです．

表3・1は空気調和・衛生工学会が行った，被験者にお湯を使ってもらって調査した結果から提案された，好ましいお湯の温度と流量を示したものです．

コーヒーやお茶などを飲むときには90℃程度の高温のお湯が必要ですので，飲用の給湯は別に専用の給湯機を使います．

中央式給湯方式では配管から放熱してお湯の温度が下がりますが，55℃以下にならないように配管や貯湯槽などからの放熱量を計算して循環するお湯の量を決めています．

表3・1 用途別適温・適流量

使用用途	使用適温 [℃]	適流量 [L/min]	備　考
食器洗浄	39.0	7.5	普通吐水
		5.0	シャワー吐水
洗　　顔	37.5	8.5	
洗　　髪	40.5	8.0	
入　　浴	40.5	―	
ハンドシャワー	40.5	8.5	

［出典］空気調和・衛生工学会編：給排水衛生設備　計画設計の実務の知識，改訂3版，p.78（2010）

お湯と水を混ぜる

前述のように，給湯設備は60℃のお湯と水を混ぜて使うので，機器や配管の設計は60℃のお湯をどのくらい使うかを予測することになります．つまり使うお湯の温度〔℃〕と量〔L〕からお湯と水の混合率を求めて，必要とする60℃のお湯の流量を計算します．

温度 T_u〔℃〕のお湯 Q〔L〕をつくるとき，水の温度が T_c〔℃〕の時の温度60℃のお湯の混合割合（K）は次式で計算します．

$$K = \frac{T_u - T_c}{60 - T_c}$$

たとえば水の温度が10℃のとき，42℃のお湯100 Lをつくる場合の60℃のお湯の量は，$K = \frac{42-10}{60-10} = 0.64$ となり，60℃のお湯は $100 \times 0.64 = 64$ L となるので，おおむねお湯と水の割合は7：3程度と考えればよいでしょう．

なお，給水温度は地域によって異なますが，水道の温度を見るとおおむね北海道0.5℃，東北・北陸2〜4℃，関東以西5〜7℃，鹿児島10℃，沖縄15℃程度です．しかし中央式給湯設備を設ける建物では，水道水をいったん給水設備の章で述べた受水槽や高置水槽に貯水して給水しているので，実際の水の温度は10〜15℃程度まで高くなっています．

お湯の使用量と機器の決め方

お湯の使用量は，水の場合と同じように実測した使用湯量のデータをもとにして予測します．表3・2は給湯温度60℃のときの設計用給湯量の一部を示したものですが，数値に幅をもたしてあるのは，使う人によって使用量が異なるという不確定要素が多いため，計画している建物がどのように使われるかなどを基にして建物ごとに予測せざるをえないからです．

お湯の使用量を決定するには，❶使用人員による方法，❷器具の使用量による方法，❸適温度と適流量による方法などがあります．

給湯設備の機器の容量や能力は中央式給湯設備の場合には❶か❷を，小規模な局所式給湯設備では❸を使って決めます．

表3・2 設計用給湯量（60℃において）

建物種別	給湯量 （年平均1日当たり）	時間最大給湯量 〔L/h〕	時間最大給湯量 の継続時間〔h〕	備考
事務所	7〜10 L/人	1.5〜2.5（1人当たり）	2	
ホテル（客室）	150〜250 L/人	20〜40（1人当たり）	2	ビジネスホテルは150 L/(日・人)
総合病院	2〜4 L/m²	0.4〜0.8（m²当たり）	1	
	100〜200 L/床	20〜40（床当たり）	1	
レストラン	40〜80 L/m²	10〜20（m²当たり）	2	（客席＋ちゅう房）面積当たり

［出典］空気調和・衛生工学会編：給排水衛生設備　計画設計の実務の知識，改訂3版，p.83（2010）より抜粋

(1) 使用人員から求める：

建物の利用する人の数や面積から，1日に使用するであろうお湯の使用量を算出するもので，中央式給湯のボイラなどの加熱装置やお湯をためる貯湯槽の容量を求めるときに使います．計算の方法は表3・2から1人当たりや面積当たりの給湯量を予測して次式から求めます．

$$H = N \cdot q_d$$

ここに，H：1日当たりの使用湯量〔L/日〕
N：使用人員数〔人/日〕または面積〔m^2〕
q_d：1人当たりの給湯量〔L/人〕または単位面積当たりの給湯量〔L/m^2〕
1日当たりの使用湯量〔L/日〕
　＝使用人員数〔人/日〕×1人当たりの給湯量〔L/人〕
　＝面積〔m^2〕×1m^{2}当たりの給湯量〔L/m^2〕

一般には貯湯槽の有効貯湯量は時間最大給湯量に等しい量として，加熱装置は時間最大給湯量に相当する水を1時間で給湯温度まで加熱する能力として決定します．すなわち，貯湯槽の有効貯湯率を70％とすれば，**貯湯槽容量〔L〕＝時間最大給湯量〔L/h〕×1/0.7**，給湯温度を60℃，給水温度を10℃とすれば，**加熱装置の加熱能力〔W〕＝$\frac{4186}{3600}$×時間最大給湯量〔L/h〕×（60−10）**となります．

例えば客室数100のビジネスホテルの貯湯槽と加熱装置の容量は，1人当たりの時間最大給湯量を30 L/h・人とすれば，

　　　　貯湯槽は 100人×30 L/人×1/0.7≒4 800 L

　　　　加熱能力は $\frac{4186}{3600}$×4800 L/h×(60−10)＝279 kW となります．

(2) 器具の使用量から求める：

小規模な中央式給湯や局所式給湯の加熱装置や，貯湯槽の容量を求める際に使います．次頁の表3・3から器具1個が1時間に必要とする給湯量を計算します．この表はアメリカの古いデータですが，これに変わるものがないため現在でも使われています．

$$Q_h = U(\Sigma n \cdot H_q),$$
$$V = Q_h v_t,$$
$$H = \frac{4186}{3600} Q_h (t_h - t_c)$$

ここに，Q_h：1時間当たりの給湯量〔L/h〕
U：器具の同時使用率

貯湯槽の有効貯湯量

貯湯槽のお湯は，給水の圧力で押し出して給湯個所に配るため，貯湯槽内では水とお湯が混ざるので，60℃で溜めたお湯の使える割合を有効貯湯量といい，一般には70％程度としています．

n：使用器具数〔個〕
H_q：器具1個の1時間当たりの給湯量〔L/(個・h)〕
V：貯湯容量〔L〕
v_t：有効貯湯率(0.7)
t_h：給湯温度〔℃〕
t_c：給水温度〔℃〕

1時間当たりの使用湯量〔L/日〕
　＝使用器具数〔個〕×1個当たりの給湯量〔L/個・h〕×同時使用率

となりますが，わかりにくいかもしれませんので実際に計算してみましょう．

個人住宅で洗面器2個，浴槽2個，シャワー2個，台所流し1個，洗濯流し1個がある場合ですと；洗面器：$2 \times 7.6 = 15.2$ L/h，浴槽：$2 \times 76 = 152$ L/h，シャワー：$2 \times 114 = 228$ L/h，台所流し：1×38 L/h $= 38$ l/h，洗濯流し：$1 \times 76 = 76$ L/h で，合計すると 509.2 L/h となり，同時使用率を乗じると1時間当たりの給湯量は $509.2 \times 0.3 ≒ 152$ L/h となります．

そして，貯湯槽の容量は貯湯容量係数を乗じて，$152 \times 0.7 ≒ 110$ L となりますが，有効貯湯率を70％とすれば貯湯槽の容量は $110 \times 1/0.7 ≒ 160$ L となります．

(3) 流量と温度から求める：

この方法は比較的小規模の局所式給湯設

表3・3　各種建物における器具別給湯量(60℃)
〔L/(器具1個・h)〕

建物種類＼器具種類	事務所	ホテル	個人住宅
個人洗面器	7.6	7.6	7.6
一般洗面器	23	30	—
洋風浴槽	—	76	76
シャワー	114	284	114
台所流し	76	114	38
洗濯流し	—	106	76
同時使用率	0.30	0.25	0.30
貯湯容量係数	2.00	0.80	0.70

［出典］空気調和・衛生工学会編：給排水衛生設備　計画設計の実務の知識，改訂3版，p.83（2010）より抜粋

表3・4　各種建物における器具別給湯単位(給湯温度60℃基準)(ASHRAE, 1991)

建物種類＼器具種類	事務所	ホテル	病院
個人洗面器	0.75	0.75	0.75
一般洗面器	1	1	1
洋風浴槽	—	1.5	1.5
シャワー	—	1.5	1.5
台所流し	—	1.5	3

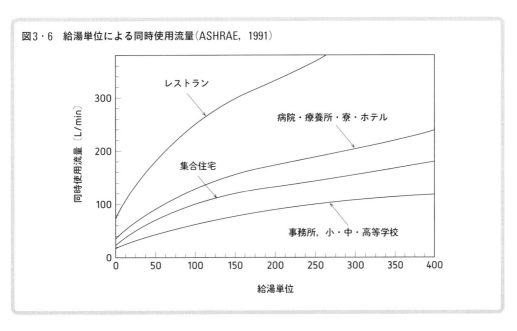

図3・6　給湯単位による同時使用流量(ASHRAE, 1991)

3-3　お湯の温度と量

備の加熱装置を決定する場合に用いる方法です。

水やお湯の使い方は人によって千差万別ですが，もし使用量や使用温度がわかれば精度の高い使用量を予測できることになります。先に示した表3・1を使ってお湯の使用量と熱量を求めてみましょう。

洗面器，シャワー，浴槽（200 L），台所流しがある住宅の給湯機の能力を給水温度を5℃として浴槽には10分以内に湯を張るとして計算すると加熱器の能力は，表3・5のように58115 Wとなります。これを**ガス瞬間給湯機**（一般にはガス湯沸し器と呼んでいますが，正確にはガス瞬間給湯機といいます）で給湯するとすれば，ガス瞬間給湯機は1 L/minの水の温度を25℃上昇させる加熱能力1.74 kWを1号と表示しているので，58115 W×1/1000×1/1.74 kW≒34 kW≒34号となります。実際には同時に使われる器具をシャワーと台所流し程度として，（21052＋17790）×1/1000×1/1.74≒22号となり，通常24号を使う例が多いようです。

表3・5 各用途別給湯使用量と熱量（給水温度5℃の場合）

器具	温度〔℃〕	流量〔L/min〕	熱量〔W〕
洗面器	37.5	8.5	$\{(37.5-5)\times(8.5\times60)\}\times\dfrac{4186}{3600}=19273$
シャワー	40.5	8.5	$\{(40.5-5)\times(8.5\times60)\}\times\dfrac{4186}{3600}=21052$
台所流し	39.0	7.5	$\{(39-5)\times(7.5\times60)\}\times\dfrac{4186}{3600}=17790$
合計		24.5	58115（58.115 kW）

中央式給湯の配管方式

前に記したお湯の性質について思い出して下さい。水を加熱すると水に溶け込んでいるさまざまな気体が分離して気泡になってお湯に混ざり，いろいろな悪影響を及ぼすので，中央式給湯では気泡をお湯から取り除いてから循環するようにします。

気泡は水圧が低いほど発生しやすいので，給湯配管路の水圧が最も低くなる建物の最上階の配管に気泡（気体）を抜く装置（気水分離器）を取り付け，気泡を取り除いてから給湯個所に送る配管方式とします。

前述のように，配管方式には二管式配管方式と定流量弁を設置する一管ループ配管方式があり，一般には二管式が多く使われています。しかしお湯を循環させてお湯の温度を維持するためには，一管ループ配管方式が適しているのです。

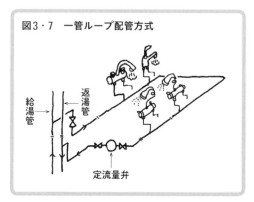

図3・7 一管ループ配管方式

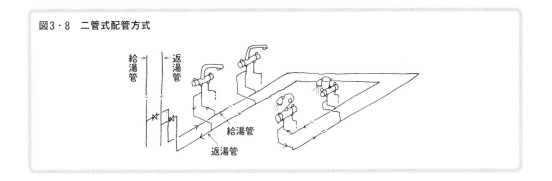
図3・8　二管式配管方式

給湯管径の決め方

給湯管径の決め方は二管式も一管ループ配管方式も同じで，配管内をピーク時に流れる瞬時使用流量（同時使用流量）によって決めます．瞬時使用流量は❶器具給湯単位による方法と❷器具の使用流量と同時使用率による方法があります．

(1) 器具給湯単位による方法：

2-6節に記した器具給水単位法と同じように，管径を求めようとする配管に接続した給湯器具の器具給湯単位に器具の設置数を乗じて集計し，同時使用流量算定図を使って同時使用流量（瞬時最大流量 L/min）を求めます．表3・4に器具給湯単位を図3・6に同時使用流量算定図を示します．

この方法はアメリカで提案された方法ですが，器具給湯単位の合計が10以下の場合，図3・6から同時使用流量を読み取ることは難しいので，給湯単位の合計が10以下となる部分の管径決定は，❷の器具の使用流量と同時使用率による方法が適しています．

(2) 器具の使用流量と同時使用率による方法：

各器具で使用する60℃のお湯の流量に器具の設置数を乗じて集計し，同時使用率を乗じて同時使用流量を求めます．代表的な器具における60℃のお湯の使用流量を表3・6に，器具の同時使用率を表3・7に示します．表3・6は前述表3・1に示した用途別適温

表3・6　器具の給湯(60℃)使用流量

器具	器具使用温度・流量(*)		60℃の流量〔L/min〕	接続管径〔mm〕
	温度〔℃〕	流量〔L/min〕		
洗面器	39	8	5	10
シャワー	42	13	9	13
バス水栓	42	20	13	20
流し水栓(13)	40	15	10	13
流し水栓(20)	40	25	16	20

給水温度を10℃として給湯60℃と混合した場合の60℃の流量
＊：表3.1をもとに計算した流量

表3・7　器具の同時使用率

器具数	1	2	4	8	12	16	24	32	40	50	70	100
同時使用率	100	100	70	55	48	45	42	40	39	38	35	33

［出典］空気調和衛生工学会給排水衛生設備規準・同解説（SHASE-S 206-2009）：p.229 要－表2・3

度と適流量から給水温度を10℃として，60℃のお湯の使用流量を求めたものです．

返湯管径の決め方

　ほとんどの参考書には，給湯管径に対する返湯管径の表を使って返湯管径を決める方法が示されて長い間使われていましたが，この方法は返湯管からの放熱量を計算するための簡易決定法であり，配管や機器からの放熱量から求めた循環流量で決定した返湯管径に比べて過大な管径となります．なお，この返湯管を決める表がどのようにしてまとめられたかはよくわかっていません．

　一方，配管方式を循環管路の末端に定流量弁を設置して返湯管を設ける一管ループ配管方式とすると，返湯管の管径は容易に決められます．

　中央式給湯では，貯湯槽→給湯管→返湯管→貯湯槽とお湯が循環する間（循環管路）に放熱して湯温が下がるので，常にお湯を循環させて末端の器具でも55℃以上の湯温を保っています．つまり，貯湯槽から60℃で出たお湯が放熱で55℃まで下がって貯湯槽に戻ってくるとして，循環管路からの放熱量とお湯の行きと返りの温度差を5℃として循環流量を計算します．そして，各循環管路ごとに放熱量を計算して循環量を求めて返湯管の管径を決め，管路の末端に定流量弁を設置し，各循環管路の循環流量を合計して返湯主管の管径を決めます．

　配管からの放熱量は配管の口径ごとに計算した単位放熱量〔w/m・℃〕に配管の長さを乗じて求めますが，詳細は専門書を参照してください．循環管路からの放熱量は，貯湯槽や保温が規定通り施工されていればそれほど多くなく，循環量も少なく，おおむね1給湯循環系統の定流量弁は15A（対象流量1〜6L/min）となる場合が多いようです．

給湯循環ポンプの決め方

　給湯循環ポンプは配管からの放熱量から計算した循環流量によって選定し，返湯管の貯湯槽接続部直近に設置します．一般には口径が20〜25mm程度の小型ラインポンプが使われています．

　実際に循環流量を計算しないで返湯ポンプを決めたとしか考えられない過大なポンプが設置されている建物もあり，返湯管に孔が開いて漏水している例も多くあります．返湯ポ

給湯循環ポンプ

　給湯循環ポンプは，給湯配管からの放熱で冷めたお湯の温度を加熱装置に戻して昇温する目的で，お湯を循環させるために設けるもので，加熱装置直近の返湯管に設置します．

　たまに，お湯はポンプで送り出すものと思っている人がいて，過大なポンプが付けられている施設がありますが，循環ポンプは24時間運転しているので多量の電気を浪費することになるので，ポンプが貯湯槽の出口に設置されていたら直したほうがよいのです．

ンプは24時間運転なので,必要以上に過大なポンプは電力を浪費し,配管の耐久性を損なうので調べてみてください.ポンプの口径が32 mm以上でしたら,過大と思ってよいでしょう.

お湯をつくる方法

3-4

日本の家庭でのエネルギー消費量を見ると,1970年(昭和45年)当時は暖房用が最も多く,次に給湯用が多く使われていました.2009年(平成21年)には,給湯用が最も多くて32.2%,次が家電製品(31.8%),暖冷房(20.6%),台所(9.0%),照明(6.4%)となっています.この比率は地域,気象条件,生活習慣などによっても異なり,冷房のエネルギー消費量が暖房より多い地域もあり,その逆の地域もあります.いずれにせよ,今はお湯をつくるためのエネルギーが最も多いことには変わらないのです.

お湯をつくる方法は,ボイラや温水器,ガス瞬間給湯機など,灯油やガスなどの燃料を燃やしてお湯をつくる方法が一般的です.集合住宅では都市ガスやLPGを利用したガス瞬間給湯機が多く使用されており,深夜電力を利用した電気温水器も使用されています.以前,電気温水器は貯湯式のためにお湯がなくなることがありましたが,最近ではお湯が切れたとき,昼間の電力に切り替わる方式のものやエネルギー効率の良いヒートポンプ給湯機(例:エコキュート)も開発されています.また,発電機の余熱(排熱)や地域冷暖房の熱源(温水や蒸気)を使う方法,太陽熱を使う方法,燃料電池を使う方法などもあります.

ここでは給湯設備に使われている一般的な方法について説明しましょう.

ガスや石油でお湯をつくるボイラ

ボイラは密閉した容器内で水を加熱して温水や蒸気をつくる装置です.内部の圧力が高くなるので,安全を確保するために労働安全衛生法の厳しい規制があり,ある規模以上になると法律で定めたボイラ技士の資格をもった技術者しか取り扱うことができません.

以前は中央式給湯の加熱装置として,小規模の給湯設備では貯湯式の給湯ボイラから直接給湯する方法が,大規模な場合には温水ボイラや蒸気ボイラから温水や蒸気を貯湯槽に送ってお湯をつくる方法が使われていましたが,現在ではボイラ技士でなくとも使える,取り扱いが容易な温水機を使うことが多くなっています.

ボイラはその用途によりさまざまな種類がありますが,ここでは給湯設備によく使われるボイラについて説明します.

(1) 丸ボイラ:

丸ボイラには炉筒煙管ボイラと立てボイラがあり,炉筒煙管ボイラは円筒形の胴体にたまっている多量の水の中に燃焼ガスの通る煙管を通して水を加熱する形式のもので,かつては病院やホテルなどで医療器具やちゅう房,洗濯設備用の蒸気熱源あるいは空調用熱源

と併用して，給湯設備によく使われていましたが，最近の建物ではあまり使われていません．

(2) 貫流ボイラ：

ボイラ内に水の入った多くのパイプを設けて直接加熱し，パイプの中を通る水を加熱する構造で蒸気をつくるのに使われています．丸ボイラより高温・高圧・小容量の蒸気をつくるのに適しており，短時間で蒸気を取り出すことができますが，軟水装置で処理した水を使うなど，水質管理が必要です．

(3) セクショナルボイラ：

内部に中空部分のある鋳鉄製のセクションと呼ばれる箱形のものを連結した構造で，中空部分にある水を加熱するボイラです．必要な能力に応じてセクションの数を決め，設置場所で組み立てます．鋳鉄製のため耐久性のあるボイラですが，現在の新築建物ではあまり使われていません．

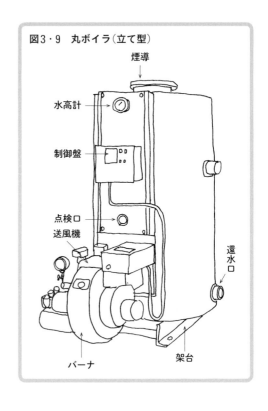

図3・9 丸ボイラ（立て型）

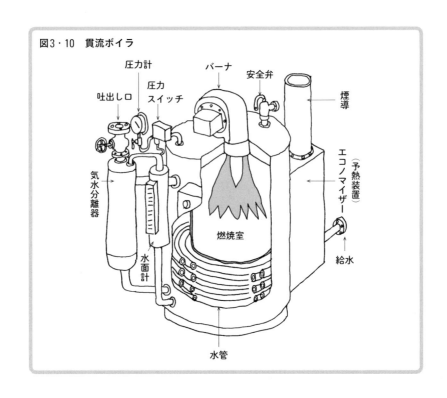

図3・10 貫流ボイラ

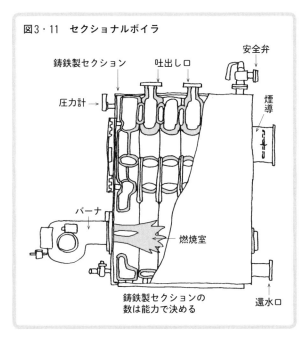
図3・11 セクショナルボイラ

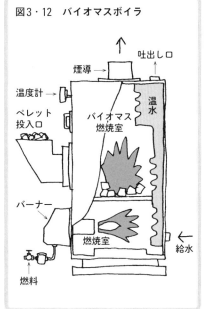
図3・12 バイオマスボイラ

資格がいらない温水機

　法律で定めるボイラの規制を受けない加熱装置で，**真空式温水機**と**無圧式温水機**があり，現在では中央式給湯や暖房用の加熱装置として多く使われています．温水機から直接給湯する，つまり温水機を瞬間式加熱器として使う例は少なく，ほとんどが貯湯槽と組み合わせて貯湯槽にためた水を加熱する装置として使っています．容器の内部に複数の加熱コイルを入れることによって給湯はもとより暖房やお風呂の昇温など複数の加熱目的に使えるため，建物全体の加熱装置として使える便利な装置です．

　省エネルギー対策として，温水機の設定温度を低くして使っている建物もありますが，真空式も無圧式も，温水機の中の水（缶水）の温度によって，バーナを運転するので，温水機の温度設定は，必ずメーカーの説明書にしたがってください．なお，一般に温水機の設定温度は，真空式は75℃以上，無圧式が85℃以上となっています．

（1）真空式温水機：

　真空式温水機は，真空ポンプで水をためる容器内部の空気を吸い出して，内部を真空状態近くに保ちながら100℃以下で水を沸騰させて蒸気をつくり，その蒸気で容器内部に挿入したコイル内の水を加熱する構造になっています．

　最近では，燃焼廃ガスの温度を加熱に使って，効率を上げる潜熱回収型の温水機も使われています．

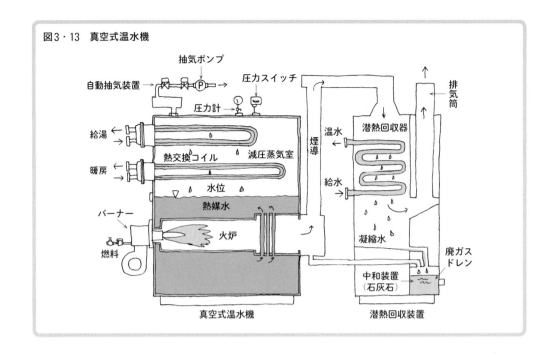

図3・13 真空式温水機

(2) 無圧式温水機：

お鍋でお湯を沸かすように，大気に開放されている容器内にためた水を大気圧下で加熱して容器内に挿入したコイル内の水を加熱する構造のものを無圧式温水機といいます．

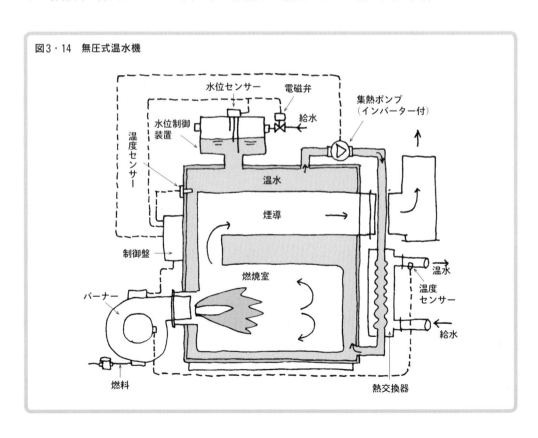

図3・14 無圧式温水機

ガス瞬間給湯機

昔からガス湯沸し器として親しまれていた加熱装置ですが，お風呂の追焚きや自動お湯張りなどの利便性に富んだ機能が付けられて，局所式給湯の加熱器としての地位を築いています．熱源はガスの他に灯油もあり，機能的にはガスとほとんど同じものになっています．基本的にはお湯を循環させない単管式（一管式）配管での給湯となるので，給湯配管はできるだけ短くし，お湯が出てくるまでの時間を短くすることが大切です．

水栓を開いてからお湯が出るまでの時間を **湯待ち時間** と呼びますが，給湯配管が長く湯待ち時間が長くなる場合にはお湯を循環させることができるものもあります．いうまでもありませんが，これらの機器は燃焼して出る排気ガスの処理と，燃焼に必要な空気の補給方法を考えながら計画することが必要となります．

台所流しの上に取り付けて，給湯機のハンドルを回すとお湯が出る給湯機をよく見かけますが，これが **元止め式** で，配管をつなぐことはできません．一方，外壁やベランダに取り付けて浴室や台所，洗面所などの給湯栓に配管をつないでお湯を出す給湯機を **先止め式** といいます．

図3・15　元止め式給湯機

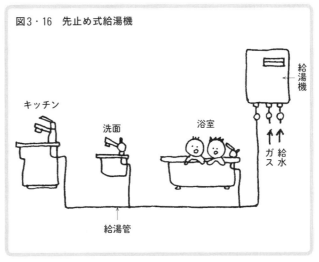

図3・16　先止め式給湯機

追焚き機能

浴槽に張ったお湯はしばらくすると冷めてしまいますが，浴槽のお湯を再び温めることを **追焚き** といいます．この追焚き機能は日本独特のもので，浴槽内のお湯と給湯機との間で循環させながら加熱します．

追焚き方式には浴槽内のお湯を自然の循環作用により加熱する自

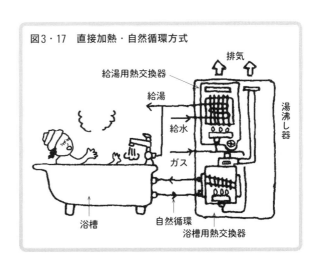

図3・17　直接加熱・自然循環方式

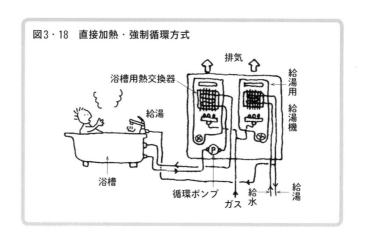

図3・18 直接加熱・強制循環方式

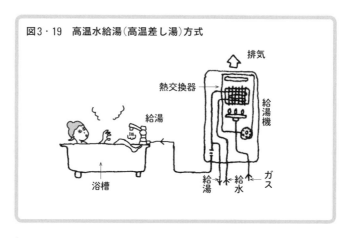

図3・19 高温水給湯(高温差し湯)方式

然循環方式と，ポンプで強制的に循環させ加熱する**強制循環方式**があります．また，追焚きではありませんが，浴槽の湯を循環させるのではなく，80℃以上の熱湯を浴槽の注湯口から直接供給して加熱する**高温水給湯**（高温差し湯）**方式**もあります．

自動お湯張り機能

　給湯機のその他の機能として，浴槽の注湯口から適温・適量のお湯を供給する**自動お湯張り機能**があります．お湯の温度は好みの温度に設定することができ，冬は熱め，夏は温めに設定することができます．また，お湯の量も水栓を止め忘れることなく自動的にある一定の水位，またはある一定の量で自動的にお湯張りが止まり，給湯機のコントローラから声で知らせてくれる製品もあります．また，浴槽内のお湯を自動的に設定された温度まで沸き上げてくれる**自動沸上げ機能**，一定時間の間に浴槽の湯温を一定に保ってくれる**自動保温機能**，一定時間内に浴槽のお湯の量が減った場合，設定された湯量まで自動的にお湯の量を補給する**自動足し湯機能**もあります．

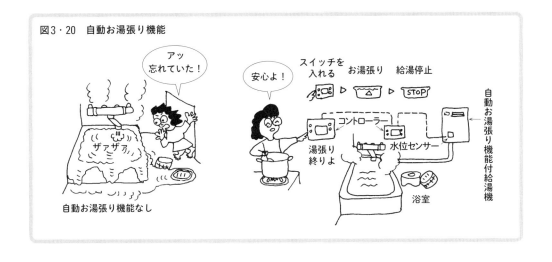

図3・20 自動お湯張り機能

排気熱回収機能

潜熱回収型ガス給湯機は排気ガス中の潜熱を回収し，熱効率を向上させたガス給湯機です．従来のガス給湯機では給湯効率が約80％だったものを，排気の熱を回収する潜熱回収システムにより95％までに向上させた省エネルギーに富んだ給湯機で，エコジョーズとも呼ばれています．

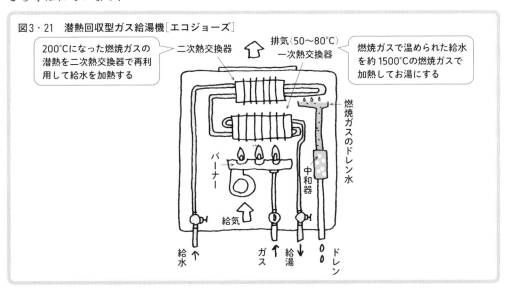

図3・21 潜熱回収型ガス給湯機［エコジョーズ］

顕熱と潜熱

水をお鍋に入れて火にかけると，沸騰して蒸気になります．この水が沸騰するまでに使われた熱を温度の変化が見える＝顕熱(顕になる熱)といいます．そして，お鍋をそのままにしておくと水はどんどん蒸気になって発散しますが，蒸気をつくるために使われた熱を温度の変化が見えない＝潜熱(潜んでいる熱)といいます．

つまり，水→お湯の変化に使われる熱が顕熱，お湯→蒸気の変化に使われる熱が潜熱なのです．

電気でお湯をつくる

給湯設備にも排気ガスを出さないクリーンなエネルギーとして電気を使うことが多くなってきています．代表的なものに深夜電力を利用した**電気温水器**があります．

電気温水器は電気料金が安くなる深夜電力の時間帯に，貯湯タンクにためた水を85～90℃に加熱しておいて使うもので，当座使わないお金を預けておいて必要なときに必要なだけ引き出して使うようなものです．ですから基本的にはためておいたお湯を使い切ってしまうとお湯が使えなくなります．ただし，お湯がなくなると昼間の電力で沸かすものなどもあります．

以前は，温水器の入口で水圧を100 kPa以下に下げていたため，シャワーでの水圧が不足して使用感が悪いなどの問題がありましたが，最近では200 kPaでも使える製品が出て，水圧の問題が解決しました．また，追焚き機能や自動お湯張り機能などガス給湯機と同じ機能ができるようになったので使いやすくなっています．ただし，サーモスタット付き混合水栓などを使って高温の湯を浴びないように配慮し，給湯配管はステンレス鋼管や銅管などの耐熱性のある管材を使う必要があります．

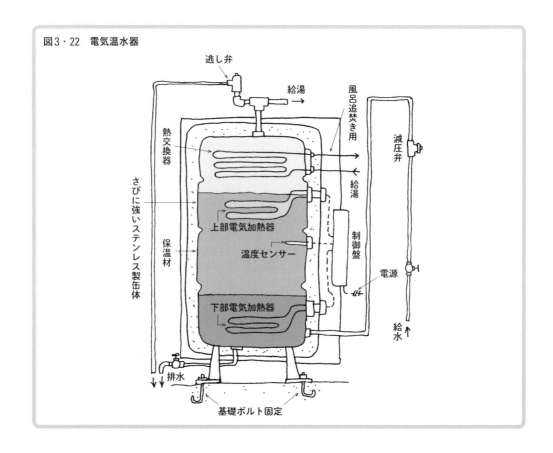

図3・22 電気温水器

空気や水の熱でお湯をつくる

ヒートポンプ給湯機は空気や水の熱を使ってお湯をつくります．ヒートポンプとは，熱のポンプという文字どおり，熱を温度の低いところから高いところに汲み上げる目的で冷

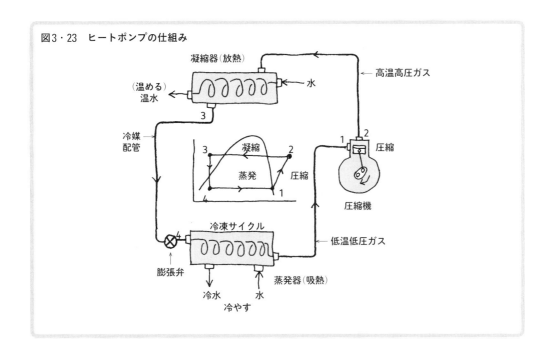

図3・23 ヒートポンプの仕組み

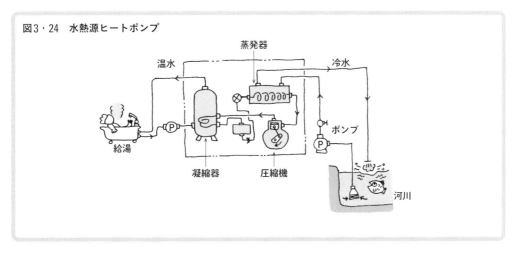

図3・24 水熱源ヒートポンプ

凍機を使う場合の呼称です．水などの液体から熱を汲み上げる，つまり水を熱源とする**水熱源方式**と，大気などの気体を熱源とする**空気熱源方式**があります．水熱源方式の熱源には，井戸水，工場や浴場の温排水，下水処理水，河川水，海水などが使われます．ヒートポンプは，投入したエネルギーよりも，大きなエネルギーが使える装置です．ヒートポンプの効率は，**成績係数**（COP：Coefficient of Performance）と呼ばれる指標で表します．COPとはヒートポンプを運転するために使うエネルギー量（電気）に対して何倍のエネルギーが得られるかを表し，［COP］＝［出力エネルギー］／［入力エネルギー］で示されます．

最近使われるようになったヒートポンプに，空気熱源方式の自然冷媒（二酸化炭素：CO_2）を使用した給湯機（**エコキュート**と呼ばれています）があります．自然冷媒を使っているので，地球温暖化問題で騒がれているオゾン層破壊の原因とならない，地球環境に優しい装置といえるでしょう．

3-4 お湯をつくる方法

ヒートポンプはヒートポンプ入口と出口の温度差が大きいほど効率（COP）が良くなるので，水からお湯に昇温する給湯機は出入口温度差が大きく，ヒートポンプ給湯機のCOPは3といわれています．つまり1kWを使って3kWの熱が取り出せるのです．ただし，前日の残り湯があると，給水と混合して温度差が小さくなり，効率が低下するといった問題もまだ残されています．

この給湯機はヒートポンプユニットと貯湯ユニットに分かれ，深夜電力を利用してタンク内の水を60〜90℃に昇温して貯湯する仕組みになっています．

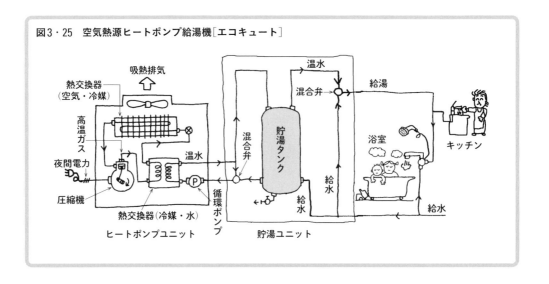

図3・25 空気熱源ヒートポンプ給湯機［エコキュート］

自然冷媒（NWFs：Natural Working Fluids）

自然界に大量に存在する物質，たとえば炭酸ガス（二酸化炭素），アンモニアやイソブタンとプロパンの混合物，プロパン，プロピレンなどで，これらはオゾン破壊係数（ODP）が0なので，オゾン層を破壊せず，地球温暖化係数（GWP）もほとんど0に近いので地球温暖化防止にも寄与します．冷蔵庫などの冷媒として多く使われています．

余った熱でお湯をつくる

電気を起こすには石油や石炭，天然ガスや原子力で，高温の燃焼ガスや水蒸気を発電機を回す動力としますが，余った熱は大気や河川，海などに捨てられています．発電機は，発電に使用された石油などのエネルギーのうち，電気に変わるより捨てている割合のほうが多いのです．この熱を，有効に使う方法を**コージェネレーションシステム**（CGS：熱併給発電）といいます．

熱は，送る距離が長いほど放熱で温度が下がるので，コージェネレーションシステムは，発電する場所と熱を使う場所があまり離れていないことが好ましいのです．たとえば，冷暖房といっしょにお湯を使用するホテル・病院や公衆浴場のような施設で，コー

図3・26 コージェネレーションシステム(CGS)

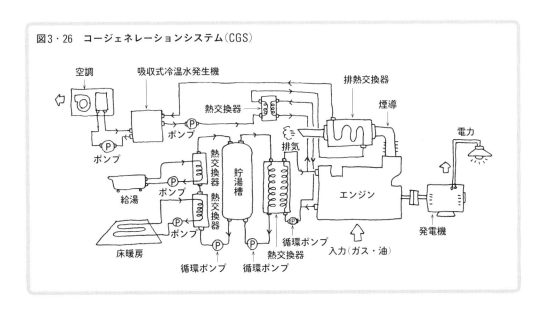

ジェネレーションシステムが活躍しています．大きなマンションや団地でも小さな発電機を使えば，電気もお湯も同時につくることができます．

水素で電気をつくる

　燃料電池は水素と酸素を反応させて，電気をつくる装置です．ちょうど理科の実験で行った水の電気分解と逆の原理で発電します．水の電気分解は，水に電気を通して水素と酸素に分解します．燃料電池はその逆で，水素と酸素を電気化学反応させて，電気と水を取り出します．そのとき発生する熱を利用してお湯をつくり，電気温水器と同じようにタンクにお湯をためて利用します．

　燃料となる水素は天然ガスなどから取り出します．水素を取り出すときに二酸化炭素（CO_2）が発生しますが，同じ熱量を得るために天然ガスなどを燃やして発生する二酸化炭素の量と比較して少なく，環境に優しいシステムといわれています．

図3・27 燃料電池の原理

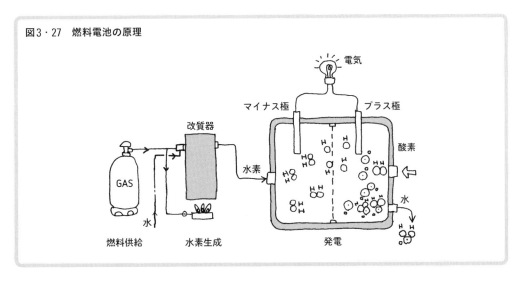

太陽の贈りもの

これまで説明してきたお湯をつくるエネルギーでは，ガスや石油，電気がほとんどでした．ヒートポンプについても，他のエネルギーと比較して効率の良いエネルギーといえますが，圧縮機（コンプレッサ）や循環ポンプなどは電気が必要であり，完全な自然エネルギーとはいえません．自然エネルギーの中で太陽のエネルギーは無限にある太陽の贈りものですので，比較的装置も簡単な太陽電池や太陽熱給湯システムが使われています．

太陽熱給湯システム（ソーラー給湯システム）は住宅に多く使われており，太陽の熱を受けて温める集熱部と温めた水をためる貯湯部が一体になっている**自然循環式**が住宅用に，容量の大きい業務用には集熱部と貯湯部が別々に設置されている**強制循環式**が多く使われており，太陽熱の集熱が不足する場合のために，別に加熱装置を組み込むことができます．また，集熱器に太陽電池を組み合せたハイブリッド型もあります．

自然循環式は，集熱部に太陽が当たると熱サイホン現象により，貯湯部との間で自然循環が起こり，タンク内にお湯がたまります．日没後は，自然に循環が停止するので保温された貯湯部のお湯は，夜までほとんど温度が下がりません．太陽熱温水器は通常，浴槽，ちゅう房に直接給湯しますが，ガスボイラなどの補助熱源装置と組み合わせることもあります．

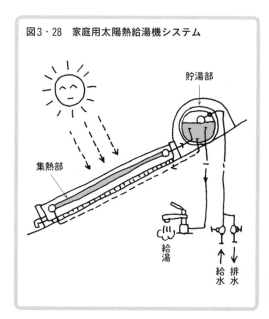

図3・28　家庭用太陽熱給湯機システム

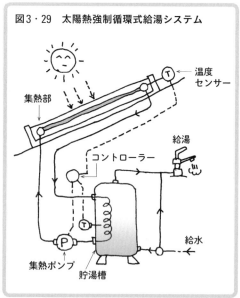

図3・29　太陽熱強制循環式給湯システム

熱サイホン現象

サイホンとはギリシャ語で「管」という意味で，管を利用して液体をある地点から出発点より高い地点に送る装置です．太陽熱温水器は水の温度差による比重差を利用して集熱部から高い位置にある貯湯部に送っています．

強制循環式の太陽熱給湯システムでは，通常，補助熱源装置（給湯ボイラ）と組み合わせて，住宅のセントラル給湯システム，ホテルや病院，学校給食などの大量のお湯を消費する大規模給湯設備に用いられています．

お湯はためて使う

3-5

なぜお湯をためておくか

住宅などでは一般にお湯を使うときに給湯機で水を加熱して使いますが，ホテルや病院などではシャワーや浴槽のお湯張り，ちゅう房の食器洗浄など，一度に大量のお湯が必要になり，使うたびにお湯を沸かすのは加熱する装置が大きくなるので，沸かしたお湯をあらかじめためておいて使用します．

この沸かしたお湯をためておく装置を**貯湯槽**といいます．

貯湯槽はお湯の銀行

お湯をつくる方法には，水を瞬時にお湯にして供給する**瞬間式**と，容器内にお湯をためておいて供給する**貯湯式**があります．瞬間式は水を瞬時に必要な温度まで加熱するため，設置した装置の加熱能力以上のお湯を使うことができないので，あらかじめ使うお湯の量が予想できる場合にしか使えません．

ガス瞬間給湯機はその代表的な装置で，住宅や小規模なちゅう房などの給湯に使われています．一方，ホテルや病院などの大規模な給湯設備では，一時に使うお湯の量（瞬時給湯量）を予想することは非常に困難なため，予想した1時間当たりのお湯の使用量をためておいて使う貯湯式が多く使われています．

貯湯槽の材料

水を加熱すると，水に溶け込んでいた酸素が分離して，金属類の腐食作用が進むようになります．つまり，貯湯槽は常に腐食しやすい環境に置かれているのです．腐食すると給湯栓から赤く濁ったお湯が出たり，貯湯槽自体に孔が空くこともあり，貯湯槽の腐食には苦労した時代がありました．

過去にはステンレスクラッド鋼板製，エポキシ樹脂ライニング鋼板製，セメントライニング鋼板製，グラスライニング鋼板製などの貯湯槽が使われていましたが，最近ではステンレス鋼製が多く使われており，上記のうち，エポキシ樹脂ライニング鋼板製以外はほとんど使われなくなっています．最近では，FRP（ガラス繊維強化プラスチック）製も使われるようになりました．

図3・30　貯湯槽の種類

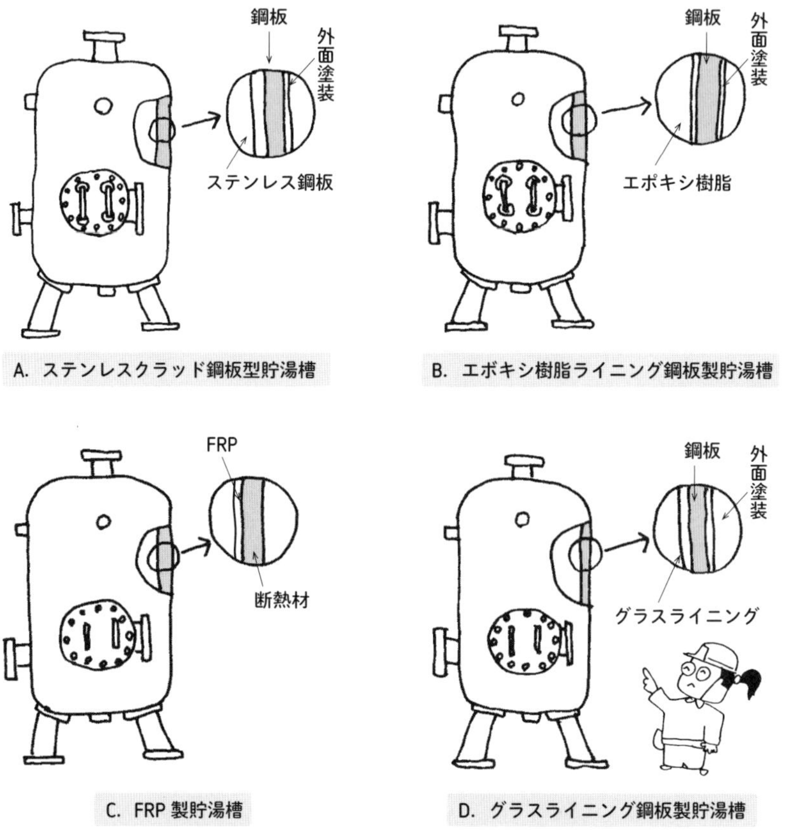

A．ステンレスクラッド鋼板型貯湯槽
B．エポキシ樹脂ライニング鋼板製貯湯槽
C．FRP製貯湯槽
D．グラスライニング鋼板製貯湯槽

給湯設備の安全装置

3-6

お湯の守り神

　加熱装置や貯湯槽，配管はほとんど密閉状態となっていて，水を加熱していくと内部の圧力が上昇するので，圧力の上昇を逃すことが必要となり，逃し管，逃し弁（安全弁），膨張水槽（膨張タンク）などの安全装置を設ける必要があります．また，配管も温度の変化に伴って伸び縮みするので，配管が損傷しないように，伸縮を吸収する特殊な継手（伸縮管継手）を伸縮する長さに応じて配管の途中に挿入します．

　逃し管は膨張管ともいい，貯湯槽からバルブを挟み込まないで立ち上げる配管です．逃し弁は設定以上の圧力になると，弁を開いてお湯を放出する弁です．膨張水槽（膨張タン

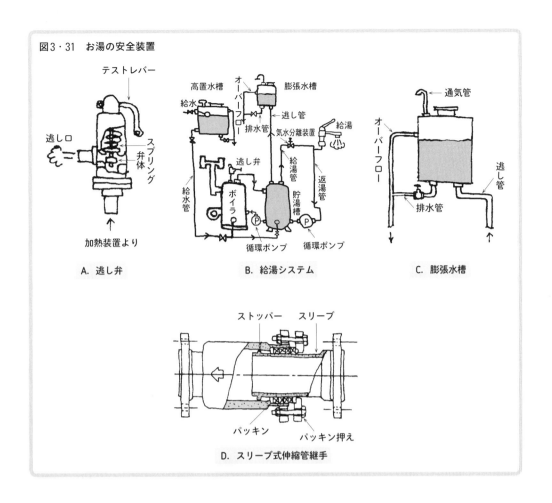

図3・31 お湯の安全装置

ク）は膨張した水量を受けるために設けます．伸縮管継手にはベローズ型とスリーブ型があります．伸縮管継手については6章を参照してください．

給湯管の材料

　お湯を通す給湯管は，前に述べたように常に腐食されやすい状態となっているため，耐食性のある材料を使う必要があります．一般には銅管，ステンレス鋼管，樹脂管などが使われていますが，材料の性質に合った使い方をしないと漏水の原因となります．特に銅管を使う場合には，前に述べた気水分離器で，気泡を配管内から早く排除することが大切で，管内の流速が1.5 m/sを超えないように管径を決めることも必要です．

　樹脂管は耐熱塩化ビニル管，架橋ポリエチレン管，ポリブテン管などが使われていますが，いずれも温度による伸縮が大きいことや，耐熱温度などに注意して選ぶ必要があります．たとえば，電気温水器やヒートポンプ給湯機は給湯温度が高いので，耐熱塩化ビニル管も使えませんし，架橋ポリエチレン管，ポリブテン管も耐久性が悪くなるので使わないほうがよいでしょう．

　住宅の給湯設備の配管として**さや管ヘッダ工法**が採用されています．従来の配管では1本の主管から各水栓に枝管を延ばす**先分岐方式**が一般的でしたが，最近では，湯沸し器からヘッダまで主管で配管し，ヘッダから各水栓までそれぞれ1本の管でつなぐヘッダ方式

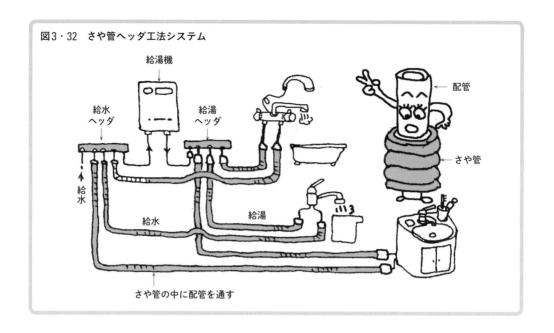

図3・32 さや管ヘッダ工法システム

が使われるようになっています.

　ヘッダ方式はお湯を同時に使用しても,お湯の量の変化が少なく,水とお湯のバランスを崩すことが少ないため,先分岐方式と比較して安定してお湯を供給することができます.さらに,さや管の中に配管を通すことにより,壁や床を壊さずに配管の更新をすることができます.さや管内部の配管には架橋ポリエチレン管やポリブテン管を用いているため,腐食にも強い特徴があります.

第4章

使った水の後始末…排水と通気

私たちは，日常生活の中で"水"をいろいろなところで使っています．たとえば，朝起きてから，顔を洗って歯を磨く，トイレを流す，食事をつくる，食器を洗う…，数え上げればきりがありません．でも，使った水は，いったいどうしているのでしょう？

　きれいな水でも一度使われると，汚れた水に様変わりします．つまり給排水設備では水栓などから出た水はすべて排水として扱います．これだけ公共下水道が広まっている社会では（日本の下水道普及率は 77% : 2014 年）汚れた水はためておくのではなく，すばやく処理場に送って，処理後の水を河川や海洋などに放流し，自然の力を利用した循環サイクルに役立てることが大切です．そのために，建物などから汚れた水を下水道などに導く役割を担っているのが，<u>排水・通気システム</u>なのです．

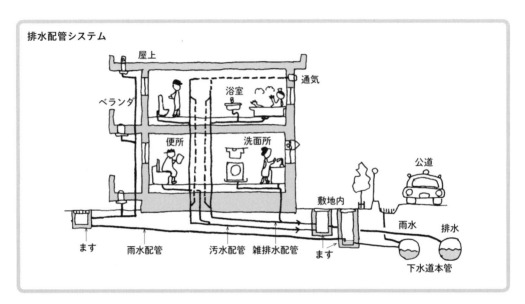

排水配管システム

排水と環境
4-1

いろいろある排水

　一言に排水といってもいろいろな種類があります．トイレなどで使用している水は，読んで字のごとく<u>汚水</u>と呼んでいます．それでは，洗面所や台所・洗濯機などで使われた水は，何と呼ばれているのでしょう．これは，水を使うところがいろいろあることから，<u>雑排水</u>と呼ばれています．

　そして，排水にはその他にもう二つあり，その一つは<u>特殊排水</u>と呼ばれている病院や工場などで発生する特別な処理を必要とする排水です．そしてもう一つは<u>雨水</u>です．自然からもたらされる雨水，雪解け水，湧水は，一般的に直接飲み水として利用できないことから，排水の中に含まれています．

自然を汚す排水

　建物などから出てきた排水は，そのまま河川などに放流すると排水中に含まれる汚物やその他の混入物・油脂分などが，河川を汚してしまいます．

　よく例として取り上げられているのが，"味噌汁1杯を魚が住める水質までに戻すには，どれくらいの水の量が必要か？"というものです．回答としては，"おおよそ，風呂桶で5杯分の水で薄めることが必要"となります．たった1杯の味噌汁がいかに河川などを汚すかわかると思います．

図4・1　自然を汚す排水

　小学校などでは，水資源を守るために，"油を直接流さない"，"食器に付いた油の汚れは，紙でふき取ってから洗う"といったことなどの環境に配慮した教育が実施されており，排水の出口は川や海の入口ということを，忘れないようにしなければなりません．

　ビルなどで飲食店舗や食堂などが設けられている場合には，調理場や洗い場から出てくる排水の量も非常に多く，それを直接下水道に流すと下水処理場の能力を超えてしまい，浄化されない水が河川に流れ込むことになります．また下水道管内に付着したり詰まらせたりします．これを防ぐために飲食店舗などを設けたビルでは，ある規模を超えるものでは**除害設備**を設けることが義務づけられています．

　除害設備とは耳慣れない言葉でしょうが，一言で説明すれば，主として排水中に混ざっている油脂分などの汚れを取る設備です．除害設備については11章で説明します．

河川や海の汚れ

　かつて，河川や海の汚れの原因は，工場などからの排水（**産業排水**）が主な原因でしたが，放流水に対する規制が強化されて排水処理対策が進んだ昨今では，台所や風呂，トイレなどの**生活排水**が主な原因となっています．

　河川の水質については改善されてきていますが，海については横ばい状態で，特に外洋水が入り込みにくい伊勢湾や三河湾は，河川に比べて改善が進んでいません．

排水管の種類と排水の流れ

4-2

排水管の種類

建物の排水管は上流から，器具排水管，排水横枝管，排水立て管，排水横主管，地階の排水ポンプからの排水圧送管，敷地排水管と名前を変えていき，公共下水道に接続しています．公共下水道のない地域は浄化槽に接続します．

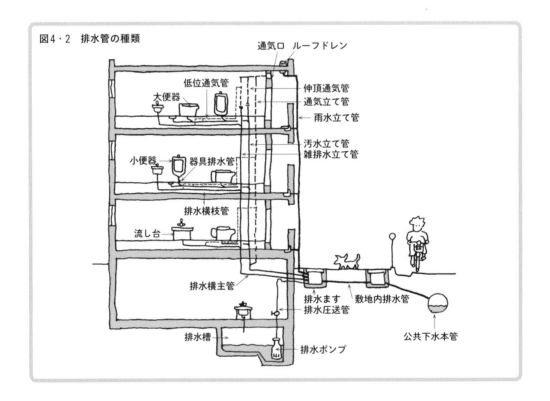

図4・2 排水管の種類

排水の流れ

排水管内部の流れは，給水管などとは異なっています．給水管などは配管内に水が充満していますが排水管では水などが充満（満水）した状態ではなく，配管のこう配（傾き）と重力の作用で，上流から下流へ排水を流しているので，上部や中心部にすきま（空隙）ができた状態で流れています．

トイレなどを流したときに，一気に便器から水と汚物などが排水管へ運ばれますが，排水横枝管へ到達すると，こう配に沿って水と汚物やその他の混入物，油などが配管の中を通過していきます．このように，排水設備は重力によって水の流れにのせて汚物などを運

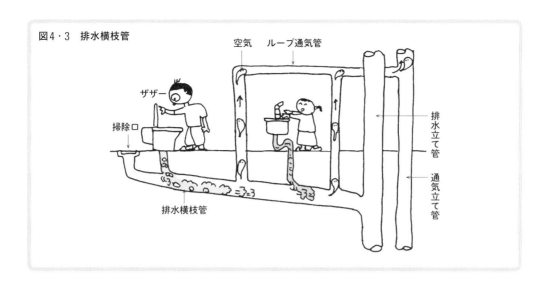

図4・3 排水横枝管

ぶシステムです.

では，こう配はどのように決めるのでしょう．

排水横枝管などのこう配は，管径ごとに最小こう配が規定されています．この最小こう配は，土木の分野では管底に砂が堆積しない最低流速を基準に決定されていますが，建築の排水設備では管径が65 mm以下では1/50，75および100 mmでは1/100，125 mmでは1/150，150 mm以上では1/200となっています．ここでの1/50というのは，配管の直管長さとこう配の垂直高さの比を示しており，1/50の場合，直管長さが50 mであれば垂直高さは1 mということになり，分母の数字が大きいほどこう配はゆるやかということになります．

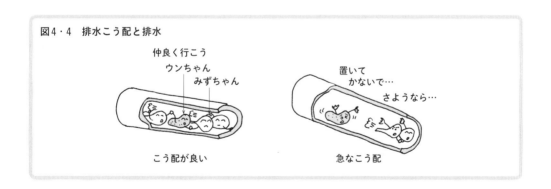

図4・4 排水こう配と排水

排水立て管内の流れは横引き管とは異なります．立て管内では排水と空気が混在したような流れ（気液の二相流という）が生じており，排水量が少ないときには水は管壁に沿って流れる環状の流れとなり，排水量が増加すると管壁に沿えない水が，管中心を水滴となって落下する環状の噴霧流となります．

このように排水立て管内で，排水が管壁を伝わるようにして流れているときには，管壁や管内の空気との摩擦で勢いを弱められて，ある一定の速度以上にはなりません．また，常に管内に排水が充満していないので最下部に水圧がかからないため，超高層建物の排水立て管でも途中で配管を横引きして，勢いを弱める必要もなく最下部までまっすぐに配管します．

4-2 排水管の種類と排水の流れ

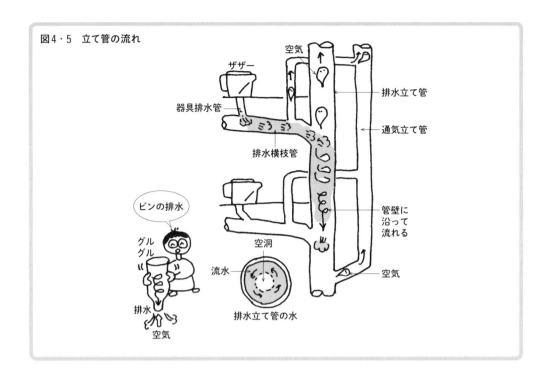

図4・5 立て管の流れ

ジャンプする排水

排水立て管は最下部で排水横主管につながり，落下してきた排水は勢いよく横主管に流れ込み，流れの速度が急激に遅くなります．このときに，排水の波立ちなどによって部分的に管内は満水状態となり，円滑な流れが阻害される場合があります．この現象を**跳水現象**と呼び，跳水現象によって満水となる箇所は立て管接続部から1～1.5 m以内とされていますので，その部分には他の排水管や通気管を接続することは避けなければなりません．

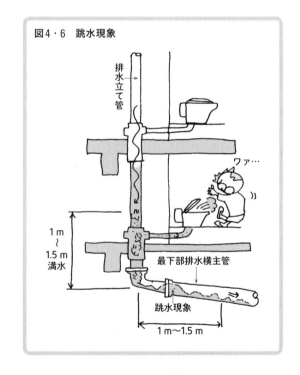

図4・6 跳水現象

特殊な排水管継手

器具が排水立て管の近くにある集合住宅やホテルなどでは，**特殊排水管継手**が多く採用されています．この継手は排水横枝管からの流れが円滑に立て管に流れ込み，かつ排水立て管内の流速を減じて通気性能を良くするように工夫したものです．ほとんどが器具排水管がそれぞれ単独に排水立て管に流れ込むようにした継手で，上部からの排水と横からの排水とが干渉することなく流れる構造となっています．

図4・7 特殊排水管継手の例

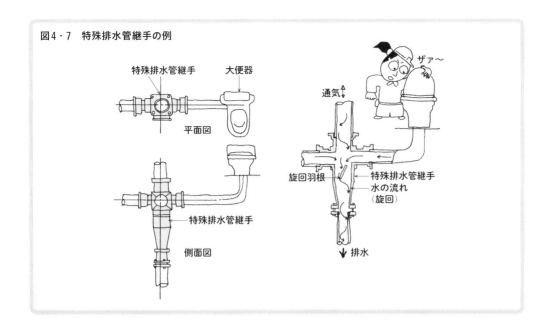

東京スカイツリー®の排水

　配管内の排水流速が大きくなりすぎると,管内が真空となり,大便器のトラップ封水を吸い上げる可能性があります.「減速ガイド付き」特殊排水管継手は,高層マンション用に開発され,配管内の排水流下速度が上がりすぎるのを防ぐことができます.東京スカイツリー®のトイレからの排水は,地下ピットにある汚水槽まで排水管でつながれていますが,地上350 mと450 mの二つの展望台の間は,トイレからの排水横引管が接続しているため,「減速ガイド付き」特殊排水管継手が使われています.

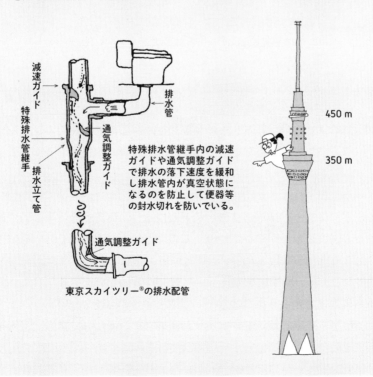

排水管のパートナー‥通気管

4-3

呼吸する排水管

　排水は重力の作用で流れるので，排水管の中が正圧になっても負圧になってもスムーズな流れになりません．また，洗面器や便器などの水を流す器具にはトラップが設けられており，トラップの中の水（封水）がなんらかの作用で失われると，においや虫などが室内へ入り込むことになります．排水の流れを常に良好に保ち，トラップの封水を保護する役目をするのが<u>通気管</u>なのです．つまり，排水管が常に呼吸しやすいように両端を大気に開放し，呼吸しやすいように通気管を設けています．

　したがって，通気管内は常に空気が行き来する状態に保たれていることが必要で，通気管は排水が流れ込まないように排水管の上面から取り出し，最短距離で器具の上縁（あふれ縁）より上部まで立ち上げて横引きすることが大切なのです．あふれ縁については，2章を参照してください．

　通気管内に排水が流れ込むと，排水中の汚物などが管内に付着して通気管が詰まり，通気管としての役目を果たせなくなるのです．ただし，戸建住宅などでは排水横枝管の長さが短く，屋外の排水ますに直接接続することが多いので，通気管を設けない場合もあります．

通気管の種類

　通気管には図4・8に示すようなものがあります．
　❶<u>各個通気管</u>は，各器具の排水管に設ける通気管で，排水を円滑に流すことを必要とする建物には，最適な通気方式ですが，日本ではほとんど使われていません．
　❷<u>ループ通気管</u>は，2個以上の器具排水管を接続する排水横枝管の最上流の器具排水管の下流側から取り出して，通気立て管または伸頂通気管に接続するか，あるいは直接大気に開放する通気管で，日本ではほとんどこの方式が使われています．
　ただし，ループ通気管は7個のトラップまでしか効力がないとされており，器具数が7個を超えるときには，その排水横枝管の最下流に逃し通気管を設ける必要があります．
　通気管でその階の床下に配管して通気立て管に接続する通気管を低位通気管といい，排水が横引き通気管内に流入するおそれがあるため，好ましい方法ではありません．
　❸<u>伸頂通気管</u>は，排水立て管の最上部から同じ管径の配管を立ち上げて大気に開放する通気管です．集合住宅やホテルなどのように排水立て管の近くに器具があり，排水横枝管には1個の器具しか接続しない場合はループ通気管を設けないで排水立て管を伸ばした伸頂通気管だけを使います．
　❹<u>湿り通気管</u>は，器具排水管を通気管の一部として兼用する箇所をいいます．

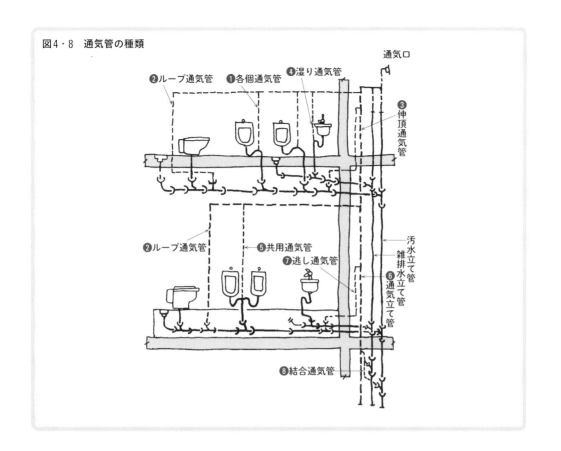

図4・8 通気管の種類

❺**共用通気管**は，背中合わせに設置された器具のトラップ機能を保護するための通気管で，両側の器具排水管が接続された箇所より立ち上げられている通気管です．

❻**通気立て管**は，排水立て管の最下部から単独に立ち上げる通気管で，各階の通気横枝管は通気立て管に接続し，最上階に設置されている器具のあふれ縁よりも150 mm以上高い位置で，伸頂通気管に接続します．

❼**逃し通気管**は，ループ通気方式の場合，多数の器具が接続されている排水横枝管では下流に行くほど排水管内の圧力が上がる傾向にあるため，1本の排水横枝管の器具数が7個を超えるとき，その排水横枝管の最下流から空気を抜くために設ける通気管です．

❽**結合通気管**は，高層建物などで排水立て管内の空気圧が上昇しないように，10階ごとに排水立て管と通気立て管を結ぶ逃し通気管の一種です．

通気の出入口

通気管は建物の屋上や最上階の天井裏などの外壁で屋外に開放します．しかし通気管内を行き来している空気は汚物臭や腐敗ガスで満ちており，悪臭が建物内に侵入しないようにしなければなりません．そこで通気管の出入口（開放部）の位置は次のように決められています．

❶ 屋上では2 m以上立ち上げて開放する．
❷ 窓などの付近に設ける場合は60 cm以上立ち上げるか3 m以上離す．
❸ 建物の庇や張出しの下部では開放しない．

❹ 寒冷地では雪が入り込まないようにして，開放部は凍結などで塞がらないように直径を 75 mm 以上とする．

通気管の代役

　通気管内の空気は湿度が高く温度も室温に近いため，冬季には結露することがあり，寒冷地で凍結して塞がってしまうことがあります．そこで屋外に通気管の開口部を設けなくてもよいようにスウェーデンで開発されたのが**通気弁**です．

　この装置は逆止め機構をもった弁で，排水が流れて排水管内が負圧になったときにだけ空気を吸い込み，排水管の空気が排出しないようにしてあり，臭気は室内には出てこないため天井裏などに設置します．通気弁は可動機構があり，ゴムシールが上下するときの連続音や，排水の流水音が聞こえるため，なるべく音の気にならない場所に設置する必要があります．最近では器具排水管に取り付けるものも市販されているので，建物完成後に通気管の不備でトラップの機能が脅かされる場合などに設置する例も見られます．

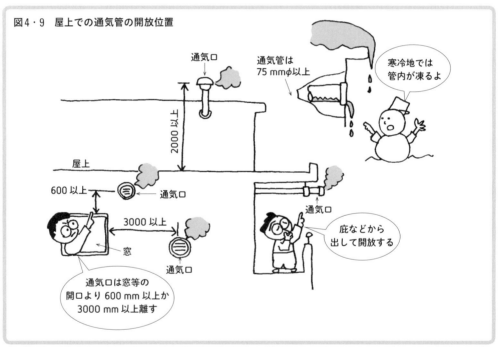

図4・9　屋上での通気管の開放位置

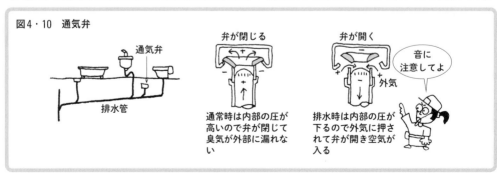

図4・10　通気弁

排水をためる

4-4

いろいろな排水槽

敷地排水管や下水道管よりも低い地下などの位置に設けられたトイレなどからの排水は，重力による自然流下方式で流すことができないため，地下階の床下に排水槽を設けて貯留し，排水ポンプで排水します．排水槽は，トイレの汚水をためる汚水槽，洗面器などからの排水（雑排水）をためる雑排水槽，地階の壁や床下からしみ出してくる地下水（湧水）をためる湧水槽，地下のライトコート（光庭）などに降った雨水などをためる雨水槽に分

山岳トイレ

環境省では，山岳環境保全対策支援事業として，自然公園内において民間の山小屋を公衆トイレとしても利用できる環境保全施設（トイレ）の新設等を行う場合に，国がその事業経費の1/2を補助する事業を進めており，1999〜2014年（平成11〜26年）までに129件のトイレが新設されました．

新設されたトイレにはバイオトイレというシステムが採用されています．バイオトイレは，便槽の中にオガクズなどが入れられており，排泄された糞尿をオガクズとともに，手動ハンドルや電気モータでかくはんし，好気性微生物を活性化させて分解・堆肥化させます．堆肥化するときに，電気で高温加熱する方法と加熱しない方法，糞尿を一緒に処理する方法と，固形物と尿に分けて処理する方法がありますが，最終的には土化したオガクズ，または堆肥となります．

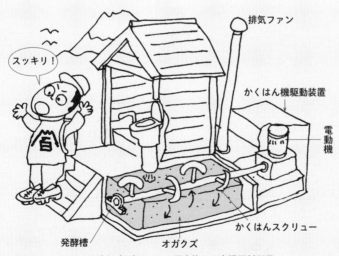

オガクズは年に2〜3回交換して有機肥料利用

第4章 使った水の後始末：排水と通気

けられ，さらに地階にある大きなちゅう房の排水には専用の排水槽を設けます．ただし，小規模の建物や地階に小さなトイレなどしかない場合には，汚水と雑排水共用の排水槽とすることもあり，湧水槽と雨水槽も共用することがあります．

　また，建物から出る排水の量が多くて下水道本管の処理能力を超える場合には，排水の一部を排水槽にためておいて，その地域の排水量が少なくなる夜間に排水する排水調整槽を設けなければならない場合もあり，そのつど下水道管理者と打ち合わせる必要があります．下水道局との打ち合わせにより夜間放流に対応した排水槽を設置する場合は，臭気発生を防ぐため，かくはん装置やばっき装置を設置する必要があります．

大は小を兼ねない排水槽

　排水には汚物をはじめとしてさまざまな汚れ（有機物）や固形物が混ざっていて，排水槽の中に長時間たまっていると底に沈殿して腐敗し悪臭を放つようになります．道路のマンホールから悪臭が出て不快に感じた人も多いと思いますが，ほとんどが排水槽から出てきた排水からの悪臭が原因なのです．特にちゅう房排水は生ごみが混ざるため腐敗しやすく悪臭を発するばかりでなく，排水槽のコンクリートがボロボロになる場合もあるのです．このことからも排水槽は排水が2時間以上滞留しないように，大きさを決める必要があります．つまり，排水槽は大は小を兼ねないのです．

　排水槽は内部に汚物が堆積しないように図4・11のような構造にして，悪臭を発生しないような対策をとることが定められています．

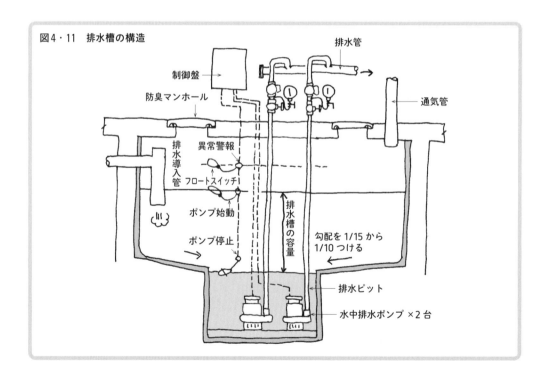

図4・11　排水槽の構造

排水槽の大きさ

排水槽の大きさは排水槽に流れ込む排水量によって決めるわけですが、設計するときに排水量を正確に予測することは難しいので、一般には次の❶〜❸のうちの最大水量で決めています。

❶ 衛生器具やちゅう房器具が決まっているときは、それぞれの使用水量を予測して最大排水量を求め、その15〜60分の容量とする。

❷ 雑排水のみの場合は排水ポンプの口径を50 mm以上として、少なくともそのポンプが5〜15分間運転される水量とする。

❸ 汚物ポンプの場合はポンプの口径を80 mm以上として、少なくともそのポンプが5〜15分間運転される水量とする。

なお、上記の水量とは図4・11に示すポンプの**始動水位**とポンプの**停止水位**間の水量のことです。

排水槽は小さければ小さいほど良いのですが、小さいほど排水ポンプが頻繁に運転されることになります。ポンプの運転停止が頻繁に繰り返されると、電源の入り切りをするスイッチが壊れやすくなりますし、ポンプの寿命も短くなるので、ポンプの運転継続時間によって排水槽の大きさを決める場合もありますが、排水槽内で汚物が腐敗しないように、2時間以上ためないようにすることが大切です。この目的で最近では、流入する汚水をためないで即時に排水する即時排水型ビルピット設備が採用されはじめています。

排水ポンプのコントロール

排水ポンプは、排水槽の中にたまる排水の水位によって起動・停止を繰り返します。以前は電極棒を使って水位を電気的に検知する方法がほとんどでしたが、今では浮子を浮かべる方式が多くなっています。

しかし、大きなビルで地下に飲食店がある場合には排水槽が大きくなって、排水が流れ込まない夜間や休日など営業時間外に排水が腐敗することもあり、水位が運転水位に達していなくてもタイマによってポンプを運転して排水する方法をとっているビルもあります。なお、排水ポンプは必ず2台以上設置してポンプの故障に備え、ポンプは自動交互運転するようにするとともに、流れ込む排水の量が予測したよりも多くなったときなどには、2台以上が同時に運転する運転方式としています。

排水を中継する
4-5

屋外で建物から出てきた排水管を受け止めたり、複数の排水管を合流させたり、敷地排水管の方向を変えたりするのが**排水ます**です。そして、公共下水道や浄化槽には排水ます

を中継して接続します．排水ますには排水管の状態を見たり清掃する目的でも設置されますので，おおむね排水管管径の120倍を超えない距離の範囲で設置しています．つまり，排水管が100 mmであれば直線距離12 mごとに1か所設置することになります．

排水ますには，内部に配管と同じ形状の半円形の溝をつけた**汚水ます**（インバートます）と，敷地の排水や雨水排水用に泥だめを設けた**雨水ます**，また高低差が大きい敷地で配管こう配が大きすぎると水だけが流れて汚物や雑芥が配管内に取り残されるため，ますで排水を垂直に落下させる**ドロップます**などがあります．

屋外の配水管は樹脂製配管が多く使われてきています．コンクリート製のますでなく同じ樹脂製の**小口径ます**が住宅や小規模の建物には最近多く使われています．小口径ますは，設置スペースをとらず，配管との接続が容易，また，トラップますや汚水排水に対応したインバートますなどもあります．

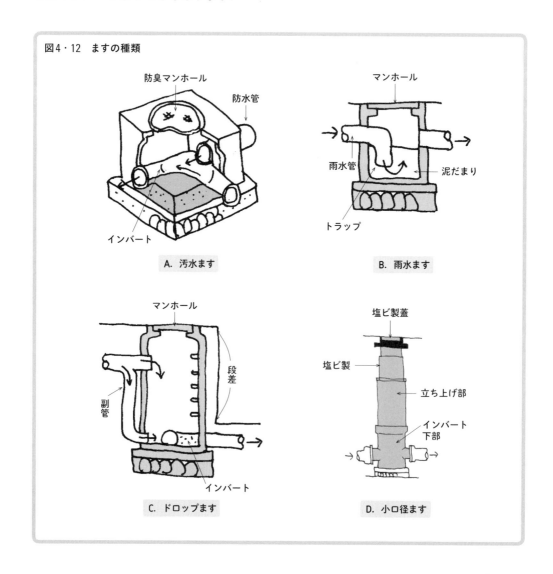

図4・12 ますの種類

特殊な排水方法

4-6

真空方式と圧送方式

　排水システムの基本は，重力によって排水や汚物などを搬送することにありますが，排水管のこう配の確保が困難な場合には，機械式排水として真空方式や圧送方式が採用されます．一般の事務所ビルでは，地下階の排水槽からのポンプ圧送排水があります．

　真空方式とは，管内を真空ポンプなどで負圧にし，排水や汚物を吸引するシステムで，航空機や船舶，鉄道などで多く採用されており，近年では，宇宙船のトイレにも用いられています．真空方式での注意点としては，吸引時の振動によるトラブルの防止対策を講じることが挙げられます．

　圧送方式とは，排水ポンプや特殊な刃を取り付けたグラインダポンプなどを用いて，排水管内部を水や汚物を満水にした状態で所定の箇所へ搬送するシステムで，長崎のハウス

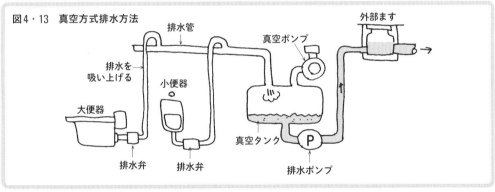

図4・13　真空方式排水方法

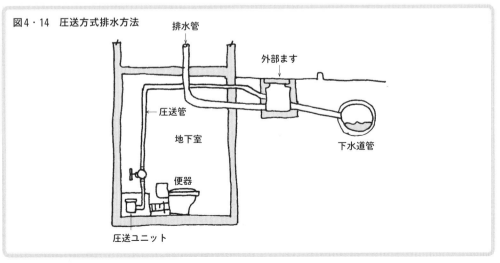

図4・14　圧送方式排水方法

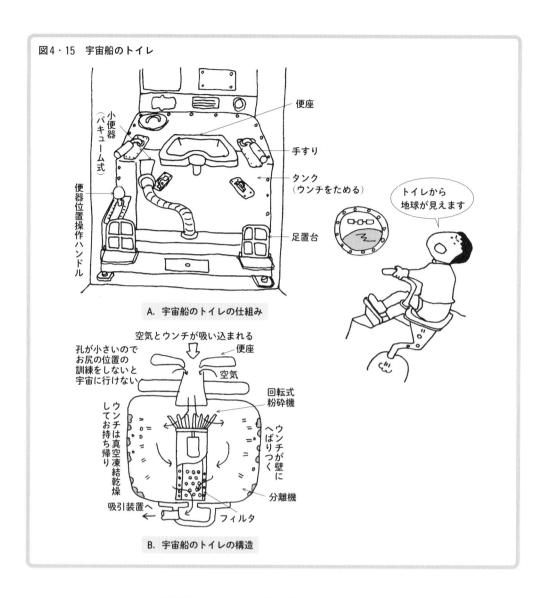

図4・15 宇宙船のトイレ

テンボスでは，すべての敷地排水がこの圧送方式を採用しています．圧送方式での注意点としては，管の腐食による劣化や接続箇所からの漏れ，ならびにウォータハンマの防止などを十分に検討しておかなければ，思わぬところで汚水などが噴き出すなどのトラブルにつながることが挙げられます．

避難所のトイレ

阪神淡路大震災，東日本大震災後，避難所のトイレの重要性が改めて認識されています．災害に対応したトイレは，携帯トイレ，し尿を機械的にパッキングする簡易トイレ，組み立てトイレなどがあります．しかし，最近は，非常時だけ使用する仮設トイレでなく，平常時も使用しながら非常時も対応可能な汚物放流用の水も考えたトイレシステムの開発が進められています．神戸市の例では，避難場所のトイレは，100人に1基の段階でトイレに対する苦情がかなり減り，75人に1基設置できると苦情がほぼなくなりました．

トラップは建物の守り神

4-7

　水や湯を使う器具や場所には，使った水や湯を排水する排水管が設けられていて，排水は屋内の排水管を通って下水道や浄化槽に放流されます．排水管や下水道管の内部には，排水に含まれていた汚物などが付着していたり堆積している場合もあり，それらが腐敗して悪臭を伴うガスが発生したり，また害虫が生息していることもあり，非常に非衛生な状態となっています．

　そこで，排水管から悪臭ガスや害虫が器具や排水口から室内に侵入しないように排水トラップが設けられているのです．つまり，排水トラップは建物を清潔に保つための守り神であり，給排水設備にはなくてはならない大切なものなのです．

　トラップという言葉は，「英語では狩猟に用いる罠」，「蒸気配管では蒸気と液体を分離する機器」，「サッカーではボールをコントロールする技術」として使われています．

　では，給排水設備のトラップとはどのようなものなのでしょうか．

排水トラップの種類

　排水トラップは排水管の一部に水たまりを設けた**水封トラップ**が使われています．トラップにたまっている水が悪臭ガスや害虫の侵入を防ぐ役割を果たすもので，たまっている水を**封水**といい，大便器にたまっている水も封水なのです．**Pトラップ**や**Sトラップ**，**ボトルトラップ**は洗面器や手洗い器などに使われており，**わんトラップ**は台所流しや床排水に使われています．

　トラップには常に封水が保たれていることが必要で，封水がなくなるとその機能は失われ，室内に悪臭が充満したり，害虫が侵入してくるようになります．よく床に排水口があるトイレなどで悪臭がする場合がありますが，ほとんど床排水口のトラップ封水が蒸発などで失われた結果なのです．

　トラップの機能は**封水の深さ**（封水深）が重要な役目を果たしています．あまり深いと排水の流れが阻害されてトラップ内に固形物や油脂がたまったりしますし，浅すぎると封水が失われることがあるので封水深は 50 〜 100 mm としており，洗面器などは 50 mm となっています．わんトラップの中には封水深が 50 mm 以下のトラップもありますが，封水が失われやすいので使うべきではありません．

　大便器の洗浄水量を減らす目的（大 6 L，小 4.5 L）でゴム製の管とモーターを組み合わせ，モーターでゴム管の先を上げ下げすることでトラップ機能を形成する可動トラップ付の便器もあります．設置する建物が戸建て 3 階以下との制約があり，また停電等で封水が保てなくなる可能性があります．しかしトラップは悪臭や害虫が建物内に入ってこないように設ける"建物の守り神"ですので，故障のない製品を使うべきで，可動部のあるトラッ

第4章　使った水の後始末：排水と通気

プは好ましくなく，空気調和・衛生工学会の基準では禁止されています．

　最近は，洗浄水量3.8L節水便器も販売されています．

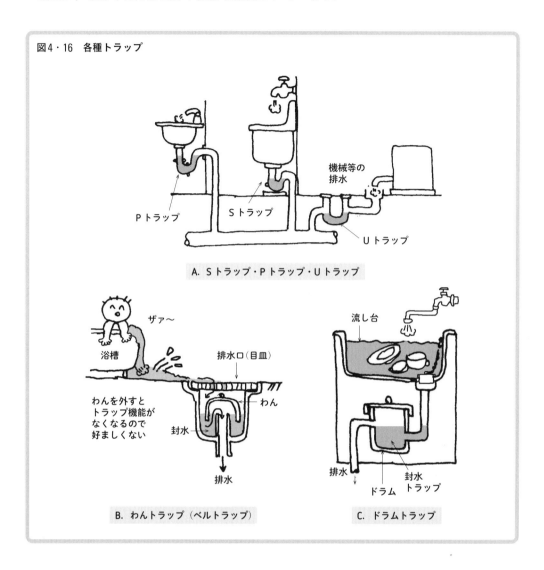

図4・16　各種トラップ

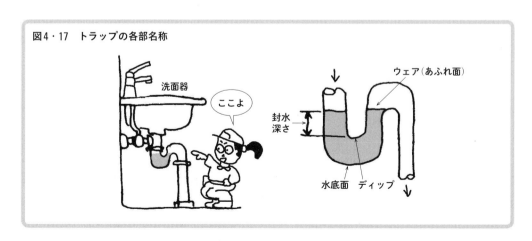

図4・17　トラップの各部名称

給排水衛生設備規準（SHASE-S206）

　給排水衛生設備規準は，わが国唯一の建築・環境設備領域の学会である「空気調和・衛生工学会」が1967年（昭和42年）に制定した給排水衛生設備に関する規準です．おおむね9年ごとに改訂が行われ，現在では「SHASE-S206-2009」として安心安全な給排水衛生設備を構築するための基本的な要求事項を示す規範・指標とされています．

　したがって，給排水衛生設備はSHASE-S206-2009を基準として設計や施工されるべきなのですが，残念ながらこの規準を知らない設備技術者が多く，規準に反する危険な器具が出回っており，設計・施工でも規準に反する事例が見つかっています．

膜構造ドーム球場のトラップ

　屋根が膜構造である東京ドームでは，屋根を膨らませるために，球場内部を加圧しています．このために，排水トラップについても，従来の大気圧基準で封水深を決定すると，トラップの中の水はすべて流れ出てしまいますので，東京ドームでは排水トラップの封水深は一般の建物よりも深く設定されています．

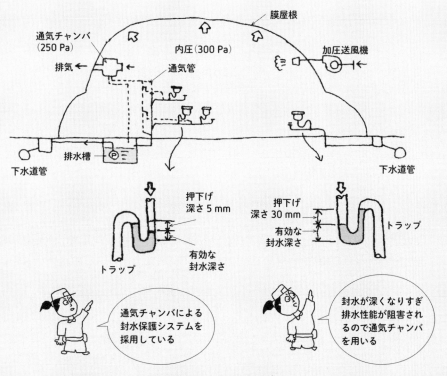

東京ドームのトラップ

4-7　トラップは建物の守り神

大型のトラップ

排水管の中に流れ込んでは困るような，排水に混ざった大きな固形物や油脂などを分離するトラップを**阻集器**といいます．阻集器には生ごみや油脂分を分離する**グリース阻集器**，駐車場などでガソリンを分離するために設置する**ガソリン阻集器**，洗髪器に付けて髪の毛を分離する**毛髪阻集器**，歯科診療所の流しに付ける**プラスタ阻集器**などがあります．

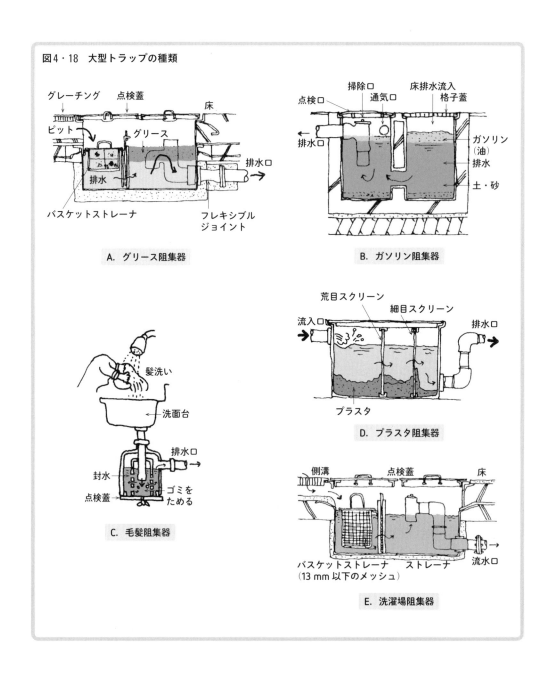

図4・18 大型トラップの種類

トラップ封水を守る

トラップの封水はさまざまな原因で失われます．**自己サイホン現象**は器具排水がトラップ内を満流状態となって流れる場合に，サイホン現象によって器具トラップの封水が排水管に吸引されて起こるもので，洗面器にバケツなどで一度に多量の水を流したときなどに発生します．

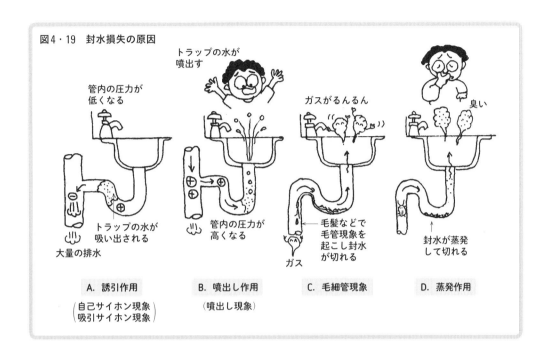

図4・19 封水損失の原因

誘引サイホンや**噴出し現象**はトラップを接続した排水管内の圧力が，他の器具からの排水によって正圧あるいは負圧になってトラップ封水が振動を起こして，排水管側に誘引されたり，器具から噴出す現象です．

毛細管現象はトラップの出口（あふれ面）に毛髪や糸くずが引っかかったときに，毛細管現象で封水が徐々に流れ出してしまうもので，Ｓトラップで起こりやすい現象です．

自己サイホンや誘引サイホン現象，噴出し現象などは，排水管を直す必要がある場合が多いようです．蒸発や毛細管現象などは日常のちょっとした注意で防ぐことができるでしょう．特に最近ではトイレの床を水洗いすることが少なくなり，床排水トラップの封水が蒸発でなくなることが多いので，毎日水を流し込んで補給するか床排水口を塞ぐなどの対策が必要です．トラップに自動的に水を補給する装置もあります．

最近ではあまり見かけなくなりましたが，以前は駅や公衆トイレなどでわんトラップの「わん」を取り外してあるところをよく見かけました．わんトラップは掃除がしやすいので使われているようですが，「わん」部分を取り外すとトラップとして役に立たなくなるので好ましくない形式といえます．

また，排水トラップは各器具ごとに取り付けることを基本としています．トラップの付いた器具の下流の排水管にトラップが取り付けられていると，二つのトラップ間の排水管内の空気はトラップの封水によって密閉状態になり，通気管の項で述べたように，排水が

4-7 トラップは建物の守り神

空気を押し出す形で部分的に排水管内の空気圧が上昇して排水の流れを阻害し，場合によっては器具トラップの封水を器具から吹き上げることもあります．このように同一排水系統にトラップを二つ付けることを**二重トラップ**といい，禁止されています．

排水の逆流から守る

　排水管がなんらかの原因で詰まると，排水が便器や洗面器具などに逆流することがあります．水飲器や製氷機，冷蔵庫などの飲食物を取り扱う器具は，特に逆流に対して万全の守りを固める必要があります．排水の逆流から守る方法には，給水設備の項で述べた吐水口空間の他に排水口空間をとった間接排水が必要となります．

　間接排水とは，機器などの排水口を排水管に直接接続しない方法です．つまり，器具や機器の排水口の末端と排水管との間に空間を設けて縁を切る排水方法です．一般には，排水が周囲に飛散しないように排水管に漏斗状の水受け容器を設けています．器具や機器と水受け容器との間の距離を**排水口空間**と呼んでいます．

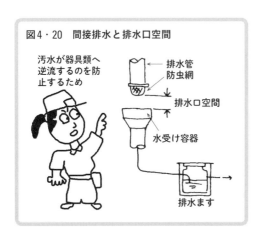

図4・20　間接排水と排水口空間

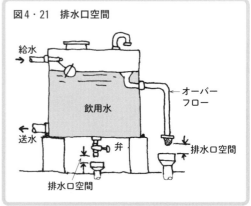

図4・21　排水口空間

　排水口空間は，機器などの排水口の管径によって異なり，管径が25 mm以下では50 mm，30～50 mmでは100 mm，65 mm以上では150 mmとなっています．ただし，飲料用水槽については管径に関係なく，150 mmと規定されていますので注意してください．また間接排水管は室内に開放されているため，悪臭や害虫が室内に侵入しないように水受け容器の下流にトラップを設ける必要があります．

　排水口空間を確保しないで，排水管を排水ますや排水溝に差し込んで開放する方法（**排水口開放**）も排水管に直接接続しないので間接排水として使われていますが，飲食物を取り扱う機器や医療機器に対しては用いるべきではありません．

　間接排水としなければならない器具や機器には次のようなものがあります．

❶　飲食物を取扱う機器からの排水：飲料用機器，冷蔵用機器，ちゅう房用機器，洗濯用機器など
❷　医療機器・器具からの排水：蒸留水製造装置，滅菌水製造装置，洗浄器，滅菌器など
❸　機器類からの排水：水槽，貯湯槽，ボイラ，空調機などの設備機器

　見てのとおり，設備で水を使用するほとんどの機器が間接排水の対象となっているのです．

排水管は臭い

排水に混ざった汚物などが管内部に堆積すると，時間経過とともに堆積物より不快なにおいを伴ったガスが発生します．このガスの主成分は硫化水素（H_2S）で別名**下水臭**とも呼ばれています．

硫化水素は，空気中に含まれる濃度が高くなると死に至る危険なガスですが，排水管などで発生するガスの量は少なく，人命への影響よりもにおいによる室内環境の悪化への影響のほうが大きなものです．

天気の悪い日に限って何かトイレのにおいを感じるときがあります．これは，気圧の低下に伴って室内と排水管内との圧力が逆転し，においが逆流してしまうためといわれています．

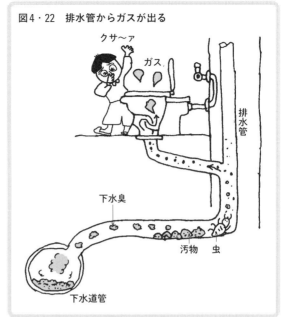

図4・22 排水管からガスが出る

家庭での脱臭

台所流しなどで，排水口からのにおいが気になるときには，排水口のまわりに付着している汚れを落とし，水に酢またはクエン酸を混ぜたもの（水50 ccに対して，酢は大さじ2程度，クエン酸では小さじで1/4程度）を，排水口のまわりより流し込めば，においを弱くすることができます．ただし，最後にもう一度，水かお湯を流すことをお忘れなく．

排水管の掃除口

掃除口は排水配管内の清掃や点検をするために設置するもので，管径が100 mm未満の場合は15 mごとに，100 mm以上は30 m程度の間隔で設置します．一般に排水管は下流から上流に向かって高圧洗浄ノズルを挿入して洗浄します．特にディスポーザ排水処理システムを設置したマンションなどでは，定期的に洗浄する必要があるため，掃除口は洗浄作業がしやすい場所に設ける必要があります．

4-8 雨の排水

建物の屋根や屋上あるいはベランダなどに降る雨水は，雨水用の排水口（**ルーフドレン**）に集めて雨水立て樋で地上まで導き，雨水排水ますを経由して雨水排水管や敷地排水管から下水道や公共排水溝などに放流します．下水道には雨水を生活排水と合併して流す**合流下水道**と，生活排水とは分離して流す**分流下水道**があります．雨水排水を合流下水道に流す場合には，一般に下水道に接続する直前まで単独に配管してトラップますを介して敷地排水管と合流する方法をとっています．ルーフドレンにはトラップがないので，雨水立て樋には雨水以外の排水を接続することは禁じられており，雨水排水管を生活排水管などの一般排水管に接続する場合には，臭気の侵入を防ぐために，接続箇所にトラップを設ける必要があります．

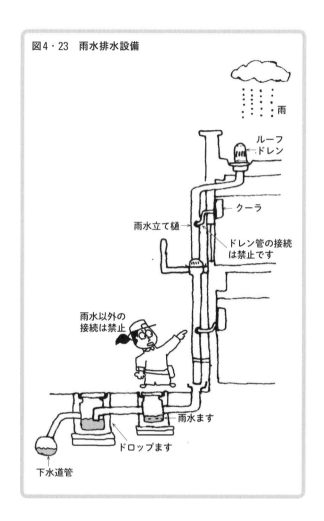

図4・23　雨水排水設備

4-9 排水管・通気管の管径の決め方

排水管と通気管の管径を決定する方法としては，器具排水負荷単位法と定常流量法の2種類があります．ここでは，一般に使われている器具排水負荷単位法による，管径の決め方について説明します．なお，定常流量法に関しては，空気調和・衛生工学会規格SHASE-S 206を参照してください．

排水管の管径

器具排水負荷単位とは，洗面器1個からの排水量 28.5 L/min を基本として，器具の同時使用率や使用頻度を考慮して器具の種類別に定めた数値です．

代表的な排水負荷単位数を表4・1に示します．

表4・1 器具別排水負荷単位数

器具の種類	トラップ最小管径〔mm〕	器具排水負荷単位数
大便器洗浄タンク	75	4
大便器洗浄弁	75	8
小便器	40・50	4
洗面器	30	1
手洗器	25	0.5
浴槽	40, 50	3
調理用流し	40	2

〔出典〕空気調和・衛生工学会編：給排水衛生設備　計画・設計の実務の知識，改訂3版，p.141（2010）

排水管の管径は，まず各階の排水横枝管に接続される器具の種類と数より排水負荷単位を集計して各排水横枝管の管径を求め，立て管はその立て管に接続される横枝管の排水負荷単位数の合計値によって決定します．ただし，排水横枝管の管径は，接続される器具の器具排水管の最も大きな管径より細くすることはできません．また，立て管も接続される排水横枝管の管径以上の大きさでなければなりません．

なお，排水管の種類によっては，下記のような規定もありますので注意してください．

- 排水管の最小管径は 30 mm とし，地中などに埋設される箇所では 50 mm 以上が望ましい．
- 汚水管の最小管径は 75 mm とする．
- 雑排水管に固形物を含んだ排水が流れるときには，最小の管径は 50 mm とする．

また，排水横主管は，接続される排水横枝管または排水立て管の最大管径以上の大きさでなければなりません．

では，実際に図4・24 のようなビルの排水管の管径を，排水器具負荷単位法で決めてみましょう．まず基準階の排水横枝管の管径を決定し，次に立て管から横主管へという順になります．

a) まず最初に排水横枝管の管径を決定します（図4・24 b））．

排水横枝管は，配管が合流する箇所ごとにその区間に接続している器具の種類と数から個別に決定します．

❶小便器系統の排水を受け持つ排水横枝管

小便器の排水負荷単位数は4で，器具数が3個ですので，小便器系統の排水を受けもつ排水横枝管の排水負荷単位数は 4×3 = 12 となり，管径は表4・2のa欄より 65 mm となります．

❷小便器系統と大便器系統の排水を受けもつ排水横枝管

4-9　排水管・通気管の管径の決め方

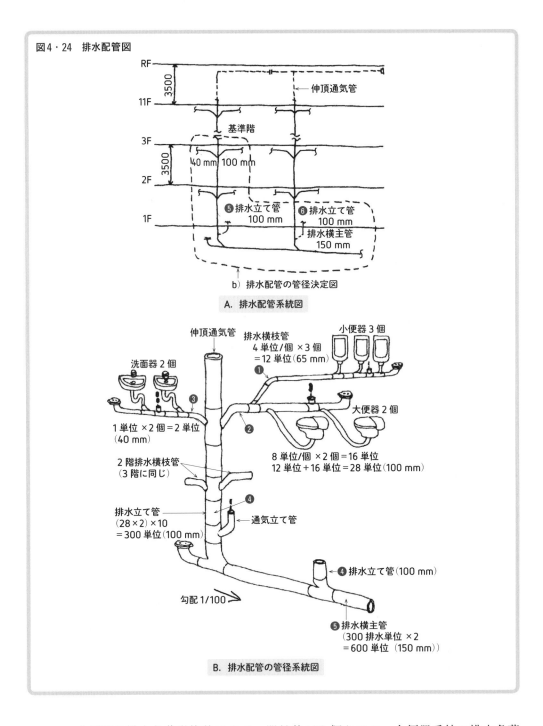

図4・24 排水配管図
A. 排水配管系統図
B. 排水配管の管径系統図

　大便器の排水負荷単位数は8で，器具数が2個なので，大便器系統の排水負荷単位数は8×2＝16となり，イ．で求めた小便器系統の排水負荷単位数と合計し，小便器系と大便器系の合流したこの区間が受けもつ排水負荷単位数は12＋16＝28となり，排水横枝管の管径は表4・2のa欄より100 mmとなります。

❸洗面器系統の排水を受けもつ排水横枝管

　洗面器の排水負荷単位数は1で，器具数が2個ですので，洗面器系統の排水を受けもつ排水横枝管の排水負荷単位数は1×2＝2となり，管径は表4・2のa欄より40 mmとなります。

b) 次に排水立て管の管径を決定します.

排水立て管の管径は，立て管に接続される排水横枝管の数によって決まりますが，各階の排水横枝管ばかりでなく，垂直距離 2.5 m を超える間隔で排水横枝管が排水立て管に接続される場合は階数として数えます．これを**ブランチ間隔**といいます．

❹排水立て管：このビルの 2〜11 階の立て管に接続される排水横枝管の間隔（垂直高さ）が 2.5 m を超えているため，ブランチ間隔は 10 となり，立て管が受けもつ排水の負荷単位数は(❷+❸)×ブランチ間隔 = (28+2)×10 = 300 となり，表 4・2 の c 欄より管径は 100 mm となります．

表4・2 排水横枝管・立て管の許容最大器具排水負荷単位数

管径 〔mm〕	受けもち可能な許容最大器具排水負荷単位数			
	a. 排水横枝管	b. 3階建ての立て管	3階建てを超える場合	
			c. 1立て管での集計値	d. 1階分の集計値
30	1	2	2	1
40	❸ 3	4	8	2
50	6	10	24	6
65	❶ 12	20	42	9
75	20	30	60	16
100	❷ 160	240	❹ 500	90
125	360	540	1100	200
150	620	960	1900	350
200	1400	2200	3600	600

［出典］空気調和・衛生工学会編：給排水衛生設備 計画・設計の実務の知識，改訂3版，p.144（2010）

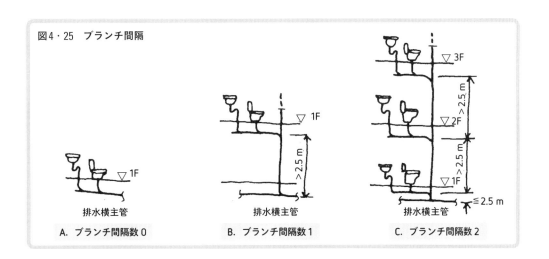

図4・25 ブランチ間隔

A. ブランチ間隔数 0
B. ブランチ間隔数 1
C. ブランチ間隔数 2

c) 排水横主管の管径を決定します.

❺排水横主管：排水横主管には 2 系統の排水立て管が接続されており，排水横主管が受けもつ排水の負荷単位数は b)の値×2 系統 = 300×2 = 600 となり，配管のこう配を 1/100 として，表 4・3 より管径は 150 mm となります．なお，排水横主管に地下階からの排水ポンプ排水管が接続する場合には，排水量 3.8 L/min を排水負荷単位数 2 として換算して加算して管径を決定します．

表4・3 排水横主管・敷地排水管の許容最大器具排水負荷単位数

管径 〔mm〕	受けもち可能な許容最大器具排水負荷単位数 配管のこう配			
	1/200	1/100	1/50	1/24
50	—	—	21	26
65	—	—	24	31
75	—	20	27	36
100	—	180	216	250
125	—	390	480	575
150	—	❺ 700	840	1000
200	1400	1600	1920	2300

［出典］空気調和・衛生工学会編：給排水衛生設備　計画・設計の実務の知識，改訂3版，p.144（2010）

通気管の管径

器具排水負荷単位法で通気管の管径を求めるには，通気管の長さを図面上で測る必要があります．つまり，排水管の管径を求める際に集計した排水負荷単位数と通気管の最長長さによって通気管の管径を求めます．

たとえば，排水管の管径の項の区間❷で，通気管の長さが20 mあったとした場合は，排水管の管径が100，排水負荷単位が28ですので表4・4より通気管の管径は65 mmとなります．

なお，排水立て管の最上階の上部は同じ太さ（同径）で延長し大気に開放します．これを伸長通気管といい，排水立て管内の圧力変動を緩和させるために設けるものです．

表4・4 通気管の管径と長さ

汚水または雑排水管の管径〔mm〕	排水負荷単位数	通気管の管径〔mm〕								
		30	40	50	65	75	100	125	150	200
		通気管の最長距離〔m〕								
30	2	9								
40	8	15	45							
40	10	9	30							
50	12	9	22.5	60						
50	20	7.8	15	45						
65	42		9	30	90					
75	10		9	30	60	180				
75	30		—	18	60	150				
75	60		—	15	24	120				
100	100		9	10.5	30	78	300			
100	200			9	27	75	270			

［出典］空気調和・衛生工学会編：給排水衛生設備　計画・設計の実務の知識，改訂3版，p.151（2010）より抜粋

雨水排水管の管径の決め方

4-10

雨水排水管の管径は，建物が建つ地域の最大降雨量と屋根やベランダなどの雨に当たる部分の面積（水平投影面積）とその部分の上部の外壁面積をもとに決定します．

なお，外壁面に降り注ぐ雨が下部の屋根面などに流れるときには，雨は斜めに60度の角度で外壁に当たるとして，その外壁面積の50％を下部の屋根面積に加えます．管径は屋根面積や配管のこう配によって求める表を使って決定しますが，表4・5は降雨量を100 mm/hとして計算したものなので，降雨量が100 mm/hと異なる場合には，表の屋根面積に（100/当該

表4・5　雨水排水立て管の管径

管径〔mm〕	許容最大屋根面積〔m²〕
50	イ　67
65	ロ　135
75	197
100	425

(注)屋根面積はすべて水平に投影した面積とする．
[出典] 空気調和・衛生工学会編：給排水衛生設備計画・設計の実務の知識，改訂3版，p.158（2010）

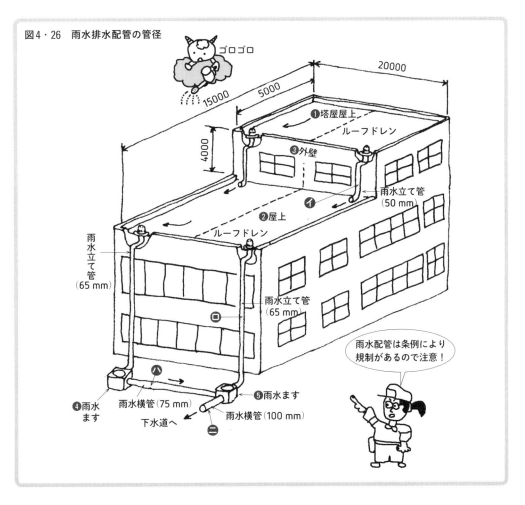

図4・26　雨水排水配管の管径

地域の最大降雨量）を乗じた屋根面積とします．

実際に図 4・26 の雨水排水管の管径を降雨量を 60 mm/h として求めてみましょう．

1) まず雨水排水立て管の管径を決定します．

　㋑塔屋屋上の面積は 20 m × 5 m ＝ 100 m² で 2 本の雨水立て管で屋上❷に雨水を排水しているので，1 本当たりの雨水立て管が受けもつ屋根面積は 100 × 1/2 ＝ 50 m² となります．表 4・5 の雨水立て管の管径決定表から，50 mm の雨水立て管が許容する最大屋根面積は 67 × 100/60 ≒ 110 m² となるので，雨水排水立て管の管径は 50 mm となります．

　㋺屋上❷の面積は，屋根❶の雨も❷に流れるため 20 m × 15 m ＝ 300 m² で，外壁❸の面積の 50 % は 20 m × 4 m × 0.5 ＝ 40 m² となります．2 本の雨水排水立て管があるので 1 本当たり屋根面積は (300 ＋ 40) × 1/2 ＝ 170 m²．㋑同様に 65 mm の雨水排水立て管の許容最大屋根面積は 135 × 100/60 ≒ 225 m² となるので，雨水排水立て管の管径は 65 mm となります．

2) 雨水排水横管の管径を配管のこう配を 1/100 として決定します．

　㋩雨水排水横管：雨水ます❹と❺をつなぐ雨水排水横管が受けもつ屋根面積は㋺より 170 m² で，表 4・6 の雨水排水横管の管径決定表から 75 mm の許容最大屋根面積は 100 × 100/60 ≒ 166 m² となるため，管径は 75 mm ではなく 100 mm となります．

　㋥雨水排水横管：雨水ます❺から下水管につなぐ雨水排水横管が受けもつ屋根面積は㋺より 170 × 2 ＝ 340 m² で，配管こう配 1/100 における 100 mm の許容最大屋根面積は 216 × 100/60 ＝ 360 m² となり，管径は 100 mm となります．

ただし，雨水排水配管の管径は，条例などで規制が設けられている場合がありますので，確認する必要があります．

また雨水立て管は，落葉などでルーフドレーンがつまる可能性もあるため，最低でも 2 本以上設置し，処理能力に余裕をもった本数を設置する必要があります．

表 4・6　雨水排水横管の管径

管径 [mm]	許容最大屋根面積 [m²]								
	配管こう配								
	1/25	1/50	1/75	1/100	1/125	1/150	1/200	1/300	1/400
65	137	97	79						
75	201	141	116	100					
100		306	250	216	193	176			

（注）屋根面積はすべて水平に投影した面積とする．
［出典］空気調和・衛生工学会編：給排水衛生設備　計画・設計の実務の知識，改訂 3 版，p.158（2010）より抜粋

また，雨水排水管を建物の排水管に合流させる場合は，求めた屋根面積を器具排水負荷単位に換算して，排水管の排水負荷単位に加算して管径を決定します．なお，換算値は屋根面積が 93 m² までは器具排水負荷単位数は 256 で，93 m² を超えるときには，0.36 m² ごとに 1 単位ずつ加えます．

洪水対策用調整池

　従来の調整池は，河川の上流域で大量に降った雨で洪水が起こるのを防ぐため，河川の流域につくられていました．しかし都市化が進み，建物や道路の舗装率が上がると都市に降った雨や河川の上流の豪雨が処理能力を超え，都市洪水がたびたび起こるようになりました．地球温暖化で今まで想定していない 100 mm/h 以上の豪雨が局所的に発生することも多くなり，水害が多発する神田川中流域に対する安全度を早急に向上させるため，東京の環状七号線道路の地下に地下調整池がつくられています．地下調整池は善福寺川，妙正寺川に取水施設があり，トンネルの内径12.5 m，延長4.5 kmで54万 m³ の貯留能力があります．将来は延長 30 km のトンネルを建設し，東京湾までつなげる地下河川がつくられる予定です．

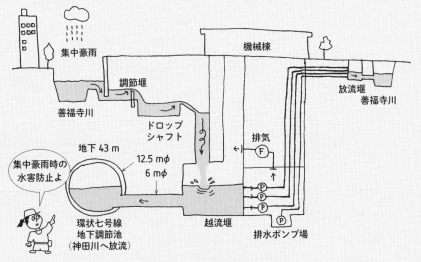

洪水用調節池システムの例

4-10　雨水排水管の管径の決め方

第5章 衛生器具の話

衛生器具ことはじめ

　日本で最初の水道は，1887年（明治20年）に横浜の外国人居留地につくられました．道端にはイギリスからの輸入品でライオンの口から水が出てくるデザインの<u>共用水栓</u>が設けられ，この共用水栓こそ，日本で使われた最初の衛生器具といえるでしょう．その後，日本で水栓をつくるときにヨーロッパの水の守護神であるライオンを，中国や日本の水の守護神である「龍」に変えて龍の口から水を出す形にしましたが，龍が蛇と混同されて水栓を<u>蛇口</u>と呼ぶようになったのです．有名な<u>長崎の蛇踊り</u>で使われる蛇は龍の姿をしているのに蛇と呼ばれることからも蛇口の語源が伺えるでしょう．

　また，陶器でつくられた便器が登場したのも明治20年代になってからです．もっとも便器といっても，当時の便器は便壺の上の床に開けた孔にはめ込むだけの一種の装飾品ですから衛生陶器とはいえないかもしれませんが，唐草や花鳥を描いたり，織部風の釉薬を掛けた美しい大便器や小便器もつくられていました．その後1904年（明治37年）になって，現在使われているような水洗式和風便器がつくられるようになり，これが日本でつくられた最初の衛生陶器といえるでしょう．

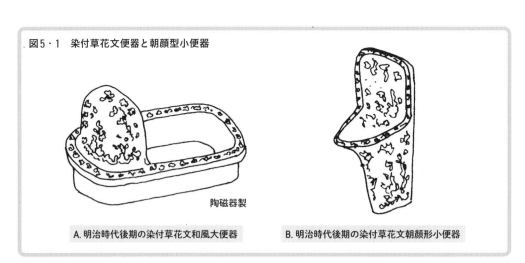

図5・1　染付草花文便器と朝顔型小便器

陶磁器製

A. 明治時代後期の染付草花文和風大便器　　B. 明治時代後期の染付草花文朝顔形小便器

身近にある衛生器具

5-1

衛生器具とは

　私たちが毎日必ず使う，便器，洗面器，浴槽などの水やお湯を受ける水受け容器，水栓，便器の洗浄弁，洗浄用タンク，トイレの紙巻器や洗面器まわりに取り付ける化粧鏡や化粧棚，タオルバーなどの水受け容器まわりに取り付ける付属品を総称して，<u>衛生器具</u>と

呼んでいます．

　給水器具の材質は，人体に有害な物質や成分が溶け出して，健康や衛生上の安全性を脅かさない材料でつくる必要があります．さらに器具の形や内部の構造は複雑になる場合が多く，また小さな部品を組み合わせるものが多いため，加工性が良いことも重要な条件になります．このような条件にあった材料として，現在では黄銅，青銅，銅，プラスチック類が使われています．

　水受け容器とは，水やお湯を使うために設ける容器をいい，水やお湯あるいは汚水を流し，一時的にためる場所でもあるので耐水性に富み，汚れが付きにくく清潔を保ちやすい材料でつくられていなければなりません．このような条件に合ったものとして，便器や洗面器など比較的小型の容器はほとんど陶器でつくられており，浴槽や流しなどの大型のものにはプラスチック類，ほうろう鉄器（鋳鉄・鋼板），ステンレス鋼，人造石などが使われています．

設備ユニット

　建築の工期短縮，省力化，配管工が減少しているために今まで現場で施工されていた多くの衛生器具が建築内装材，配管等と一体に工場で組み立てられることが多く，**設備ユニット**といわれています．ホテルなどに多く使われているユニットバスは，1964年（昭和39年）の東京オリンピックの大規模なホテル建設のときに工期短縮の目的で開発されたものです．宿泊施設では浴室や便所，洗面所，シャワーを一体化，事務所ビルでは大便器や小便器，洗面器および水回り配管を一体化したトイレユニットが使われています．また，流し台や調理用加熱器，食洗機，調理台，吊戸棚，レンジフードなどを一体化したキッチンユニットも多く使われています．

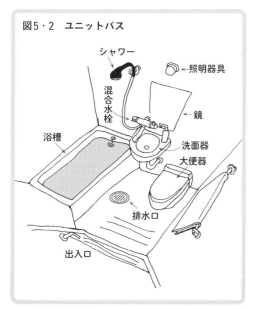

図5・2　ユニットバス

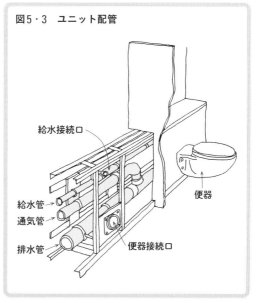

図5・3　ユニット配管

5-1　身近にある衛生器具

和風便器と洋風便器

大便器には**和風便器**と**洋風便器**があり，昭和20年代まで大便器といえばほとんど和風便器でした．一般の住宅では和風大便器と小便器を設置するか，トイレの中に段差を設けて小用にも使えるようにした大小両用便器が使われていて，**汽車便**と呼ばれていました．昭和30年代前半の公団住宅では大小両用便器（汽車便）が使われていましたが，1956年（昭和31年）に大阪の団地に洋風便器が採用されたのを皮切りに，徐々に洋風便器が使われるようになり，1960年（昭和35年）から公団住宅がすべて洋風便器を使うようになって，急速に広まっていきました．当初は使い方がわからず便器の上に立って用を足したり，自分で足台をつくったりするなど，今では考えられない話があり，**腰掛便器の使い方**のシールがトイレに張ってあったものです．最近の大便器の出荷台数を見ると，和風大便器の占める割合は減少を続け，2010年（平成22年）には2％となっています．和風大便器は，2014年（平成26年）にJIS規格がなくなりましたが，公共トイレではまだ直接便器に触れない和風大便器を好む人もいます．

大便器の洗浄方式

和風便器の洗浄方式は洗浄水の勢いで汚物を流す**洗出し式**と，落差で押し流す**洗落し式**があります．洗落し式は水の落差で汚物を押し流すもので，水たまり面が狭く便器に汚物が付着しやすい欠点があり，洗出し式は便器に汚物をためておいて洗浄水の勢いで押し流す形式のため，臭気が発散する欠点があります．

これに対して洋風便器の洗浄方式は，**サイホン式**，**洗落し式**，**サイホンゼット式**，**サイホンボルテックス式**，**ブローアウト式**，**水道直結式**などバリエーションに富んでいます．

サイホン式は便器の内部でサイホン作用を起こさせて，汚物を吸い込むように排出する方式で，洗出し式や洗落し式に比べれば便器の中の水たまり面は広くなっていますが，便器全体から見ると十分とはいえず，汚物が付着しやすい部分が大きく，臭気の発散を十分に防ぐことができません．

サイホンボルテックス式はサイホン作用と渦巻き作用を併用して汚物を排出する構造で，洗浄水タンクと便器が一体になったワンピース型の便器です．洗浄水の流れがゆるやかになるので洗浄音が小さく，水たまり面が広いため，臭気の発散が少ない高級便器です．**サイホンゼット式**は便器の排水部に水を噴出して強いサイホン作用を起こして吸い出す構造で，サイホン式よりも水たまり面が広く臭気の発散が少なく，汚物が付着しにくい特徴があります．**ブローアウト式**はゼット穴から強力に水を噴出させて吹き飛ばすように汚物を排出させる構造で，洗浄装置に**フラッシュ弁**を使うため洗浄音が大きいという難点がありますが，臭気の発散が少なく，汚物の付着もほとんどありません．

大便器の洗浄方式は，タンク式かフラッシュバルブ式が使われてきましたが，洗浄水量や設置スペースの削減，トイレスペースのインテリア化のため，水道直結圧力を利用して洗浄する**タンクレス大便器**が開発されています．また，タンク・ポンプを内蔵してより低い水圧に対応した便器もありますが，停電時は使用できなくなる可能性があります．

図5・4 大便器の種類

A. サイホン式 — サイホン作用を起こして吸込む
B. 洗落し式 — 水の勢いを利用して噴出
C. サイホンボルテックス式 — サイホン作用と渦巻き作用を兼用
D. サイホンゼット式 — 屈曲した排水路を満水にして吸引
E. ブローアウト式 — ゼットの穴から強力に水を噴出
F. タンクレス水道直結洗浄式 — トルネード水流の少ない水で有効に洗浄

大便器の洗浄水量

　洋風便器が住宅に普及しはじめた頃の洗浄水量は1回20Lでしたが，1975年頃から13L，2000年代に入ると6〜8Lになり，現在の節水便器の洗浄水量は**4L以下**となっています．節水便器を採用する場合は，排水管長や排水配管勾配などに制約があることに留意する必要があります．

　便器の洗浄方法には，洗浄弁（フラッシュ弁）式，洗浄タンク式，水道直結式があり，航空機や船舶などでは，真空搬送式が採用されています．また最近では，便器に破砕器やポンプを組み込んだ機械搬送式も開発されています．

　便器の洗浄水はただ単に便器から汚物を流し出すだけでなく，便器の中を洗って清潔に保ち，臭気の侵入を防ぐ働きをするトラップの水（封水）をため，排水管の中を下水管まで汚物を運ぶ役目をもっています．つまり，洗浄水は便器の種類によって必要水量が決

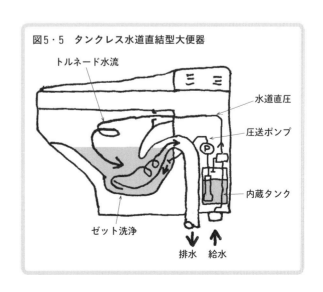

図5・5 タンクレス水道直結型大便器

5-1 身近にある衛生器具

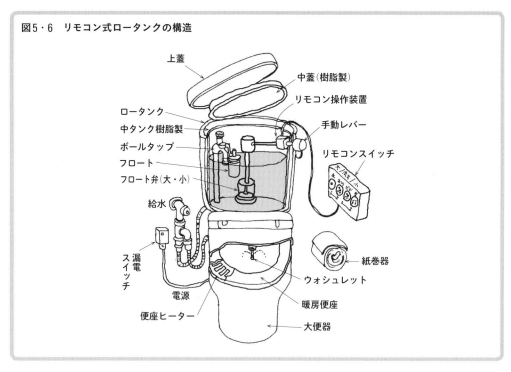

図5・6 リモコン式ロータンクの構造

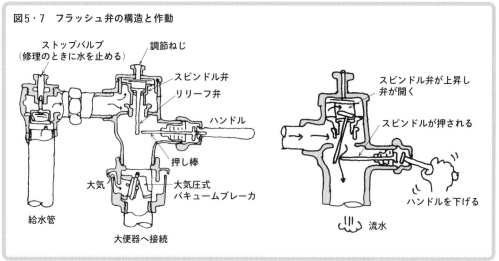

図5・7 フラッシュ弁の構造と作動

まっているわけで，20L時代は洗浄タンクの中にレンガや水をためたビンを入れて節水することができましたが，最新の便器では勝手に水量を減らすことはできないのです．

小便器

　小便器には**壁掛け型**と**床置き型**があり，トラップ付きとトラップがないものがあり，左右が手前に大きく壁のようにでっぱっている小便器を**ストール小便器**といいます．最近ではほとんどトラップ付きのストール小便器が使われています．

　一般には床掃除に便利な壁掛け型が多く使われていますが，壁掛け型は取付け位置によっては小児には使えない場合があるので，小学校やデパート，劇場など家族連れの人々

が使うトイレでは一部を床置き型にしています．また，小便器の下部の縁をリップといいますが，最近では小児でも使えるようにリップの高さを低くした（床上35 cm程度）低リップ型の壁掛けストール小便器も市販されています．洗浄方式は洗落し式で，多くの人が使う公共トイレ用には，異物を流されて詰まった場合にも容易に復旧できる**トラップ着脱式**があります．

小便器の泣きどころ

小便器を使った後に水を流さない，あるいは洗浄水量が少ないと臭気を発して排水管内に尿石が成長して流れなくなることがあります．尿石とは尿に含まれているリン酸塩やカルシウム塩などが空気中の炭酸ガスと化合してできる石のような固い物質で，尿石が付着して大きくなると，流れが悪くなるとともに，そこに雑菌が繁殖して悪臭を発するのです．トイレ特有のあの嫌なにおいはほとんど尿石が原因となっているのです．よく小便器の中に白い玉が置いてありますが，あれは尿石防止剤なのです．電解水を洗浄水に使って尿石が蓄積しないようにする洗浄装置も開発されています．

図5・8 小便器の洗浄

小便器の洗浄方法

以前，小便器の洗浄はハンドルを回して水を流す水栓式やフラッシュ弁式，複数の小便器を連立して設置する場合には，天井近くに取り付けた洗浄タンクから一定間隔で水を流す**ハイタンク自動洗浄式**がほとんどでしたが，水栓式やフラッシュ弁式は確実な洗浄が期待できませんし，ハイタンク式は使用の有無にかかわらず一定間隔で水が流れ，水が浪費されるなどの欠点がありました．最近では不特定多数の人が使う小便器は，光電センサーで利用者を感知して洗浄する**個別自動洗浄方式**が主流になり，既設の建物の水栓式やフラッシュ弁式をリニューアル型の自動洗浄装置に取り替える施設が多くなっています．また，マイクロ波センサーで利用者と尿量を感知して自動的に洗浄水量をコントロールし，使用時の洗浄水量を最小とするとともに，使用状況を判断して配管内の尿石防止のため，間欠的に4Lの洗浄水を流してトータルで節水を図る方式も行われています．

衛生器具の結露

　冬になると窓ガラスの室内側に水滴が付いて床をぬらすことが多くなります．これは空気中の水蒸気がガラスの表面で冷やされ凝結するためで，この現象を**結露**といいます．湿度の高い梅雨時や気温の低い冬になると，便器や洗浄用タンクにもこれと同じ現象が起きることがあります．これは便器の表面が中にたまっている水によって冷やされるからで，湿度が高いほど，また水温と室温の差が大きいほど起こりやすく，洗浄水に地下水や井戸水を使っている場合や，上水を使っていても窓のないマンションのトイレでは起こることがあります．器具の表面についているだけならまだしも，流れ落ちて床をぬらし，はなはだしい場合はかびが発生したり床が腐る場合もあります．

　結露はトイレの換気を良くすることで防げる場合もありますが，水温の低い井戸水や地下水を使うときには，便器の水がたまっている部分（トラップ部分）が外気と直接接触しないように，断熱のための空気層をつくる内部仕切りを設けた**防露型便器**や，洗浄タンクの側面と底部を二重壁にして間に断熱材を入れて結露を防止する**防露タンク**を使う必要があります．

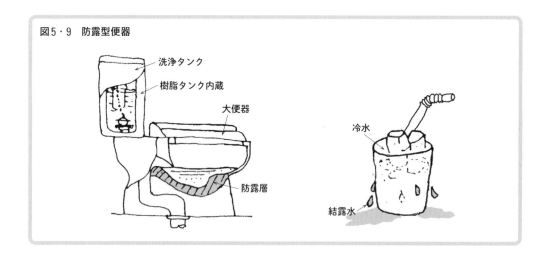

図5・9　防露型便器

水栓などの表面仕上げ

　水栓やシャワー金具などの代表的な表面仕上げの方法はニッケルクロムめっきで，見た目の良さだけでなく，耐久性・耐摩耗性に優れているため実用的でもあり，非常に多くの器具の仕上げとして採用されています．また，表面の輝きを消して落ち着いた感じにする場合はつや消しにすることも可能です．

　豪華さを強調したい場合の仕上げには金めっきがあります．ただし，表面が柔らかく傷つきやすいため，ていねいに扱う必要があり，耐久性については難点があります．窒化チタンを加えた金めっき仕上げは，見た目は金めっきと同じで耐久性と耐摩耗性がニッケルクロムめっき並になります．

　茶室などに取り付ける水栓など，落着きと渋さを強調する仕上げに銅めっきがあります．はじめは光沢のある赤褐色をしていますが，時間とともに落ち着いた褐色に変化して

いきます．ただし，金めっきと同様，表面が柔らかいという弱点があります．

　金属めっき以外では樹脂被覆仕上げがあります．特徴は白や赤，黄，ピンクなどカラーのバリエーションが多いことと，金属の冷たく硬い手触りに対して温かく柔らかい手触りに仕上がることです．

水栓のいろいろ

　私たちの身近には実にさまざまな形や機能をもった水栓があることに気づくと思います．水栓の基本的な区分は壁に取り付ける**横水栓**と，洗面器・流しなどの台に取り付ける**立て水栓**の2種類で，この2種類の中から形の違いや機能別にいろいろな水栓がつくられています．

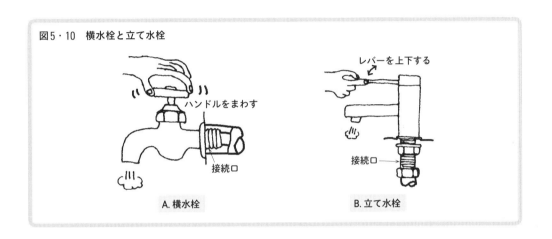

図5・10　横水栓と立て水栓

　また，水道直結給水管に接続する水栓類は，水道水の安全性を確保するため水道法によって構造材質にかかわる耐圧や浸出，逆流防止，負圧破壊，耐久性，耐寒性について規準が設けられており，定められた性能基準に適合した製品しか使えないことになっています．この制度を**JIS認証制度**といい，認証機関が国際的なガイドライン（ISO/IEC Guide 65：製品認証機関のための一般的要求事項）に基づいて検査を行い，合格した製品にはJISの認証マー

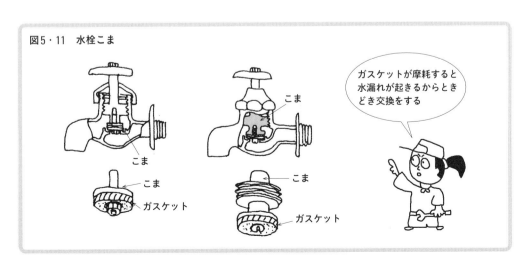

図5・11　水栓こま

5-1　身近にある衛生器具

クを貼り付けることになっています．ですから，戸建住宅などの水道直結給水で使う水栓には認証マークの付いた製品が使われているはずです．ただし，マンションなど受水槽から給水している建物は水道法による給水装置の範囲外であるのでその必要はありません．

シングルレバー水栓

洗面器や台所流しの水栓の主流となっているのが**シングルレバー水栓**です．一つのレバーを上下左右に操作して吐水の開閉・水量調整ができるので使い勝手が良く，特に握力の弱い幼児やお年寄りには使いやすく，手に物をもっていても操作ができるという利点があります．

シングル混合水栓の開閉操作方法は，下げ止水方式（JIS 2061 2013）とするよう規定されています．シングルレバー水栓はレバーを押し下げて閉止するため，急閉止し

やすく，給水圧力が大きいと**ウォータハンマ**が発生することがあるため，水栓を閉めるときのレバー操作はできるだけゆっくりと静かにする必要があります．ウォータハンマ防止機構付きのシングルレバー水栓も市販されています．

自動水栓

水栓の近くに設置した**光電センサ**で手を感知すると吐水し，手を引っ込めると自動的に閉止する水栓で，不特定多数の人が使うトイレの手洗器に多く使われるようになっています．給水管に取り付けた電磁弁を操作するための電源（100Vコンセント）が必要ですが，電池を使うものや発電装置付きのものもあります．

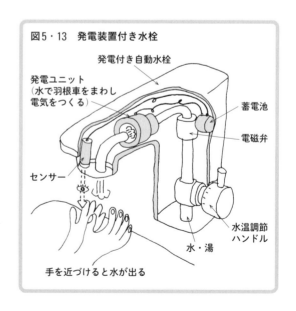

センサの前に障害物があると水が出っぱなしになりますが，設定された時間をすぎると自動的に止水するようになっています．普通の水栓に比べて年間の使用水量が33%節水できたという調査結果もあり，節水を目的とした代表的な装置として多用されるようになっています．

自閉水栓

自閉水栓とは，一定時間吐水すると自動的に水が止まる水栓で，不特定多数の人が使用する浴場などの洗い場用水栓として多く使われています．水を止めるにはフラッシュ弁と同じく副室に水をためて弁を閉じる方法が使われています．水を流し続けることができないため節水効果が期待できます．

ツーハンドル混合栓

混合栓の最も簡単なタイプは，給水と給湯の二つのハンドルがある<u>2（ツー）ハンドル混合水栓</u>です．二つのハンドルの開き具合いを手加減することで水と湯の量を調節して適温の湯を出すため，適温の湯になるまで水や湯がむだになりやすく，節水という点から好ましくない器具といえます．

また，湯の温度が高い場合，湯を先に出すと熱湯が出て火傷をする危険もあり，必ず水を先に出すという使用上の注意が必要であり，子供やお年寄りが使う場合，安全面に不安があります．

図5・14　湯水混合栓

銭湯のカラン

最近はめっきり数が少なくなった銭湯(公衆浴場)ですが，洗い場の水栓を"カラン"と呼んでいるのを知っていますか．カランはオランダ語のKRAAN（鶴）の発音が難しかったので，KとRの間に母音のアを入れてカランというようになったのです．

銭湯は屋根上などの低いところに貯水槽を置いて給水しているため，水圧が低いので口径が大きいスプリングリターン式の独特の自閉水栓を使っています．

5-1　身近にある衛生器具

サーモスタット付き水栓

　自動的に湯の温度調節ができるサーモスタットを組み込んで，設定した温度の湯を吐水する水栓が**サーモスタット付き水栓**です．温度調整用のハンドルと吐水用のハンドルが別個にあるものと，温度調整と水栓の開閉・水量調整を一つのレバーで行うシングルレバータイプのものがあります．

　なお，一般には給湯機での圧力損失があるため，給水よりも給湯のほうが水圧が低いことが多く，混合水栓では湯が押し戻されて適温に混合しにくいこともあります．これを防ぐために，水と湯が逆流しないように水栓の内部に逆止め弁を組み込んだものもあります．また，水道直結給水管に使う混合栓は，給水管に給湯が逆流しないように給水側に逆流防止装置が付けられています．

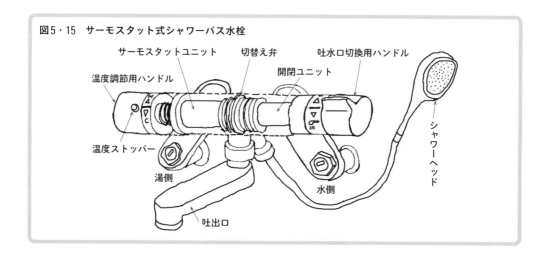
図5・15　サーモスタット式シャワーバス水栓

その他の水栓

　散水，洗車，清掃などに水を使う場合，その場所が水栓から離れていたり，広い範囲だったりして，水を使う場所まで水栓にホースを付けて引いてくる必要があります．このような用途向きの水栓に**万能ホーム水栓**，**散水栓**，**カップリング水栓**があります．これらには，人が自由に出入りできる場所に取り付ける水栓として，ハンドルをなくして（水栓

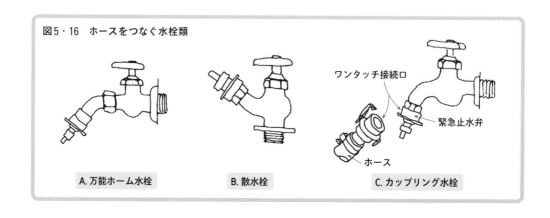
図5・16　ホースをつなぐ水栓類

が勝手に使われないようにするため）専用キーで開閉するキー式もあります．

ホースをつないで使う水栓や，地面の埋込みボックス内に設置する散水栓は，給水管に水が逆流するのを防ぐバキュームブレーカを組み込んだ**バキュームブレーカ付き水栓**を使用する必要があります．しかし，実際にはあまり使われていないため，衛生上非常に危険な使い方であることを理解してもらいたいものです．

図5・17　バキュームブレーカ付き水栓

人と環境に優しい衛生器具

長寿命化と少子化によって人口構成に占める高齢者の割合が高くなっています．高齢化社会を迎えて日々の生活に密着している衛生器具は"**便利で使いやすい**"ことから一歩進んで，"**人に優しい**"という要求に応える必要性が出てきました．一般の使用者はもとより，からだに目立った障害がなくても身体機能に衰えが生じている高齢者が，より負担が少なく，快適に使用できるものが人に優しい衛生器具といえます．

また，少ない水量でも正常に機能を発揮する節水器具によって水資源の枯渇防止に貢献し，さらに汚れが付きにくい材質やデザインとして洗剤や清掃用水の使用量を減らすことで環境に対する負荷を軽減することも課題となっているのです．

温水洗浄便器やリモコン操作便器，昇降便座，自動水栓やシングルレバー水栓，金属の硬く冷たい手触りをなくした樹脂被覆仕上げの手すり，抗菌処理を施した衛生器具などがこれに相当するのではないでしょうか．

温水洗浄便器

人に優しい衛生器具の代表的なものに**温水洗浄便器**があります．1980年の発売当初のテレビコマーシャルで"お尻だって洗って欲しい！"というキャッチコピーで注目を集めましたが，"**拭く**"のが当然という固定観念を取り払い，"**洗う**"に変換させた着想がすばらしいと思います．この洗浄便器は，アメリカで開発され，医療施設用として1960年代に輸入されていたものを日本人に合うように改良し，住宅用として商品化したものです．洗浄その他の機能を備えた便座だけを通常の便器と組み合わせる簡易方式のものもあります．洗浄機能部分を便器と一体化してすっきりとしたデザインにしたもの，脱臭・乾燥・暖房機能を付加したもの，省エネのためスケジュールタイマーや，使用頻度，室温で制御するものなど多くの種類があります．

温水洗浄便座の普及率は，2018年（平成30年）には80.2％となり，トイレの水洗化を終えた一般家庭にはほぼ普及しています．温水洗浄便座は，一般家庭に限らずオフィスビルや商業施設，ホテル，鉄道，駅舎，2010年代には旅客機といったパブリック用途にも採用されるようになり，現在では日本人にとって必需品といわれるまで生活に密着した衛生機器となっています．

5-1　身近にある衛生器具

高齢者に適した衛生器具

　高齢者の在宅時間は青年や壮年期の人と比べると長いといわれています．また，多くの日本人が「自宅のトイレと浴室に満足していない」というアンケート結果があり，住宅のトイレと浴室を快適な場とすれば，高齢者の毎日はずいぶんと明るく，心豊かなものになるのではないでしょうか．

　高齢者に適した器具のコンセプトは，使用中だけでなく使用前後にもできるだけ楽な姿勢・操作で器具が使えること，小さな力と簡単な操作で確実に作動することにあります．

　通常の器具にさまざまな工夫を加え，付属品などを組み合わせた，高齢者に適した衛生器具のいくつかを紹介します．温水洗浄便器ではリモコンで操作するようにしたもの，洗面器や多目的シンク付きの洗面化粧台では，使いやすいように**ボウル（水鉢）**を大きくしたものや，使う人に合わせて高さを変えることができるものなどがあります．水栓やシャワー金具では指で握る・ひねるという動作が不要なシングルレバー水栓やシャワー金具を操作しなくても手にもったシャワーヘッドのボタンを押すだけでシャワーの吐水・止水ができる**クリックシャワー**があります．

　さらに，洗い場での腰の上げ下ろし動作を楽にするためのシャワーハンガと握り金具を一体化した**シャワーグリップ**，高齢者にとっては負担になる腰の上げ下ろしや立ち上がる動作を補助する手すり，用便中の姿勢を補助する便器用背もたれ，昇降便座，深く腰を下ろさずにすみ，柔らかくて座り心地が良く厚みが大きい補高便座，紙巻器と手すり・棚と一体化した紙巻器付き手すりなど，各種の補助アイテムを組み合わせて器具の機能性・快適性に加えて安全性を確保することも大切になります．また，トイレや浴室周辺だけでなく，廊下，出入口周辺に手すりを設置する，床の段差をなくす，小さな力で開閉するような扉の構造やノブの形状にするなど，衛生器具と周辺の補助アイテムを組み合わせたものを幅広く"**高齢者に適した衛生器具**"と呼ぶことにしましょう．

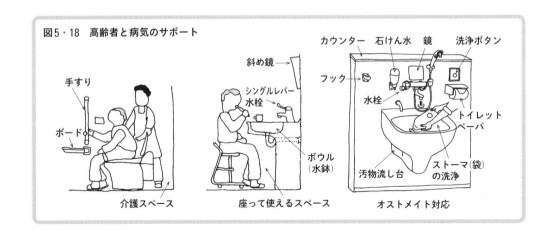

図5・18　高齢者と病気のサポート

身障者に適した衛生器具

　身障者に適した衛生器具と付属アイテムは，前述の高齢者に適したものに**介助機能**を付加したものと考えればよいでしょう．具体的には，洗面器や洗面化粧台などは，器具の厚

みを薄くし，接続配管を奥に収めることで器具の下の空間を大きくとり，車いすが器具に十分に接近できて，ひざが入るスペースを確保します．さらに，ボウル（水鉢）の幅を広くして水栓や排水金具はレバー式とすれば，水の飛散が少なく操作が楽になります．

便器には，器具そのものに特別な機能付加はなくても，器具まわりの手すりとスペースを考慮することが重要です．また，使用者だけでなく介助する人の作業スペースを確保することも必要です．身障者に適した衛生器具が十分に機能を発揮するためには，器具まわりに必要なスペースを確保することが最も重要なポイントになります．

オストメイトとは，消化管や尿管が損なわれたため，腹部などに排泄のための開口部（ストーマ（人工肛門・人工膀胱））を造設した人で，人工肛門保有者・人工膀胱保有者ともいわれています．オストメイトの人が外出したとき，ストーマ装具（袋）にたまった排泄物を汚物流しへ排泄し，ストーマ周囲の皮膚を石けんと温水で洗浄できるような機能をもったオストメイト対応汚物流しが，身障者用の便所に設置されています．

節水・節湯器具

5-2

生活水準が向上するとともに，資源やエネルギーの消費量が増加し続けています．水も限りのある大切な資源の一つで，むだを省き大切に使う必要があります．

衛生器具もできるだけ少ない水で正常な機能が発揮できるように改良が進められてきました．このような器具を**節水器具**と呼んでいます．

節水便器

世界的に便器洗浄水量は節水化に向かっており，大小便を分けて洗浄する方法が多くとられ，洗浄水量も4〜6Lとしている国が多くなってきています．日本でもJIS規格で節水便器を**Ⅰ型**（8.5L以下），**Ⅱ型**（6.5L以下），8.5Lを超えるものを**一般型**と規定しています．

最近は，洗浄水量を大（4L）・小便（3L）と変えられる節水便器が使われています．節水便器を採用する場合は，排水配管長，勾配や配管サイズ，曲がりの数などの制約があることに留意する必要があります．特に既存改修では，配管の劣化，配管長によっては，節水便器が採用できない場合があります．

節湯水栓

住宅・建築物の省エネ基準では，節湯，節水水栓で湯水を削減して住宅におけるエネルギー消費量の多く占める給湯エネルギー削減のため，節湯水栓を定義しています．

手元止水操作があるものを**節湯A**，最適流量であるものを**節湯B**とし，台所水栓やシャワーに両方の基準を満足するものを**節湯AB**として指定されています．また，シング

ルレバー水栓は，レバーを中央の位置にしておくと常に水と湯が混合された状態になるため，レバーの中央位置では水だけ出て，湯側の左にレバーを回さないと湯が出ない節湯機構（水優先吐水機構と節湯C）をもったシングルレバー水栓も使われています．

台所水栓節湯ABは，最適流量が5 L/分以下で手元に止水操作ができるもの，浴室水栓節湯ABは，最適流量が8.5 L/分以下で手元でクリック止水操作ができるもので，節水とともにお湯の加熱エネルギーの削減に役に立ちます．

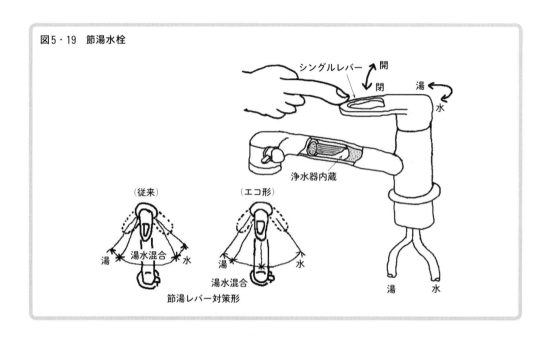

図5・19 節湯水栓

自動式湯水混合栓はお湯を浪費する

自動式湯水混合栓は，希望する温度に設定すると水とお湯が自動的に混合されて出てくる便利な水栓ですが，知らないうちに無駄な加熱エネルギーを使ってしまう器具でもあるのです．たとえば，シングルレバー混合栓はレバーを右に回すと水が，左に回すとお湯が多く出るようになっていて，レバーを中央にすると40℃内外のお湯が出るようになっていますが，レバーを中央にした状態のままで使っていると，手を洗うときだけのようにお湯を混ぜなくてもよいような場合にもお湯と水が混合して出てくるため，知らないうちにお湯を使うことになるのです．サーモスタット式の混合栓も同じことです．

ある集合住宅で，各戸のガス瞬間給湯機が着火する回数（出湯回数）を調査したところ，1日当たり平均55回で，そのうちの40％が10秒以内でガスが消えたと報告されています．つまり，給湯機を出たお湯が水栓から出てくるまでには時間がかかるので，着火した回数のうちの40％（22回）は実際にお湯を使っていないのに，ガスを無駄に使っていたことになるのです．

このように自動式湯水混合栓は，温度を設定したままで使用すると無駄なエネルギーを使うことになりますので，常時シングルレバー水栓のレバーを右側にしておくなど，水だけしか流れない状態に設定しておき，お湯が欲しいときだけ希望温度に設定するか，お湯を使うときだけガス瞬間給湯機の電源を入れることによって，省エネルギーを達成できるのです．

最近では，左にレバーを回さないと湯が出ない節湯機能をもったシングルレバー水栓があります．

節水こま

水栓での節水は給水設備の項で記したように，水栓での水圧を適正に保つことが基本ですが，節水こまを水栓に装着することによってかなりの節水効果が得られます．

節水こまとは，普通に水栓を使うときハンドルを 90～180 度回すことが多いので，この範囲で必要以上に水が流れないような形状にしたこまのことです．一般にはハンドルの回転が 90～180 度の範囲では，普通のこまの 50％程度の流量しか流れないようになっています．節水こまはホームセンターなどで購入できますが，水道局で無償配布している地域もあります．現在使っている水栓にも容易に取り付けられるので試してみてはいかがでしょうか．

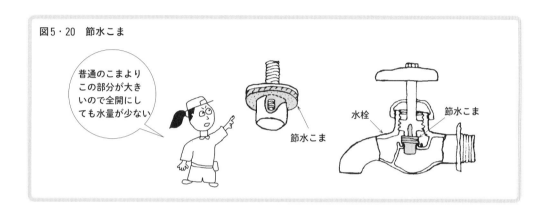

図 5・20　節水こま

擬音装置

自宅のトイレならまだしも，オフィスなど他人のいるトイレでの使用中の音に女性は神経を使うようです．このため，1 回のトイレ使用で女性は平均 2.0 回水を流すといわれています．洗浄目的以外に 1.0 回余計に水を流していることになります．住宅では使用されませんが，オフィスやデパートなどの女性用トイレに洗浄目的以外の水を流さないようにするため，流水音を出す装置があります．これを**擬音装置**といい，かなりの節水効果があります．

第6章

給排水設備の配管

給排水衛生設備で使う配管材料

6-1

配管の歴史は古く，紀元前2750年頃，エジプトの神殿で給水の配管に使われた銅管がベルリン博物館に所蔵されています．また古代ローマの水道では水圧がかかるところに鉛管を使っており，今でも79年にヴェスビオス火山の噴火で埋まったポンペイで道路に埋められている鉛管を見ることができます．日本では，660年に中大兄皇子がつくったといわれている水時計（漏刻）に内径9mmの銅管が使われています．また7世紀中頃（奈良時代）に建てられた飛鳥の川原寺では，排水管に直径500mmの土管が使われています．

1590年に完成した日本ではじめての飲用水道である小石川上水（のちの神田上水）では，幹線の配水管に石管（石樋）や土管，木管（木樋）を使い，大名屋敷や共同井戸に木管や竹管で給水されていました．このように水道管（給水管）の主役は長い間，石管や土管，木管などでしたが，明治時代になって，1887年（明治20年）に横浜に開通した日本最初の近代水道ではじめて鋼管が使われ，その後，鋳鉄管やリベット打鋼管なども使われましたが，1955年（昭和30年）頃から継目無鋼管，鍛接鋼管，電縫鋼管が主に使われるようになりました．

しかし，近年ではさびの発生など耐食性の問題から，給水・給湯用配管は鋼管からステンレス鋼管，銅管，樹脂

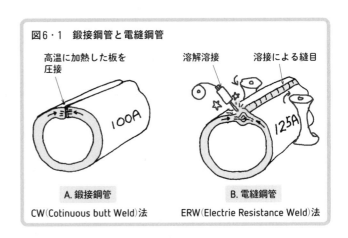

図6・1　鍛接鋼管と電縫鋼管

A. 鍛接鋼管　CW（Cotinuous butt Weld）法
B. 電縫鋼管　ERW（Electric Resistance Weld）法

配管の呼び径

配管の口径は25Aや1Bと表現しますが，前者をA呼称，後者をB呼称といい，数字は配管の内径を示してA呼称はミリメートル〔mm〕で，B呼称はインチ〔inch〕で表しています．ちなみに1inchはメートル単位に換算すると25.4mmですので，1Bとも25Aともいうのです．配管は，明治時代にイギリスからヤード・ポンド法の工業技術が導入された歴史的背景があって，かつては管径をインチ単位で表現していましたが，今ではメートル単位（A呼称）に統一されており，inchをmに換算すると小数点以下の端数が出ますが，切り捨てて表示します．参考のため，身近に使われている配管のA呼称とB呼称を記すと，20A＝3/4B，25A＝1B，32A＝1¼B，40A＝1½B，50A＝2Bのようになります．

管，塩化ビニル管を内面に張りつけた塩ビライニング鋼管，ポリエチレンを塗布した鋼管に代わっています．

鋼管

一般に**鉄管**または**ガス管**と呼ばれている配管で，正式には**配管用炭素鋼管**（JIS G 3452）と呼ばれています．配管の内外面を亜鉛めっきした白ガス管とめっきをしていない黒ガス管があり，安くて丈夫なため，かつては給排水設備に広く使われていました．しかし現在では，腐食しやすいことから給水や給湯の配管にはほとんど使われていません．

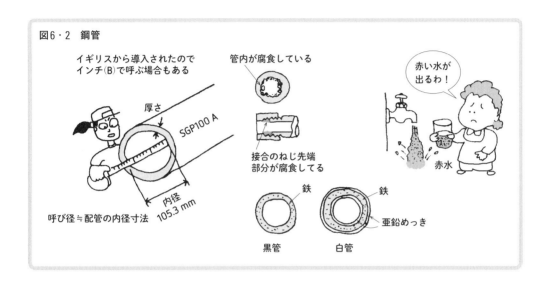

図6・2 鋼管

ステンレス鋼管

ステンレス（stainless）とは，本来 stain（さびの汚れ）が less（少ない）という意味で，腐食しにくい配管材料ですが，腐食しない配管材ではありません．

ステンレス鋼管は，1936年（昭和11年）に建築設備用として市場に出てきましたが，当初は特殊配管に採用される程度でした．その後，1971年（昭和46年）頃から給湯配管に使われるようになりました．建築設備用として開発された肉厚の薄い一般配管用ステンレス鋼管はねじをつくれないため，継手に差し込んで圧着する方法で接合します．当初は，継手への差し込み長さの不足のためにすっぽ抜けて漏水したり，接合部のすきまに発生する"すきま腐食"が発生するなど事故が多発しました．現在では，継手メーカーによって施工法が異なり互換性がないことが指摘されていますが，給湯はもとより給水や消火設備用の配管として使われています．

ステンレス鋼管は丈夫なため肉厚が薄くできることや，あるサイズでは配管内の水やお湯の流れる速度を早くできるので，配管サイズを小さくすることができるため，全体として軽量化することができます．ステンレス鋼の材質には，いくつか種類がありますが，配管用としては **SUS 304** と **SUS 316** といわれる種類があり，一般の配管には **SUS 304** が多く使われています．

6-1　給排水衛生設備で使う配管材料

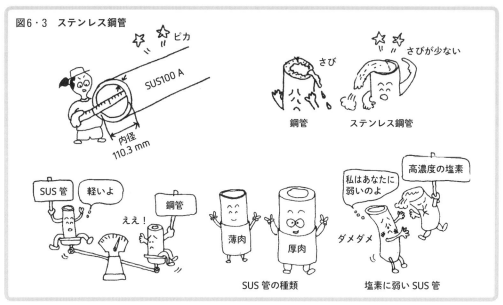

図6・3 ステンレス鋼管

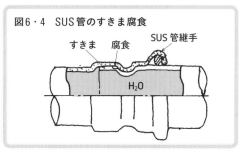

図6・4 SUS管のすきま腐食

銅管

　銅管はイギリスやフランスでは90％以上が給水・給湯用に使われ，排水用にも使われており，アメリカでも1920年代後半から使われはじめて以降，60年以上経過し，ロサンゼルス地震にも耐えた実績などから広範囲に使用されています．

　日本では1938年（昭和13年）竣工の東京日比谷の第一生命館で給水・給湯用に銅管が大量に使用され，1992年（平成4年）の調査では50年以上経過した配管はきわめて健全で，耐食性にもすぐれていることが明らかになっています．しかし，循環式の給湯管に使用する場合には，❶流速を1.5 m/s以下にする，❷配管内の気泡を配管から放出するなどの対策が必要です．銅管は軽量で加工しやすく，軟質のものは簡単に曲げられるので，住戸内配管に多く使われ，肉厚により3種類（Kタイプ，Lタイプ，Mタイプ）あり，一般には**Mタイプ**が多く使われています．

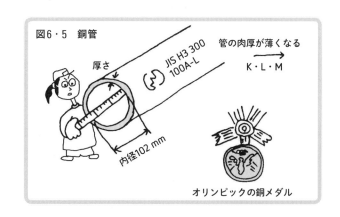

図6・5 銅管

鋳鉄管

鋳鉄管は，主に給水管の口径の大きい圧力のある配管や排水管に多く使用されています．鋼管に比べて腐食に対して強いのですが，丈夫さでは劣るので，給水などの圧力を必要とする場合には，強度のある**ダクタイル鋳鉄製**と呼ばれるものを使い，排水管などには**ねずみ鋳鉄製**と呼ばれるものを使用しています．

以前は，継手の受け口に麻ひも（ヤアン）を打ち込んで，溶かした鉛を流し込んで接合していましたが，現在では，ボルトナットで締め付けるメカニカルジョイントが使われています．

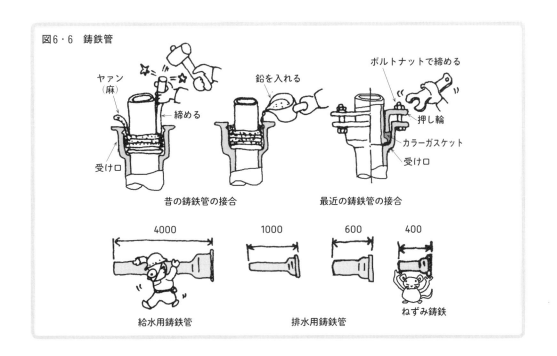

図6・6 鋳鉄管

プラスチック管

プラスチック管は合成樹脂管の総称で，現在では多くの種類があります．一般的に軽量で取り扱いやすく腐食に強い反面，衝撃に弱く，伸び縮みが大きいので温度変化に対して注意する必要があります．合成樹脂管の代表的な管材として，塩化ビニル管（ポリ塩化ビニル管）があります．

塩化ビニル管には，VP管，VU管，HIVP管（耐衝撃性塩化ビニル管），HTVP管（耐熱性塩化ビニル管）の4種類があり，VP管は主として給水管に使われ，VU管は排水用でVP管よりも肉厚が薄く，両者とも灰色をしています．HIVP管の色は濃紺色で外からの衝撃に強い反面，直射日光に当たるとVP管よりも劣化が早く白っぽくなります．HTVP管は給湯用で色は茶色，使用範囲は使用水圧によって異なり0.6 MPa以下なら60℃まで，0.2 MPa以下なら90℃まで使えますが，ガス瞬間給湯機や電気温水器は異常高温になることもあるので使用を避けるべきです．

塩化ビニル管は，TS接合（後述）という接着剤による接合法が使われていますが，施工

6-1 給排水衛生設備で使う配管材料

方法を誤ると接着剤による損傷が起きるので注意が必要です．たとえば，接合部に接着剤が多くはみ出すような施工をすると，竣工後に**ソルベントクラッキング**という接着剤のガスによって塩化ビニル管が割れる現象が起こることがあるのです．

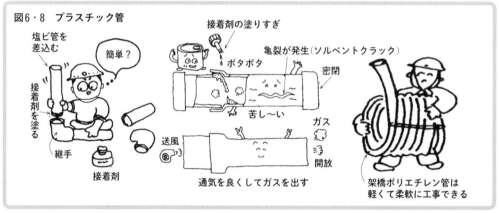

この他にも比較的新しい管材として**架橋ポリエチレン管**や**ポリブテン管**があり，比較的管径の小さな配管で熱に強く，加工しやすいので，特に集合住宅の給水やお湯の配管に使われています．

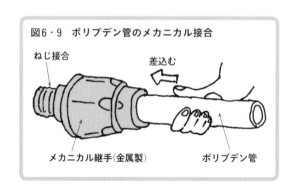

合成樹脂管の弱点は，建物の**防火区画**（火災のときに延焼を防ぐための防火処置された区画）を貫通する場合には，決められた材料でパイプを保護する必要があることで，塩化ビニル管にはあらかじめ必要な耐火処置をしたものがあります．

多層複合管

配管材料の規格には規定されていませんが，いろいろな特徴をもった配管材料が開発され普及してきています．その一つにポリエチレン層＋アルミ層＋ポリエチレン層の三層で構成された**三層管**があります．三層管は樹脂管とアルミ管の特徴を備え，高温・高圧領域で使用でき，かつすぐれた耐食性があって，酸素透過がなく従来の樹脂管に比べて施工時間が短く，経済的で環境にやさしいなどの特徴があり，給水・給湯・空調配管など幅広く使用されています．

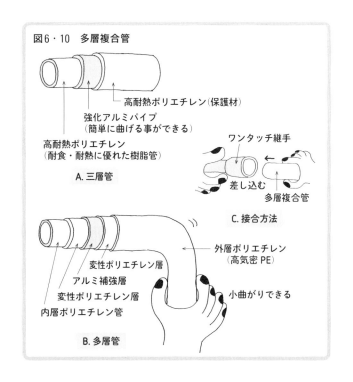

図6・10 多層複合管

ライニング鋼管

ライニング鋼管とは，鋼管の内面に塩ビ管を張り付けたり，ポリエチレンを塗装した管をいい，鋼管の強さと合成樹脂管の腐食に対する強さを兼ね備えた配管です．ライニングに使用する合成樹脂には**塩化ビニル**，**耐熱塩化ビニル**，**ポリエチレン粉体**を利用したものや，薄肉の鋼管に塩化ビニルライニングをして軽くした**排水用塩化ビニルライニング鋼管**があります．また，土中に埋設しても外部からの腐食に耐えるように，外面も同じように**合成樹脂でライニング**したライニング鋼管も使用されています．

一般には，ライニング鋼管は内面あるいは内外面に防錆・防食のために薄いビニル管を

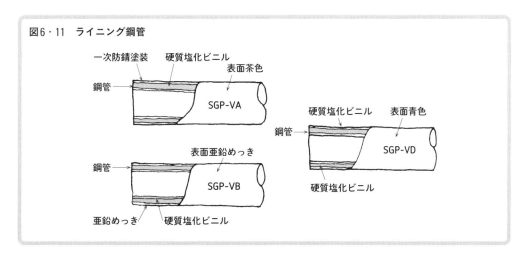

図6・11 ライニング鋼管

装着するか，樹脂系の加工を施した鋼管をいいます．コーティング鋼管は防食目的でライニングより薄い塗膜を施した鋼管で，『公共建築工事標準仕様書』（平成25年版）では，「膜厚0.3 mm以上をライニング」と定義しています．最近は膜厚0.1 mm前後のペインティング鋼管と称する製品も使用されています．

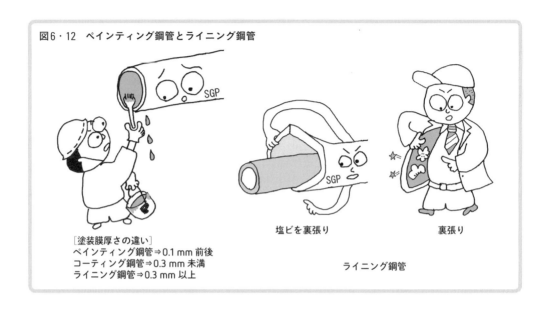

図6・12 ペインティング鋼管とライニング鋼管

ライニング鋼管は，1968年（昭和43年）より当時の日本住宅公団が給水管に使いはじめ，1972年（昭和47年）には日本水道協会規格が制定されて給水管として一般に使われるようになりました．しかし，直管部は防食ライニングされているものの，管の端部は鉄部が露出しており，さらにねじ部は腐食されやすい状態になっているため，当初は**管端防食コア**という樹脂製の保護部品を配管に挿入して接合していました．

しかし，管を接合するときに管端防食コアの挿入を忘れたり，止水が十分でなかったりして接合箇所でさびが発生したため，継手に防食コアを取り付けた**管端防食継手**が1980年（昭和55年）に発売され，現在では**コア内蔵型継手**や**管端防食コア付きバルブ**を使うようになっています．したがって，1970年代に建てられた建物で給水管から赤水が出るのは，ほとんど上記のように管端の処理が不十分な場合なのです．

図6・13 管端コア

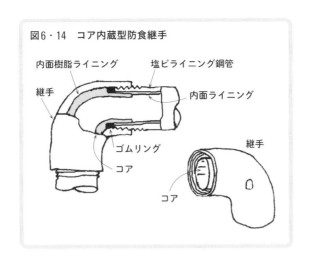

図6・14 コア内蔵型防食継手

配管をつなぐ

6-2

配管をつなぐ（接合する）には，**継手**と呼ばれる配管と同材質のものを使ってつなぐ方法と，配管どうしを直接つなぐ方法があります．配管は同じ材料の配管とつなぐだけでなく，違う材料，たとえば銅管と合成樹脂管や，配管と機器やバルブなどとつなぐ場合もあり，これらのつなぎ方に適した構造の継手を使用します．

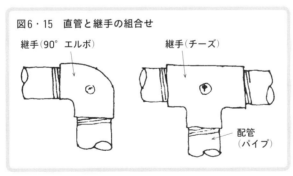

図6・15 直管と継手の組合せ

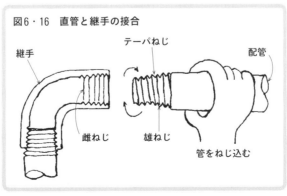

図6・16 直管と継手の接合

ねじ接合

ねじ接合とは，配管につくった**雄ねじ**を継手の**雌ねじ**にねじ込むことにより接合する方法です．接合する配管の端部や継手に**テーパねじ**というこう配のついたねじを切り，水が漏らないよう**シール材**というテープをねじ部に巻いて，ねじ込んで接合します．ねじ接合用の継手には給水用と排水用があり，**排水用継手（ドレネージ継手）**は排水が滑らかに流れるよう継手とパイプの内面に段差ができないような構造になっています．

鋼管は管の端部を削ってつくったねじ部（切削ねじ）の肉厚が薄くなるため，破損や腐食によって孔が空く一因になっています．そこで最近では削らずに圧力をかけてねじをつくる**転造ねじ**という接合法が普及しつつあります．

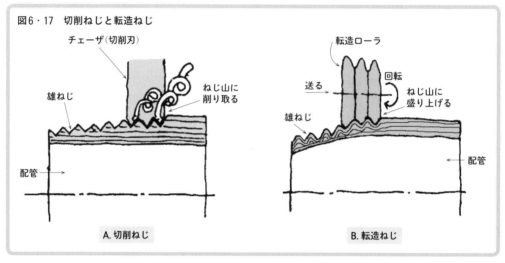

図6・17 切削ねじと転造ねじ

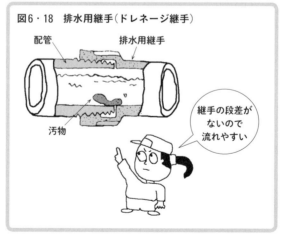

図6・18 排水用継手（ドレネージ継手）

溶接接合

溶接接合とは，高熱で配管どうしを加熱して溶かし接合する方法で，加熱エネルギーに電気を使うので別名**電気溶接**といいます．電気溶接は，配管の溶接する箇所と溶接棒の間にアークと呼ばれる高温の白熱した光，いわゆる**アーク放電**による熱で配管どうしを溶接

接合します．

溶接には，**突合せ溶接**と**差込み溶接**という方法がありますが，突合せ溶接が多く使われています．また，溶接作業時には，アーク放電の光から目を保護する必要があり保護面を使用しています．

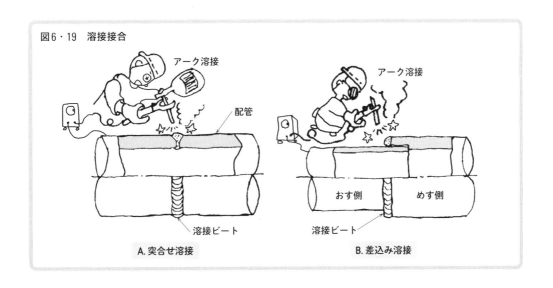

図6・19 溶接接合
A．突合せ溶接
B．差込み溶接

メカニカル接合

メカニカル接合とは，いろいろな部品を組み合わせて機械的に接合する方法で，管の種類や用途によっていろいろな種類の継手があり，継手メーカーの団体（工業会）やメーカー独自の名称のものが多く使われています．

メカニカル接合は比較的容易で短時間の訓練で作業できることから多く使われていますが，パイプの差込み長さが不足したために水漏れを起こしたり，水密性を保つために使われている**ガスケット材**（パッキン材）のゴムの寿命が問題となっています．

給水やお湯の配管に使われている一般配管用ステンレス鋼管は厚さが薄くねじ接合ができないために，いろいろなメカニカル接合が使われています．接合方法を大別すると締付け型，袋ナット締付け型，拡管袋ナット型，ワンタッチ型に分類されます．

締付け型は，パイプをゴムリングが入った継手に差し込み，専用の工具で継手部を締め付けて接合する方法で，締付けによって，ゴムリングが圧縮されて水密性を保つと同時に継手とパイプが部分的に変形し，継手からの脱落を防止する構造になっています．

袋ナット締付け型は，ラバーガスケットなどが入った継手にパイプを差し込み，袋ナットによって締め付ける方法です．ラバーガスケットなどの圧縮により水密性が保たれ，お互いの摩擦力やパイプへの食い込み輪などにより継手からの脱落を防止しています．

拡管袋ナット型は，専用の工具で広げたパイプの端部に取り付けたラバーガスケットを袋ナットで締め付けて圧縮し，水密性を保ち，広げた部分が継手からの抜けを防止しています．

ワンタッチ型は，端部に溝をつけたパイプを継手に差し込むだけで接合し，ガスケットが水密性を保ち，継手に取り付けたリングが溝にくい込んで継手からの脱落を防止しています．

図6・20 メカニカル接合の種類

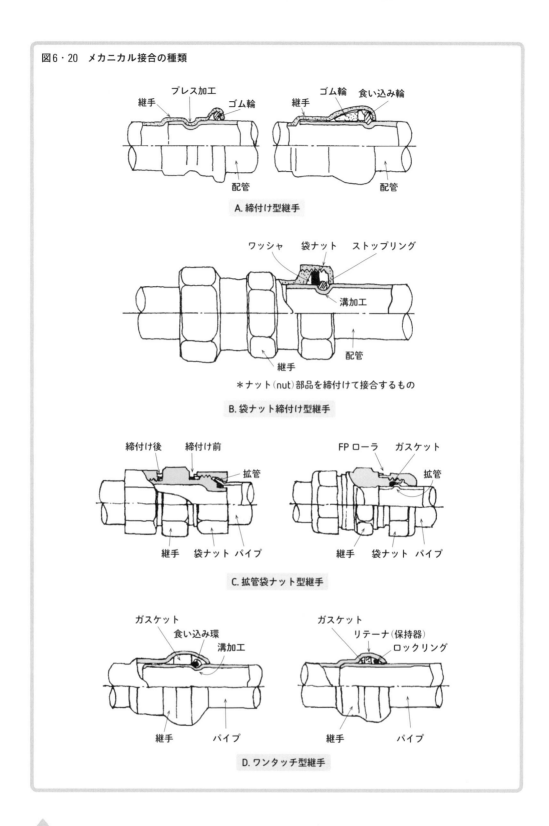

ろう付け接合

　ろう付け接合とは，主に銅管の接合に使われる方法で，はんだ付けと同じような方法です．ろう付けおよびはんだ付けの総称を**ろう付け接合**といい，450℃以上の融点をもつ

ものを**硬ろう**，それ未満のものを**軟ろう**と呼んでおり，硬ろう付けをろう付け，軟ろう付けはその代表であるはんだの名称をとってはんだ付けといいます．銅管の外側の大きさよりやや大きい継手に銅管を差し込み，**トーチランプ**（ガスの炎で熱を出す）などで接合部を加熱して，そのすきまに**毛細管現象**によってろう材を流し込み接合する方法です．

図6・21 ろう付け接合

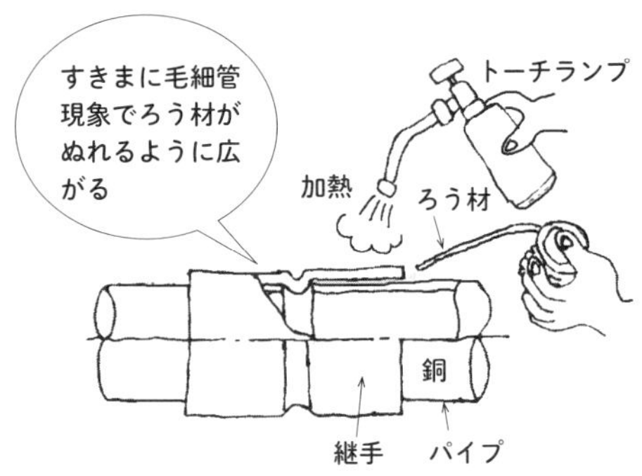

すきまに毛細管現象でろう材がぬれるように広がる

フランジ接合

フランジ接合は，主に管径の大きいパイプに利用されます．パイプの端部にフランジ（輪状の厚板）を取り付け，フランジとフランジをボルトとナットで締め付けて接合する方法で，フランジの間にパッキンを挟んで**水密性**を保ちます．フランジをパイプに取り付けるには，ねじ接合や溶接接合を使います．

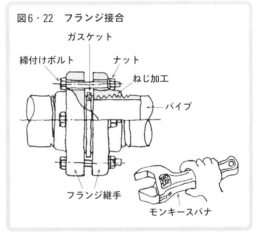

図6・22 フランジ接合

接着接合（融着接合）

接着接合は，プラスチック管の接合に使われるパイプを継手に差し込んで，接合面のパイプの外側と継手の内面を溶かして接着して接合します．塩化ビニル管，耐熱塩化ビニル管の場合は，**接着剤**を使って接合面を溶かし接合します．ポリエチレン管，ポリブテン管は接着剤で溶かせないので，加熱して接合面を溶かして**融着接合**を行います．

加熱する場合の温度管理がきわめて重要で，継手にあらかじめ電熱線を埋め込んだものを使い，電気を流して接合面を溶かす**電気融着法**もあります．

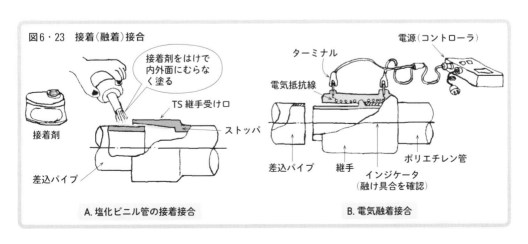

図6・23 接着(融着)接合

A. 塩化ビニル管の接着接合

B. 電気融着接合

配管の伸び縮みの吸収

いろいろな用途の配管では，温度が変化することにより配管は伸び縮みするので，この伸び縮みを吸収するために，**伸縮管継手**と呼ばれるものを使用しています．

伸縮管継手には，吸収する方法によりいろいろな種類があり，配管が二重構造になって

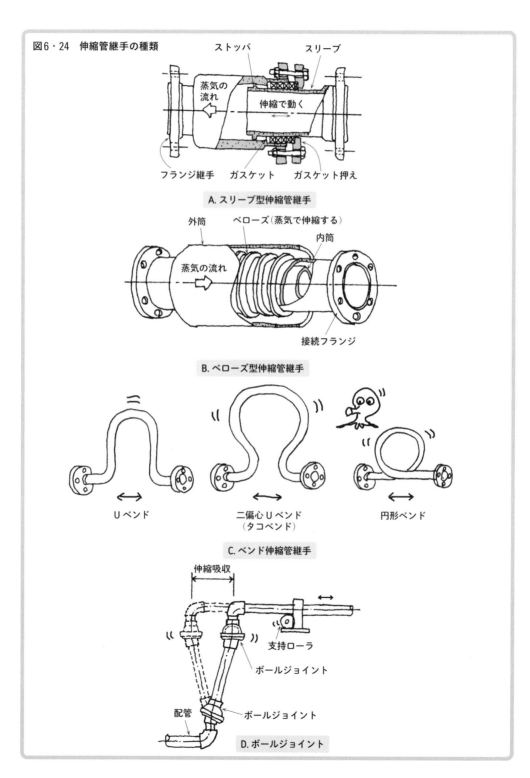

図6・24 伸縮管継手の種類

いて，お互いに滑ることによって伸縮を吸収する**スリーブ型伸縮管継手**や，配管そのものが蛇腹になっていて，伸縮を吸収する**ベローズ型伸縮管継手**，配管そのものをU字形や円形に曲げて伸縮を吸収する**ベンド継手**，および継手部分がボール状のものとそれを覆うものによって曲がるようになっている**ボールジョイント**と呼ばれる継手があります．

伸縮管継手はそれ自身がパイプの伸び縮みを吸収するので，継手を圧縮するのに必要な力や内部の圧力によって生ずる大きな力が働くので，建物のしっかりした構造部分に，伸縮によって生ずる力に負けない固定が必要になります．いい加減な固定をしたために配管が曲がったり，固定していた建物の構造体が破損した事故例もあります．

弁・計器類の働き

6-3

弁の役割

水やお湯の配管の途中に付けて，流したり止めたり，流れる量を調整したりするために，管路を開けたり閉めたりする働きをもったものが**弁**または**バルブ**といわれるものです．住宅では，バルブは水道メータや大便器，洗面器，流し台の下などに必ず付いており，水栓のこまの交換や器具の取替え，修理のときなど水を止めるときに使います．

バルブの構造は，本体の弁箱，上下する弁体を支える弁棒，弁体を受ける弁座および弁体を操作するハンドルで構成されています．弁の用途や構造，作動の仕方，形式などによりいろいろな種類があります．

弁の材質は，最近は腐食による**赤水**を防止するために，青銅製，ステンレス鋼製，合成樹脂コーティング（樹脂の薄い膜を貼り付けてある）が多く使われています．接合は小さな口径（おおよそ50mm以下）ではねじ込み型，大きな口径（おおよそ65mm以上）ではフランジ型が一般的で，ライニング鋼管のねじ接合には，継手と同じような管端の防食を考慮した管端防食形弁を使用します．

弁の種類と構造

仕切弁は最も多く使用されるバルブで，全開か全閉にして使い，**ゲート弁**，**スルース弁**とも呼ばれ，弁本体が中の流体を垂直に仕切るように開閉する構造のものです．

玉形弁は流れる量を調整する場合に使い，**グローブ弁**または**ストップ弁**とも呼ばれ，弁本体が玉形状で弁体が流れをふさぐように閉める構造のもので，流しなどで使用する蛇口（水栓）も玉形弁の一種です．

バタフライ弁は円筒形の弁本体の中心にある円板状の弁体を回転させることで開閉させる構造で，弁体の動きが**蝶の羽**のようなので，このように呼ばれています．仕切弁や玉形弁に比べてスペースをとらないので，大きなサイズの配管に使われています．

ボール弁はパイプのサイズと同じ大きさの通路のあるボール（球）状の弁体を回転させる構造で，パイプの断面と弁体の断面が同じようになったときが開いた状態，90度回転して通路が遮断されたときが閉の状態となります．

逆止め弁は一方向のみに流れ，反対方向への流れを防ぐバルブで**チャッキ弁**とも呼ばれています．弁体が蝶番のように振れる**スイング型**と，弁体が上下する**リフト型**があります．ポンプの出口や温水器の給水管などに挿入して使います．

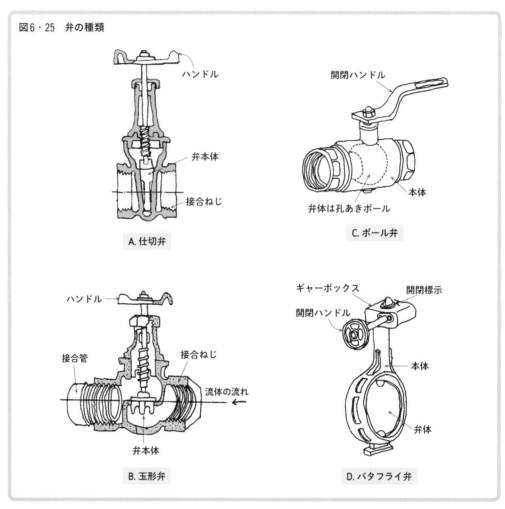

図6・25 弁の種類

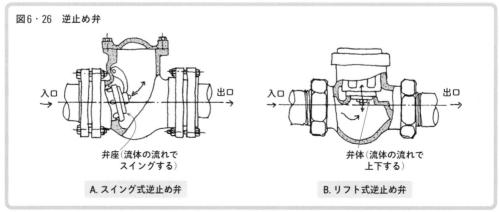

図6・26 逆止め弁

流れる量を調整する制御弁

パイプの中を流れる水や気体などを，使用する目的の温度や量，圧力にするためにいろいろな働きをする弁を総称して**制御弁**といいます．

定水位弁は，水槽の水位を決まった水位に保つための弁で，**ボールタップ**（副弁ともいう）の開閉と連動して，あるいは電極棒で水位を検知して弁体を開閉させて水を止めたり出したりする弁をいいます．

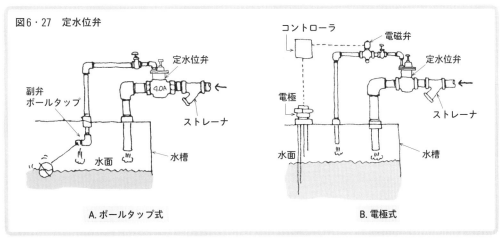

図6・27 定水位弁
A. ボールタップ式
B. 電極式

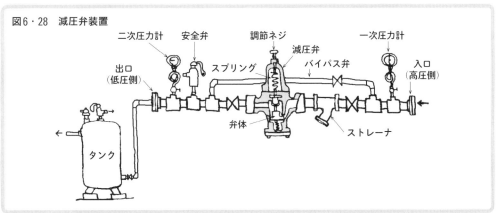

図6・28 減圧弁装置

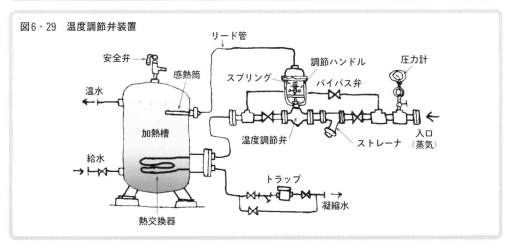

図6・29 温度調節弁装置

6-3 弁・計器類の働き

減圧弁は，流れる水や蒸気の圧力を弁の前と後で変化させるもので，弁の入口側の圧力を弁の出口側で必要な圧力まで下げる働きをする弁をいいます．出口側の圧力による**ダイヤフラム**（空気の入った薄べったい袋）の上向きの力と調節用のばねの下向きの力がバランスするように弁の開け方を調節して，出口側の圧力を一定に保つ構造のものです．

温調弁は**温度調節弁**の略称で，制御する流体の温度の変化により弁体を動かすことで，必要な温度を保とうとするバルブです．貯湯槽や熱交換器などへの蒸気の流れる量を調整する場合に使用します．

計器類の種類と働き

量水器は，ビルの水道管やマンションの各住宅の水道管に取り付けて，使用した水の量を計るための**水道メータ**のことです．水道料金のもとになるもので，見やすい位置に取り付けてあり，住宅では地面に埋まって蓋だけが見えますが，中には量水器があります．なお，量水器は計量法施行令で有効期限は8年と定められています．

温度計は，温水器や貯湯槽内の水温が外から見えるように，目盛りがよく見える位置に取り付けます．丸形や長方形のものがあります．**圧力計**は，大気圧以上の圧力を表示するもので，大気圧以下の圧力を表示するものは**真空計**といっています．一般には丸形が使われています．

連成計は，一般にポンプの吸込み側に取り付けて使用し，圧力計と真空計を組み合わせたもので，大気圧以上や大気圧以下を表示するようになっています．

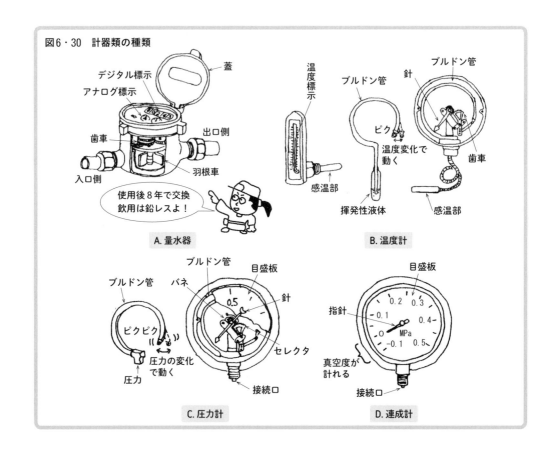

図6・30　計器類の種類

機器配管材料からの鉛浸出対策

　水道法の改正により，平成15年4月1日より水道水中の**鉛浸出基準値**が，0.05 mg/L以下から，**0.01 mg/L以下**に強化されました．

　古くから鉛は，給水管や器具まわりの排水管，バルブの合金材として使われてきましたが，鉛の人体への影響，特に1～5歳の子供のIQの低下を招くことが指摘され，水道水による鉛の寄与率を今までの1/3以下の10％以下に低減するのがねらいになっています．

　鉛管は，水道管（配水管）からメータまでの水道引込管やメータ前後の配管として使われており，各水道局ではステンレス鋼管などの管に取り替えていますが，全国には約850万世帯の給水管が鉛管のままとなっているとの報道もあります．鉛管は1987年（昭和62年）に使用制限されていますので，それ以前に建てた建物は取替えが済んでいるかを水道局に問い合わせてみてはいかがでしょうか．

　鉛合金の主なものは，スズ・亜鉛・鉛の合金である青銅といわれるものと，銅と鉛の合金である黄銅があります．"**鉛レス対策**"への取組みは，**鉛レス銅合金の開発**と**表面改質技術の開発**が主流になっており，製品として使われつつありますが，今後は鉛レス製品の規格化や，浸出性能評価が急がれるところです．

多彩な消火設備

第 7 章

火事と喧嘩は江戸の花

昔の人は恐いものを**地震・雷・火事・おやじ**などといっていましたが，主として木と紙でつくられていた日本の家屋は火事にはまったく無防備でした．なにしろ，265年間（1603～1867）続いた江戸時代に，江戸では100回以上の大火事があり，江戸の中心部は2～3年に一度大火事に見舞われ，現在日本の道路の基点となっている日本橋は10回も焼け落ちたくらいなのです．特に1657年（明暦3年）に起きた**振袖火事**と呼ばれる**明暦の大火**は江戸の町をほとんど焼き尽くしてしまいました．これを機会に幕府がつくったのが旗本の**定火消し**という消防

図7・1 町火消しとまとい

組織で，これが現在の消防署の原点になっています．火事になると屋根の上で纏を振り回す姿で有名なあの**町火消し**が組織されたのは1719年（享保4年）になってからでした．

町火消しは，いろは48組に分かれた総勢512人の消防隊で，手押しポンプの**竜吐水**やはしご，とび口，大のこなどの道具が主な消火用具でしたが，竜吐水といっても庭に水をまく程度の威力しかなく，火災が広がらないように風下の可燃物，つまり家を取り壊す**破壊消防**でした．

火災はなぜ起きる
7-1

火災の起きる三つの条件

火災は物が燃焼することによって起きます．燃焼とは急激で大きな**酸化反応**のことで，酸化反応に伴う反応熱が大きいために発光現象を起こします．さらに瞬間的な燃焼は，強い光や音を伴った衝撃的な圧力を発生する**爆発**となります．そして物が燃焼する，すなわち火災が起こるには下記の三つの条件が必要となります．

❶ 酸化されやすい物体があること．
❷ 酸素（空気）があること．
❸ 酸化反応を起こすのに必要な熱エネルギーがあること．

ごく当たり前のことですが，消火設備はこの三つの条件を取り除くために考えられた設備なのです．

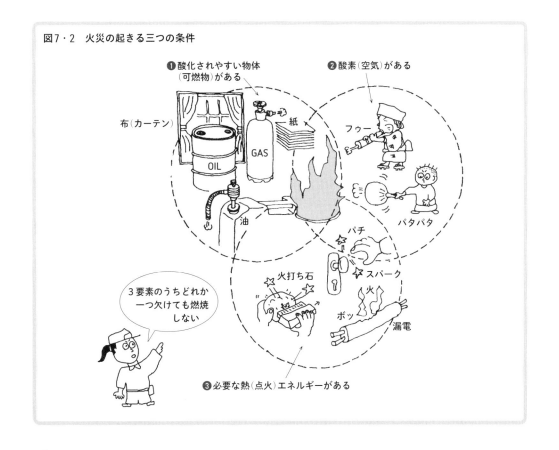

図7・2 火災の起きる三つの条件

火災の種類

いちがいに火災といっても，いろいろな種類があり，次の五つに分類されています．

❶ <u>A 火災</u>：普通火災・一般火災とも呼ばれる木材・紙などの一般可燃物による火災．
❷ <u>B 火災</u>：油火災とも呼ばれ，石油類その他の可燃性液体・油脂類が燃える火災．
❸ <u>C 火災</u>：電気火災と呼ばれる，電気が通じていて感電のおそれがある電気施設などで生じる火災．
❹ <u>D 火災</u>：金属火災とも呼ばれ，マグネシウム，ナトリウム，カリウムなどの金属酸化反応による火災．
❺ <u>ガス火災</u>：都市ガスやプロパンガスの爆発に伴う火災．

火災の進行プロセス

火災の進行プロセスを，段階的に述べることにしましょう．まず出火源があり，それが成長して周辺の可燃物および内装材に燃え移り，垂直方向または天井面では水平方向に伝わり拡大する現象が一時的に見られます．この時期，すなわち火災のごく初期は，可燃物が熱分解・蒸発・酸化反応などを起こしている状態で，温度も低く不完全燃焼が多いのです．この可燃物の熱分解によって出てきた可燃ガスなどが室の上部に蓄積され，燃焼の拡大とともに増大していきます．この蓄積された可燃ガスの量が不完全燃焼の限界に達し，室内にある空気や窓ガラスの破損などによって侵入した空気により燃焼に必要な条件が満

7-1 火災はなぜ起きる

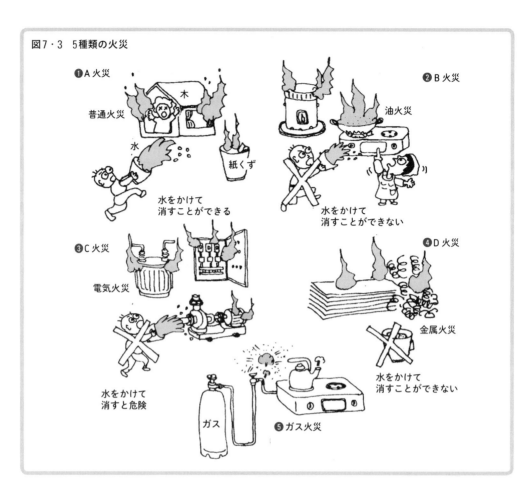

図7・3 5種類の火災

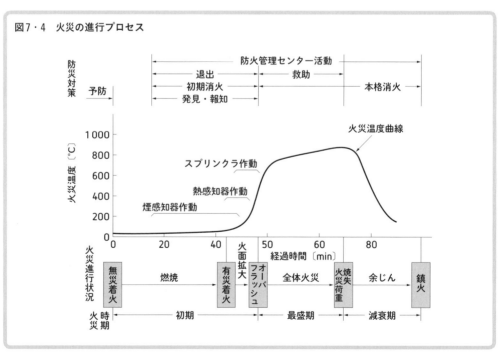

図7・4 火災の進行プロセス

たされると，一瞬にして室全体が炎に包まれる状態になります．この現象を**フラッシュオーバ**と呼び，初期の終わりからこの時期までを**火災の成長期**といいます．

このフラッシュオーバが起きるとその場所では人は生存できません．ですから，出火より成長期までの時間は，避難に必要な時間を考えるうえで重要な意味をもっています．フラッシュオーバが起こってからしばらくの間は，火勢が最も強い**最盛期**に入ります．最盛期には火炎の中での温度は最高となり，熱・煙・有害ガスなどの放出量も最大となります．この最盛期の温度や持続時間を支配するものは，**火災荷重**（単位床面積当たりの可燃物の重量 kg/m²），開口部の面積および高さ，室内の表面積，周壁の熱定数などであるといわれています．最盛期が終わり火の勢いが衰えはじめると**減衰期**に入り，室内の見通しがきくようになって，ついに床上の堆積物が火のように燃え続けて鎮火に向かいます．

火災を消すには

7-2

火を消す方法は，前述の**火災の起きる三つの条件**を排除することに尽きます．❶の酸化されやすい物体があることという条件に対しては，火災が起きる前であれば，可燃物を排除するということになりますが，これはあくまで防火（予防措置）の話になります．いったん火災が起きた後は，可燃物を排除するという作業はなかなか難しいことです．したがって，❷の酸素（空気）があることに対して，酸素（空気）を遮断することが最も有効なのです．この消火方法を**窒息消火**と呼んでいます．また，負触媒作用として，消火剤により可

酸素濃度と人体と燃焼の関係

人間が生命を維持していくのに不可欠な大気中の酸素濃度は21％で，18％以下の空気を**酸素欠乏（酸欠）空気**と呼んでいます．この濃度が19％に低下すると不完全燃焼がはじまり，一酸化炭素(CO)を発生し，15％に低下すると消火するといわれています．酸素濃度がこの程度になると，脈拍や呼吸数が増え大脳機能が低下します．さらに，10％以下になると意識不明になり，約6％以下となると数分間で昏睡死亡するといわれています．

燃物の分子の結合を遮断し，燃焼の継続を不能とする消火方法もあります．
　一方，❸の酸化反応を起こすのに必要な熱エネルギーがあることという条件に対しては，燃焼物の温度を発火点以下に下げればよいわけです．この消火方法を**冷却消火**と呼んでいます．実際の消火方法としては，**窒息消火法**や**冷却消火法**および**窒息・冷却併用消火法**を使い，火災の種類によって最も効果的な**消火剤**が投入されます．
　窒息消火は，消火剤によって燃焼物を覆い，空気を遮断して消火するもの，冷却消火は消火剤が熱せられて蒸発するときに熱を奪う作用（気化熱）を利用して，燃焼物の温度を発火点以下に下げることにより消火を行う方法です．
　一般に，A火災は水による**冷却作用**で，B火災は水噴霧・泡・不活性ガス・ハロゲン化物・粉末による**窒息作用**および**冷却作用**で，C火災は水噴霧・不活性ガス・ハロゲン化物・粉末による**窒息作用**および**冷却作用**により，消火を行います．

消火設備のいろいろ

7-3

　消火設備にはさまざまな種類があり，消防法第17条で，**消防用の設備**と**消防用水**および**消火活動上必要な施設**が規定されています．また，施行令29条の四で，**必要とされる防火安全性能を有する消防用の設備等**が規定されています．このうち消防用の設備には，消火設備・警報設備・避難設備の三つがあり，消火設備については，水その他の消火剤を使用して消火を行う機械器具または設備として下記の設備が定められています（消防法施行令第7条）．

❶　消火器および水バケツ・水槽・乾燥砂・膨張ひる石および膨張真珠岩などの簡易消火用具
❷　屋内消火栓設備
❸　スプリンクラ設備
❹　水噴霧消火設備
❺　泡消火設備
❻　不活性ガス消火設備
❼　ハロゲン化物消火設備
❽　粉末消火設備
❾　屋外消火栓設備
❿　動力消防ポンプ設備

また，「消火活動上必要な施設」には下記の四つの設備があります．

❶　排煙設備
❷　連結散水設備
❸　連結送水管
❹　非常コンセントおよび無線通信補助設備

「必要とされる防火安全性能を有する消防用の設備等」には下記の四つの設備があります．

❶ パッケージ型消火設備
❷ パッケージ型自動消火設備
❸ 共同住宅用スプリンクラ設備
❹ 共同住宅用連結送水管

これらのうち，消火設備・連結散水設備・連結送水管の三つをまとめて，通常，**消火設備**と呼んでいます．消火設備は，**防災の基本精神**である人命の尊重と財産の保護をするための有力な設備であり，数ある防災設備の中で**火を消す唯一の手段**です．この意味からも，各消火設備は地震に耐えるための有効な措置を講じておく必要があります．なお，消防法では**消防設備士**＊という資格が定められていて，消防設備の工事や整備は消防設備士が行うことと規定されていますので，資格のない人が手を下すことはできません．

消火管の新しい配管材料

　消火設備は，「水系消火設備」と「ガス系消火設備」に大別されますが，一般的に消火管としては，「白ガス管(SGP)」が使用されてきました．

　ただし，2006年（平成18年）10月に消火管として「ステンレス鋼管」が使用できるようになってからは，従来使用している「圧力用炭素鋼鋼管(STPG)」と比べ，管径を小さくすることが可能となり，軽くてさびにくいステンレス鋼管が，連結送水管に多用されるようになってきました．スプリンクラ配管では，巻出し配管のヘッド付近で，銅管・樹脂管・ステンレス鋼鋼管が使用されるようになり，特に樹脂管が多く使用されるようになってきています．

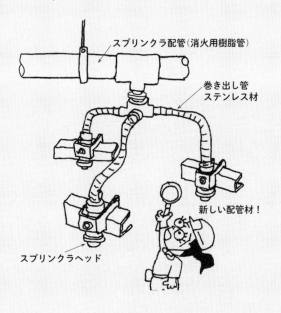

＊消防設備士：甲種消防設備士（特類，第1類から第5類まで）と乙種消防設備士（第1類から第7類まで）の資格があります．甲種は消防設備の工事または整備を，乙種は整備のみに従事することができます．

水を使う消火設備

7-4

消火設備は，**水を使う消火設備**と**ガスを使う消火設備**とに大別できます．なお，水を使う消火設備は，ポンプや消火用水源などの容量が消防法で定められています．ここでは，まず水を使う消火設備について説明しましょう．

屋内消火栓設備

屋内消火栓設備は，消火設備の中で最も親しみやすい消火設備でしょう．平素から人目につきやすく使いやすい廊下の壁面などに，消火栓弁およびこの弁に接続するホースとノ

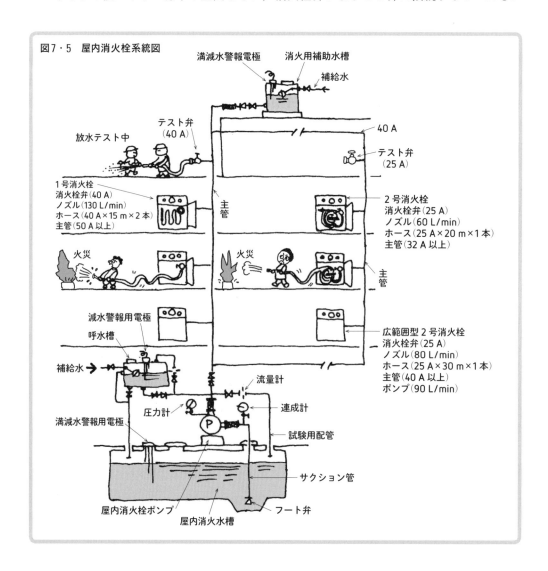

図7・5 屋内消火栓系統図

ズルを内蔵した消火栓箱を設置し，消火ポンプなどの加圧送水装置からの配管に接続したものです．屋内消火栓設備は火災を発見した場合，ノズルがついた消火ホースを消火栓箱より引き出し，ノズルより加圧水を燃焼物の上に放水して，水の冷却作用によって消火を行うものです．つまり火災が起きた直後に使う**初期消火設備**なのです．

屋内消火栓設備には，1号消火栓と2号消火栓の2種類があり，その性能および操作性に違いがあります．

1号消火栓は，消火栓から**半径25 m以内**の範囲の消火を行うもので，火元近くまでホースを延ばしてから消火ポンプの起動ボタンを押して消火栓弁を開けて放水するため，2人で操作する必要があります．しかし1号消火栓は水圧が高く，訓練を受けた人でないと扱うのが難しく，老人や女性が操作することは無理と考えたほうがよいでしょう．最近では1人で操作できる**易操作性1号消火栓**も使われるようになってくるとともに，平成25年の改正により，**広範囲型2号消火栓**という規格が追加されました．広範囲型2号消火栓は半径25 m以内という警戒範囲をもちながら，1人での易操作性と1号消火栓よりも低水量という特徴があり，1号消火栓からの改修にも対応しています．

2号消火栓は，1人でも操作ができるように考えられた消火栓で，**半径15 m以内**の範囲の消火を行います．消防法では，工場・作業所・倉庫・指定可燃物の貯蔵または取扱所の一部は，1号消火栓に限るとなっていますが，上記以外の防火対象物は原則として1号消火栓でも2号消火栓でもよいことになっています．

しかし，屋内消火栓は火災が起こった直後に使う設備ですので，消防署では老人福祉施設や宿泊施設などは操作の容易な2号消火栓を設置することが望ましいとしています．

屋外消火栓設備

屋外消火栓設備は，建築物の1階および2階部分の火災を外部から消火しようとする消火設備です．屋内消火栓設備と同様に放水による冷却作用で火災を抑制し消火する設備で，屋外消火栓ポンプからの配管を接続した屋外消火栓弁を建物周囲の外部の**半径40 m以内**ごとに設置し，その近くに消火ノズル付きのホースを内蔵した消火栓箱を配置します．

屋外だけに操作性も良く，火災の初期から中期にかけての火災および延焼防止に有効な消火設備として使われています．

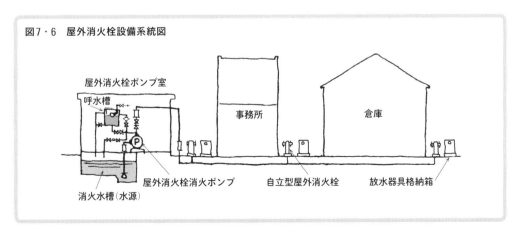

図7・6 屋外消火栓設備系統図

7-4 水を使う消火設備

屋外消火栓設備は水源・加圧送水装置・起動装置・配管・屋外消火栓箱から構成されています．

なお，屋外消火栓弁にはホースやノズルと一緒に屋外消火栓箱に組み込まれたものや，地上に直立する自立型や地下のバルブます内に収納される地下式のものもあります．

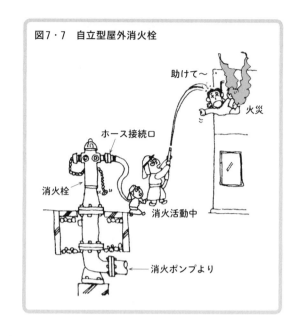

図7・7　自立型屋外消火栓

💧 連結送水管設備

この設備は消防車で駆けつけた消防隊が使う設備です．消防車から水を送り込む**送水口**と建物内に設置した**放水口**とを配管（**連結送水管**）で結んだ装置で，消防車から高圧水を送り込み，消防隊員が放水口にホースを連結し連結送水管で送られてきた水を放水して消火にあたります．連結送水管設備は，**高層建築物**や**無窓建築物**の消火活動を有効に行うためのもので，高層建築物や地下街，アーケードなど，消防車から火災現場までホースを連結し延ばすことが困難な建物に設けます．したがって，放水口は火災のときにも消防隊員が近寄りやすい階段室や非常用エレベータロビーなどに設置します．また11階以上の放水口には，消防隊員が使う消防器具を入れた格納箱を設置し，高さ70 m を超える建物には消防ポンプ車の水圧では消火に必要な水を送ることができないため，建物の中間階に加圧ポンプを設置することになっています．

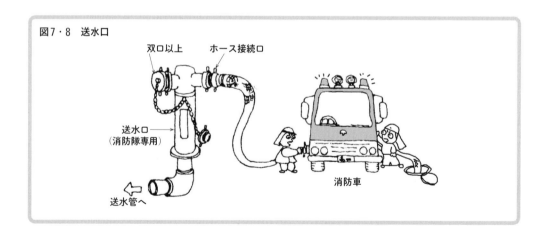

図7・8　送水口

送水口は二つのホース接続口をもった**双口型**で，消防車が近寄りやすい外壁や地上に設置します．過去には**サイアミーズコネクション**とも呼ばれたこともありますが，現在ではこの呼称は使われていません．連結送水管は屋内消火栓設備の消火管や消火栓箱を兼用する場合もあります．

放水口は一般の建物では3階以上の階ごとに，地下街は地階の放水口を中心として半

図7・9 屋内消火栓設備と連結送水管設備系統図

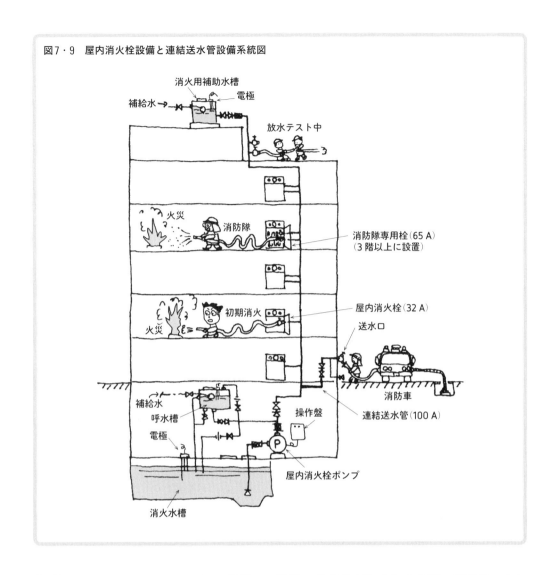

径50 m（アーケードでは半径25 m）の距離で，建物の各部分が包まれる位置の階段室，またはそれから5 m以内の場所に設置します．

💧 スプリンクラ消火設備

　今まで述べてきた消火設備は，人が操作する手動的な消火設備ですが，夜間や休日など建物内に人がいない場合の火災には対処することはできません．これに対して**スプリンクラ消火設備**は，たとえ建物内が無人であっても火災が発生すれば，自動的に放水するので，一般可燃物の火災に対しては最も有効で，信頼性のある消火設備なのです．最近では，共同住宅用のスプリンクラ消火設備が消防法で定められました．

　スプリンクラ消火設備は，水を噴出するスプリンクラヘッドの形状や機能から，**閉鎖型**，**開放型**，**放水型**に大別され，さらに作動方法で，**湿式**，**乾式**，**予作動式**があります．

　閉鎖型スプリンクラヘッドは，放水口が常時閉じていて，火災の熱によって放水口を押さえているヒューズが溶けて放水口が開き放水するヘッドです．一般のビルに設置されているのはほとんど閉鎖型です．開放型は放水口が常時開いているヘッドを使い，劇場など

7-4　水を使う消火設備

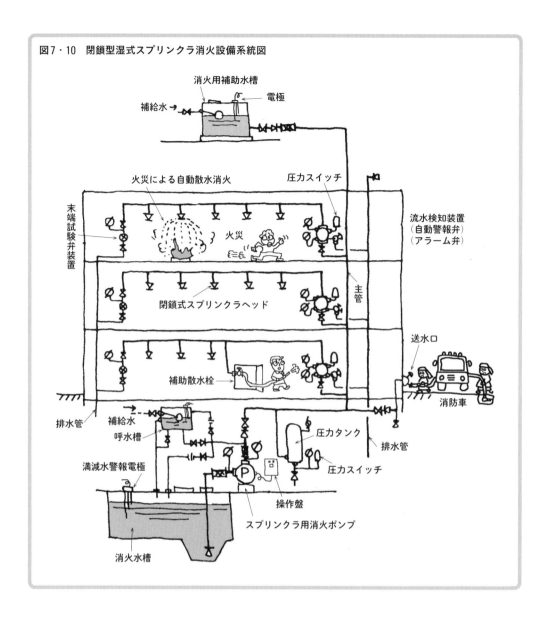

図7・10 閉鎖型湿式スプリンクラ消火設備系統図

の舞台に設置されています．**放水型**は通常のヘッドでは効果的に火災を感知して消火することが困難な，建物内の天井高が10 m（デパートでは6 m）を超える部分，たとえばドーム球場や高層建物の吹抜け（アトリウム）などに設置されています．

(1) 閉鎖型スプリンクラ消火設備：

最も一般的なスプリンクラ消火設備で，スプリンクラヘッドが火災の熱を感知して開放し，天井面から雨のように散水して水の冷却効果により消火する設備です．作動方法として湿式と予作動式が使われています．

湿式は，スプリンクラ消火ポンプ（加圧送水装置）からスプリンクラヘッドまでの配管内は常時満水状態になっていて，火災になりヘッドが開放されて水が流れると，水の流れを検知して警報を発すると同時に，ポンプが作動して放水する仕組みになっています．水の流れを検知して警報を発する流水検知装置として湿式アラーム弁を使用します．

予作動式は，誤作動で放水された場合に多大な損害をこうむるコンピュータ室や，クリーンルームなど特殊な部屋に対して使われます．対象となる部屋（放水区域）の天井に閉

鎖型ヘッドと熱感知器を設置して、その系統の配管には熱感知器からの信号で開く**予作動弁**という開閉弁を設置してあります。そして、ポンプから予作動弁までは湿式と同じように水が満水状態になっていて、予作動弁とヘッド間の配管には圧縮空気が充てんされています。熱感知器が火災を感知すると予作動弁が開き水はヘッドまでいきわたりますが、実際に火災でなければヘッドは開放していないため放水されません。つまり、熱感知器と閉鎖型ヘッドの二つによって火災の有無を判断することにより、**水損事故**を防ぐ仕組みになっています。

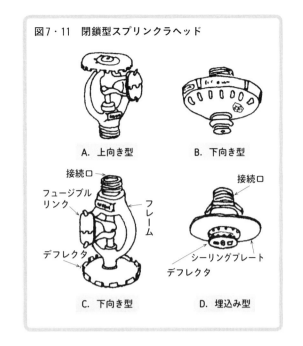

図7・11 閉鎖型スプリンクラヘッド

A. 上向き型　B. 下向き型
C. 下向き型　D. 埋込み型

なお、天井面に取り付けるスプリンクラヘッド（標準ヘッドという）は、消火対象部分すべてに散水されるように、建物の用途やヘッドの種類によって設置間隔が消防法で定められています。ただし、便所・階段・浴室・手術室・レントゲン室などは、**補助散水栓**を設置することによってスプリンクラヘッドの設置が免除されます。なお、補助散水栓はスプリンクラ消火配管から分岐して2号消火栓を設置するものです。

(2) 開放型スプリンクラ消火設備：

この消火設備は、火災が発生すれば急激に燃え広がると予想される舞台部などに設備されています。消火対象区域（放水区域）の天井面に開放型スプリンクラヘッドを設置し、各

散水障害物

スプリンクラヘッドの下方にあって、ヘッドからの散水を妨げる、幅または奥行きが1.2 m以上のダクトや棚を指します。

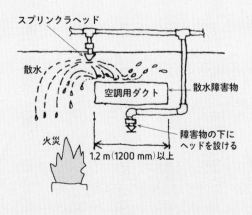

7-4 水を使う消火設備

放水区域ごとの送水管には**一斉開放弁**を設置して，ポンプから一斉開放弁まで常時満水状態にしてあります．火災が発生したときには一斉開放弁を開放して，その区域のすべてのスプリンクラヘッドから一斉に放水して消火する設備です．

(3) 乾式スプリンクラ消火設備：

この設備は，冬期にスプリンクラ配管内の水が凍結するおそれのある寒冷地などで採用される設備です．各放水区域ごとの送水管に**乾式弁**が設置されています．スプリンクラポンプから乾式弁までは湿式と同じく常時ポンプの圧力で加圧して水を張り，乾式弁以降スプリンクラヘッドまでは圧縮空気（または窒素ガス）が充てんされています．スプリンクラヘッドが熱を感知し開放されると，配管内の空気圧が低くなり乾式弁が自動的に開いて，開放したスプリンクラヘッドから散水する設備です．

(4) 特定施設水道直結型スプリンクラ設備：

老人短期入所施設・重症心身障害児施設等の施設では，規模が小さい建物でもスプリンクラ設備が必要となっています．水道直結型スプリンクラ設備には，七つの類型があり，小規模な建物において給水配管と主設備を共用することで，低コストに設置できる設備となっています．

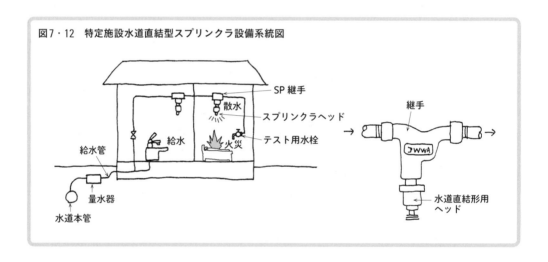

図7・12 特定施設水道直結型スプリンクラ設備系統図

連結散水設備

この設備は，**消火活動上必要な設備**として消防隊が使用するものです．地下街や地下階を対象とした消火設備で，地下街や地下階は火災が発生すると煙が充満して，消火活動が困難になるため，地上に設置した送水口から消防ポンプ車で水を送り散水ヘッドから散水して消火を行うものです．

連結散水設備は，送水口，連結散水管，散水ヘッド，一斉開放弁，選択弁から構成されています．

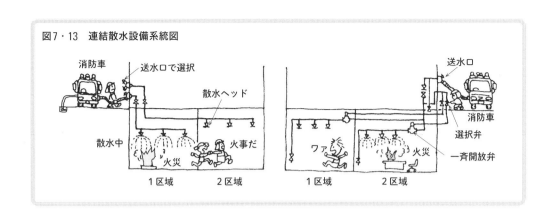

図7・13 連結散水設備系統図

水噴霧消火設備

　水噴霧消火設備は，特殊な水噴霧ヘッドを使って微細な水滴を噴霧して消火します．火に噴霧された水滴は瞬時に蒸発して気化熱を奪い，冷却するとともに水蒸気の膜で火を覆って窒息消火する設備です．また，油火災に対しては水粒が油面から強い圧力によって飛び込み，油がかくはんされて水中に散乱し，不燃性の層（乳化層）となって油面を覆う**エマルジョン効果**で窒息消火を行います．

　水噴霧消火設備は，危険物施設や駐車場などの火災に適していますが，放水される多量の水の排水設備が必要となるため，駐車場に設置される例はほとんどありません．

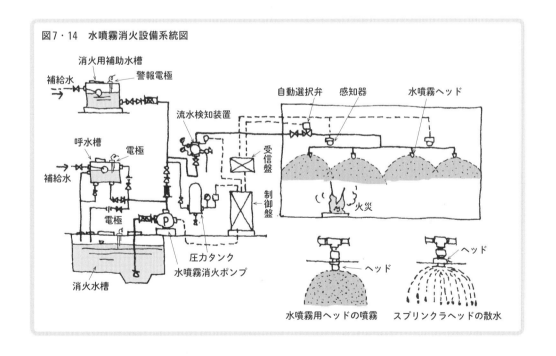

図7・14 水噴霧消火設備系統図

泡消火設備

　この消火設備は，水と泡消火剤を一定の割合で混合し，特殊なヘッドから空気を混合して泡を放射して火災を覆って窒息消火を行う設備です．水では消火が困難な駐車場や飛

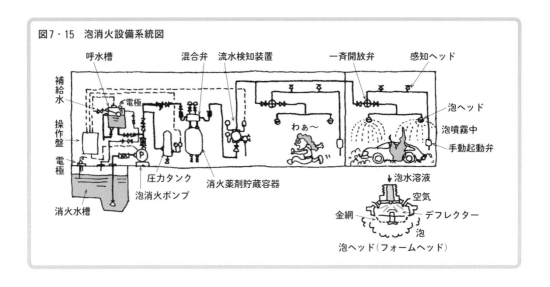

図7・15 泡消火設備系統図

行機などの格納庫，危険物を扱う施設などの消火に使われています．泡消火設備には**固定式**と**移動式**があり，固定式は配管部に取り付けた泡ヘッドまたは泡放出口により防火対象物の消火を行います．一方，移動式は泡ノズルをホースに結合して，放射消火を行うものです．

ガスを使う消火設備

7-5

ガスを使う消火設備には，**不活性ガス消火設備**と**ハロゲン化物消火設備**および**粉末消火設備**があります．水を使う消火設備の消火効力に比べて，ガスを使う消火設備は比較的短時間で高い効果があり，水を被ることによる被害の心配もないので，水を使う設備では消火が困難な**ボイラ室**，**電気室**，**通信機室**，**駐車場**などの消火設備として設置されています．いずれの場合も，放出する消火剤の量や放出時間，放出区画の構造，消火剤による内部圧力上昇防止方法（避圧開口），放出後の燃焼ガスの排気方法など，建築の構造や換気設備について，消防法に詳細に規定されています．

不活性ガス消火設備とは，不燃性の気体（消火剤）を放出して酸素濃度を希釈して消火する設備の総称です．放出する消火剤には二酸化炭素，窒素，窒素とアルゴンの等量混合物（IG 55），窒素とアルゴンと二酸化炭素の容量比が52：40：8の混合物（IG 541）を使用します．

二酸化炭素消火設備

ボンベに貯蔵した二酸化炭素（炭酸ガス：CO_2）を室内に噴出して，室内の炭酸ガス濃度を30％以上とし，同時に室内空気中の酸素濃度を13％前後に低下させて，窒息消火を行う

消火設備です．また，液体の二酸化炭素が気化するときに熱を奪うので**冷却効果**もあります．窒息消火ですから人体への危険性が高く，過去には誤作動による人身事故が発生したこともあり，避難警報を発して室内に人がいないことを確認してから操作するなど，誤動作防止やガス漏れ防止に細心の注意を払う必要があります．ちなみに，私たちが呼吸している空気には炭酸ガスが0.03%含まれていますが，炭酸ガス濃度が20%を超すと死亡するといわれています．

　二酸化炭素消火設備には，火災室の全体に炭酸ガスを放出する**全域放出方式**と，部分的に放出する**局所放出方式**とがあります．局所放出方式は，ボイラのバーナ部分や開放型の可燃性液体タンクなどの防護に用いられています．

　全域放出方式は，火災感知器により出火を知り，サイレンまたはベルを鳴らして出火室内の人員を全員待避させ，無人を確認してから防火シャッタと給排気ダクトのダンパを閉じ，出火室内からガスが漏れないようにしてから，はじめて開放弁用の押しボタンを押して二酸化炭素を放出するもので，無人の立体駐車場などに使われています．

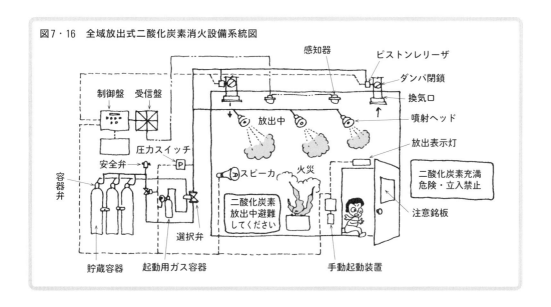

図7・16　全域放出式二酸化炭素消火設備系統図

ハロゲン化物消火設備

　ハロゲン化物消火設備は，アポロ宇宙船内の火災事故により3名の搭乗員が死亡したことから，二酸化炭素消火設備のように窒息消火ではない，燃焼の化学反応を抑制する作用により消火する人への安全性が高い消火設備として開発されました．この消火設備は，二酸化炭素消火設備に比べて，イニシャルコスト（設備費）は高いですが，人体に対する安全性が高く，消火に必要な消火剤の量が少なくてすむという利点があり，二酸化炭素設備にとって代わって長く使用されてきました．しかし，ハロン化合物（ハロン2402，1211，1301）が大気中のオゾン層を破壊する作用（オゾン破壊係数が大きい）があることから，製造，使用中止となり，一部の特別なものを除いてハロンガス消火設備は使われなくなってきています．

　現在では，従来使われてきていたハロン系の消火剤に変わり，オゾン破壊係数が小さい

ハイドロフルオロカーボン（HFC）消火剤の**トリフルオロメタン**（HFC-23）と**ヘプタフルオロプロパン**（HFC-227ea），**ドデカフルオロ-2-メチルペンタン-3-オン**（FK-5-1-12）が使われています．なお，**地球温暖化係数**（GWP）で見ると，ハロン消火剤，HFC消火剤は高く，たとえば，FK-5-1-15消火剤は1です．HFC消火剤も，消火の際発生するフッ化水素の量が多いということから，常時人がいないところにしか使用できません．

不活性ガス消火設備

水や泡で消火することができないすべての防火対象物に二酸化炭素消火設備を使用することは，窒息による人命への危険性があるため，ハロゲン化物代替消火剤として**不活性ガス**（イナートガス）が新たに開発され，使用されるようになりました．消防法で認められている不活性ガス消火設備に用いられる消火剤には，従来より認められている二酸化炭素に加えて，次のような3種類の**イナートガス消火剤**があります．

1. 窒素
2. 窒素とアルゴンの容量比が50：50の混合物（IG-55）
3. 窒素とアルゴンと二酸化炭素の容量比が52：40：8の混合物（IG-541）

二酸化炭素以外のイナートガス消火剤は，酸素濃度を低下させて消火する方式のため，**全域放出方式**しか認められていません．また，必要な消火剤の濃度が高いので，人命安全の観点から常時人がいないところにしか適用できません．

新ガス系の消火設備は，いずれの場合にも，放出する消火剤の量・放出時間・放出区画の構造・消火剤による内部圧力上昇防止方法（避圧開口を設ける）・消火剤放出後の燃焼ガスの排気方法など，建築構造や換気設備について，消防法に詳細に規定されています．

粉末消火設備

粉末消火設備は，重炭酸ソーダ（重曹）を主成分とし，防湿剤によって被覆した微細な乾燥粉末を容器に貯蔵しておいて，窒素ガスを使って放出する消火設備で，**全域放出方式**と**局所放出方式**があります．粉末消火剤が熱分解して炭酸ガス（CO_2）と水蒸気が発生し，酸素濃度の希釈作用と熱吸収による冷却作用の他に，不燃性ガスが燃焼物を覆う窒息作用により消火するのです．

消火剤としては，**第1種粉末剤**（主成分：炭酸水素ナトリウム），**第2種粉末剤**（主成分：炭酸水素カリウム），**第3種粉末剤**（主成分：リン酸塩類），**第4種粉末剤**（炭酸水素カリウムと尿素の反応物）の4種類があります．

消火剤を貯蔵容器に貯蔵する方式には，同一容器内に加圧ガスを封入しておく**蓄圧式**と，加圧用のガス容器を別に設ける**加圧式**があります．

その他の消火設備

7-6

大空間の消火設備

東京ドームなどのような大空間をもつ建築物は，一般建築物とはかなり様相を異にして，現在の消防法に規定されている消火設備などでは対応しきれなくなってきています．大空間の消火設備を計画するうえで，次のような問題があるのです．

❶ 防火区画などの区画の設置が困難．
❷ 避難・誘導施設の設置が困難．
❸ スプリンクラ設置などの自動消火設備を採用しても，確実な消火が困難．
❹ 煙感知器などでは迅速・確実な火災感知が困難．
❺ 適切な煙制御が必要．

そこで，近年では大空間の消火設備として，火災感知装置と組み合わせた**消火用放水銃装置**が設置されています．**消火用放水銃**は，低層の建物を外部から消火する屋外消火栓設備と同じく，多量の水を高い圧力で集中的に放水して消火する設備で，火災報知器が火災

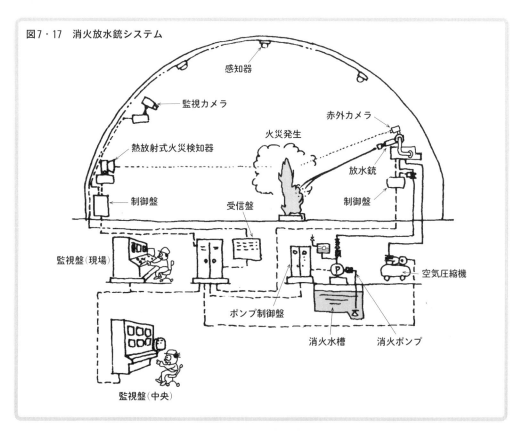

図7・17 消火放水銃システム

を検知すると火災に近い放水銃を自動的に選んで放射方向を定めて信号を発し，操作員が操作盤のキーを押して放水する仕組みになっています．

パッケージ型消火設備／パッケージ型自動消火設備

必要とされる防火安全性能を有する消防用の設備等にあたり，屋内消火栓設備の代替として**パッケージ型消火設備**が，スプリンクラ設備の代替として**パッケージ型自動消火設備**が規定され，ある一定の条件を満たせば使用することができます．

これらは消火水槽・消火ポンプの代わりに，消火薬剤を一体としたパッケージ消火設備であり，機械室スペースや受変電設備の縮小を図ることができます．

排気フード消火設備

ちゅう房内では，直火や高温の油による調理が行われているので，常に火災の危険にさらされているといえます．排気フード消火設備はちゅう房内にある調理器具のうち，レンジや油を使用するフライヤなど，特に火災発生の危険度が高い調理器具を対象として開発された，固定式の自動消火設備です．

これは，レンジやフライヤから出火すると火災感知器が作動して警報を発し，排気フードに取り付けたノズルから消火剤を噴射して消火を行う設備です．さらに燃料ガス供給用の遮断弁を閉じるような機構にもなっています．消火剤として，**粉末消火薬剤**または**強化液**（主成分：炭酸カリウム）などが使用されています．

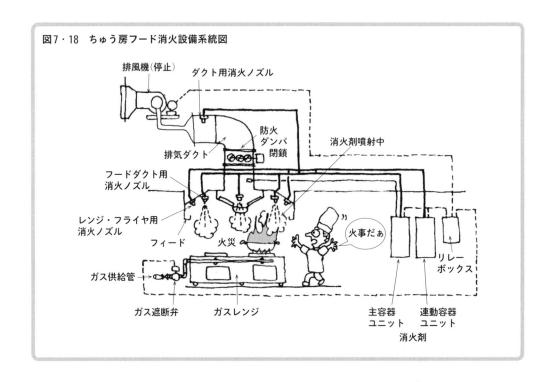

図7・18 ちゅう房フード消火設備系統図

第8章 給排水設備としてのガス設備

ガス灯は文明開化のシンボル

私たちは，もっぱら調理や給湯あるいは冷暖房用の燃料としてガスを使っています．しかし，ガスが使われはじめたのは**ガス灯**，つまり照明用でした．ガス灯は1792年にイギリスで発明され，欧米の主な都市では19世紀半ばまで街灯として使われていました．

日本では，1857年（安政4年）に薩摩藩主の**津島斎彬**がガス灯をつくって別邸の石灯籠に取り付けたのが最初で，1872年（明治5年）には横浜の神奈川県庁前に十数基のガス灯が灯り，1874年（明治7年）には東京にも85基のガス灯が点灯するようになりました．ガス灯は20世紀のはじめに全盛期を迎えましたが，1915年（大正4年）頃からだんだんと電灯に代わりはじめ，1937年（昭和12年）には姿を消してしまいました．

ガスが薪や炭に代わって燃料として使われはじめたのは1900年（明治33年）頃からで，現在の「一口ガスコンロ」にあたるガス七輪が家庭の台所で使われるようになりました．暖房にガスストーブが使われるようになったのは1910年（明治43年）頃からです．1931年（昭和6年）になると，早沸き釜というガス風呂が誕生して，一般家庭にもお風呂が普及するようになり，ガスは代表的な燃料として一般に使われるようになったのです．

ガスにも種類がある
8-1

ガスの原料

私たちが使っているガスは石炭や石油，天然ガスなどの**化石燃料**を原料にしています．そして，原料やガスをつくる製造工程の違いによってガスの性質が異なり，現在全国では7種類にグループ化された**都市ガス**と**プロパンガス**が使われています．都市ガスとプロパンガスとでは空気と比較したガスの重さが異なり，都市ガスは一部を除いて空気よりも軽く，プロパンガスは空気よりも重く，同じ体積で都市ガスの2倍以上の熱を出すことができます．

都市ガス導管とガス管（SGP）

従来，都市ガスを供給する導管としては，長い間もっぱら「配管用炭素鋼鋼管（SGP：JIS G 3452）」の黒ガス管が多用されてきました．現在でも，「SGP」のことを黒ガス管や白ガス管と呼ぶ呼称が健在なのは，その歴史的名残りなのです．

1975年（昭和50年）頃までは白ガス管を使っていましたが，近年では，ポリエチレン管や鋼管の表面をプラスチックで被覆した管を使っているので腐食の心配はありません．

都市ガス

都市ガスには，天然ガス系，石油ガス系，石炭系の3種類があり，それぞれ製造方法が異なり，1940年（昭和15年）代の後半までは**石炭ガス系**がほとんどを占めていました．1950年（昭和25年）代になると原油からつくる**石油ガス系**が主力を占めるようになり，ガスの消費量が急激に増えて公害問題を引き起こすようになり，1965年（昭和40年）以降は公害を発生しない**ナフサ**＊や**液化石油ガス**（LPG）を原料とするようになりました．その後，石油の枯渇問題が叫ばれるようになり，石油に変わる新しいエネルギーとして**天然ガス系**が使われるようになり，現在では全国のほとんどの都市ガスが液化天然ガス（LNG）を使っています．

現在，207の事業者が7種類の都市ガスを供給しています．都市ガスの種類は発熱量の多い順から13 A，12 A，6 A，5 C，L1，L2，L3に分類されていて，供給しているガスは地域によって異なります．分類記号の13 Aから5 Cまでの数字は**ガスの燃焼性**を表す**ウォッベ指数**を1000で除した数値で，A，B，Cは燃焼速度の速さを表していて，A⇒B⇒Cの順で速くなります．

ガス器具はガスの種類に合わせてつくられており，その器具に合うガスの種類が明示されています．熱量の大きい都市ガスを熱量の小さい都市ガス用の器具に使うと，赤い大きな炎となって燃え不完全燃焼を起こして**一酸化炭素中毒**を起こす危険があります．また逆の場合にはすぐにでも消えそうな炎でしか燃えません．したがって，引越ししたときはガスの種類とガス器具が合っているかを確かめることが大切です．

液化石油ガス

液化石油ガス（Liquefied Petroleum Gas）＊は**LPガス**あるいは**LPG**と呼ばれており，石油の精製や石油化学製品の製造過程で発生する炭化水素ガスを液化したもので，硫黄分や窒素分をほとんど含まないガスです．常圧では気体ですが，圧力を加えたり冷却したりすると容易に液化します．

LPGは，プロパン（C_3H_8），プロピレン（C_3H_6），ブタン（C_4H_{10}），ブチレン（C_4H_8），その他の若干のエタン（C_2H_6），エチレン（C_2H_4）を含んでおり，液化するとその容積は約1/250になり，運搬・貯蔵に便利なことから家庭や業務用として都市ガスより多く使われています．

ウォッベ指数（Wobbe Index）

ガスの燃焼性を表すもので，ガスの発熱量をガス比重の平方根で除した（割った）値です．ガス機器の**熱出力**に影響を及ぼす指標として用いられています．

＊ ナフサ：原油から石油に加工するときに出る一番軽い液体で，粗製ガソリンとも呼ばれている．
＊ 液化石油ガス（LPG）：原油をくみ出したり加工するときに出るガスを冷却して液体にした液化ガス．

8-1 ガスにも種類がある

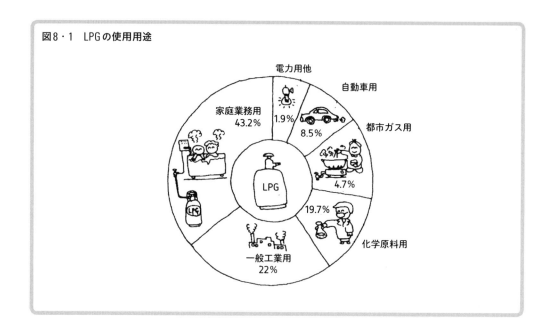

図8・1 LPGの使用用途

液化天然ガス

液化天然ガス（Liquefied Natural Gas）は，通称 **LNG** と呼ばれているメタン（CH_4）を主成分とする**天然ガス**を冷却して液化した，色もにおいもないガスです．液化天然ガスは天然ガスを－162℃に冷却して液化したもので，天然ガスが液体になると体積が1/600になるため輸送に便利なうえに，有害な物質を含まず，燃料に使っても地球温暖化の原因である二酸化炭素の排出量が石炭や石油に比べて30～40％も少ない**クリーンなエネルギー**なのです．また天然ガスは限られた地域にしかない石油と違い，世界各地に多量にあるので安定した供給が得られるため，現在では都市ガス原料の約90％を占めるようになっています．

現在は主にマレーシア，ブルネイ，オーストラリアなどから輸入していますが，輸入量は年々増え続けて，今では1年に約8 773万 m^3（日本ガス協会による2013年度の値）に達し，石油の代替エネルギーとして，日本の**基幹エネルギー**として注目されています．

LNGタンカー

－162℃の液化ガスを運べるように，魔法ビンのような構造になっており，タンクから蒸発した天然ガスを使って運行動力にしています．20万軒の家庭が1年で使う都市ガスを1回で運ぶことが可能な大きなタンカーもあります．

ガスが届くまで

8-2

都市ガス

　都市ガスは，都市ガス製造プラントから，ガス導管によって工場やビルや家庭などに供給されますが，今や全国のガス導管の総延長は25万0649km（2012年）もあり，地球を六周分の長さになっています．プラントでつくられた都市ガスは，1MPa以上の高圧で大きなガスタンク（正式にはガスホルダといいます）に貯蔵されます．

　ガスホルダは給水設備の受水槽にあたるもので，ガスの消費量は朝や夕方から夜にかけてプラントでつくる量より多いので，消費量の少ないときにつくってためておいたガスを送り出す"貯金箱"のような働きをします．

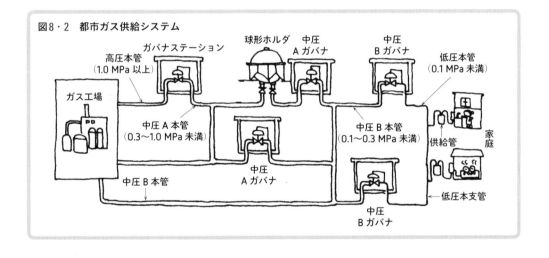

図8・2　都市ガス供給システム

　ガスホルダから送り出された都市ガスは，**ガスガバナ**で圧力を調整し，工場やビルなどの消費量の多い大きな建物には**中圧**（0.1MPa以上1.0MPa以下）で，住宅や店舗など比較的小規模の建物には**低圧**（0.1MPa以下）で供給されます．

ガバナ（整圧器）

　ガバナは，英語の"governor"がそのルーツで，本来**知事・長官**などの意味があります．ガス設備のガバナは，別名**整圧器**と呼ばれるように，一次側の圧力変動や二次側の使用量の変動に影響されずに，所定の圧力で必要なガス量を送出する機能をもつ，ガス圧力調整機器です．なお，一定の地区ごとに設置されているガバナを**地区ガバナ**と呼んでいます．

液化石油ガス

液化石油ガス（LPG）は容器に貯蔵してある液化したガスを配管でガス器具に送ります．貯蔵容器には**ガスボンベ**と呼ばれているガス容器と，それより大型の**バルク貯槽**が使われています．

LPGの供給方法には，容器より各家庭個々に供給する**個別供給方式**と，貯蔵容器から70戸未満の集合住宅や店舗などに供給する**集合供給方式**，70戸未満の戸建住宅に供給する**小規模導管方式**があります．70戸以上に供給する場合には簡易ガス事業として**ガス事業法**の適用を受けます．

表8・1　ガス容器1本当たりのガス発生量（30分消費）〔kg/h〕

外気温度〔℃〕	プロパンの割合〔％〕	50 kg容器	20 kg容器	10 kg容器
5	95以上	4.4	1.8	0.9
5	80〜95未満	3.2	1.3	0.7
0	95以上	3.7	1.5	0.8
0	80〜95未満	2.5	1	0.5
−5	95以上	3	1.2	0.7
−5	80〜95未満	1.8	0.8	0.4

［出典］空気調和・衛生工学会編：空気調和・衛生工学便覧，14版，第4編，12章（2010）

一般に個別供給は貯蔵容器で自然気化したガスを，集合供給や小規模導管供給は自然気化あるいは強制気化させたガスを，ガス圧を下げて配管でガス器具に送ります．LPGは，その組成とその周囲温度によって気化したガス圧力が異なり，圧力を調整器で約2.8 kPaに減圧して，燃焼器具に供給します．一般に，ストーブなどの家庭用の燃焼器具は，バーナから噴出する圧力が2.0〜3.3 kPaの間で燃焼させるよう設計されています．

ガス容器（ガスボンベ）には10，20，50 kgが一般に使われています．LPGは貯蔵量と周囲の温度によってガス発生量（蒸発量）が異なり，表8・1に示すように貯蔵量が少ないほどまた温度が低いほど発生量が少なくなります．したがって，容器の種類や設置数は1時間当たりの最大消費量によって決定しますが，集合供給や業務用供給など多量にガスを消費する施設では，発生量を多くするために**強制気化装置**を設置する場合があります．強制気化装置は**ベーパライザ**とも呼ばれて，電力や温水によって液化ガスを加熱し蒸発量を増やす装置です．

バルク貯槽は，平成9年（1997年）の液化石油ガス法の改正によって，工業用で使われていた貯蔵方法が家庭用や業務用にも使えるようになったもので，多量にガスを消費する

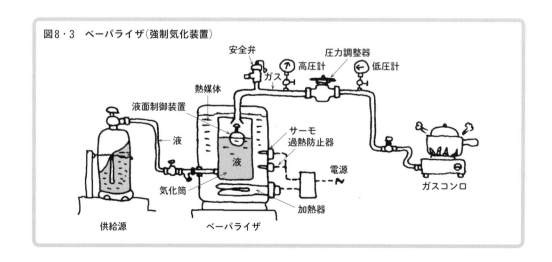

図8・3　ベーパライザ（強制気化装置）

施設に使われています．バルク貯槽には 300，500，1000，2950 kg 型があり，**液化ガス運搬車（バルクローリ）**から直接貯槽に液化ガスを充てんできるので，供給コストが安くなります．

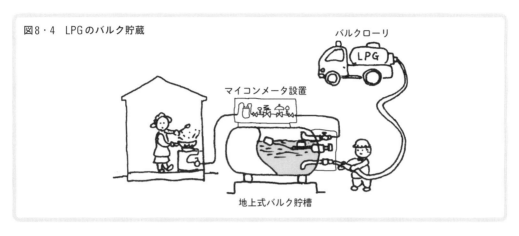

図8・4 LPGのバルク貯蔵

ガス設備を安全に使用するには

8-3

　都市ガスにしろ LPG にしろ，ガスが居住空間に充満すると窒息死やガス爆発などの危険性が伴います．LPG を使っている家庭で年間 50 ～ 80 件ものガス漏れ事故が発生しているのです．そのような危険性を回避するために緊急ガス遮断装置，引込み管ガス遮断装置，ガス漏れ警報器，マイコンメータなどが使われています．

　住宅・地下街などにおけるガス爆発事故を防止するために，ガス事業法，消防法，液化石油ガス法では**ガス漏れ警報設備の検知器・警報器の設置基準**が規定されており，また建築基準法でも，3 階以上の階を共同住宅に設ける**ガス栓の構造**または**ガス漏れ警報設備**について規定しています．

ガス設備の安全装置

　ガス設備の安全装置には，緊急ガス遮断装置，引込み管ガス遮断装置，ガス漏れ警報器があります．建物区分ごとのガス安全装置は，表 8・2 のように規定されています．

　緊急ガス遮断装置は，緊急時に遠隔操作あるいは自動的に建物に供給されているガスを止める装置で，大規模な地下街や中圧ガスを使う建物，超高層建物など，ガス事業法で定めた建物に設置することが定められています．

　引込み管ガス遮断装置は，ガスの引込み管に設置するもので，引込み管の管径が 70 mm 以上のビルや集合住宅などや，地下街や地下室でガスが充満するおそれのある場所への引込み管には，地上から容易に操作できる場所に緊急ガス遮断装置を設置しなけれ

表8・2 建物区分ごとのガス安全装置

建物区分	概要	緊急ガス遮断装置				ガス漏れ警報器	自動ガス遮断装置
		遮断弁・操作盤	感震器	感震器連動	開閉表示		
特定地下街など		○				○	○
特定地下室など		○				○	○
超高層建物	60 m 以上	○	○	○	○	○	○
高層建物 I	31 m 以上	○	○	○	○	○	○
特定大規模建物	180 号以上	○				○	○

ばなりません．

ガス漏れ警報器には，都市ガス用・LPG用として，**半導体式**と触媒を使用した**接触燃焼式**とが広く使用されています．都市ガス用のガス漏れ警報器の中には一酸化炭素を検知できるものもあります．その他，ガス漏れを検知すると音声で知らせる音声型警報機や，戸外に設置したブザーやビルの中央監視盤に信号を送ることができる外部信号出力端子付きもあります．またガス漏れ警報器は5年で交換することになっています．

ガス漏れ検知器はガス機器を設置している室と同一の室内の，漏れたガスが滞留しやす

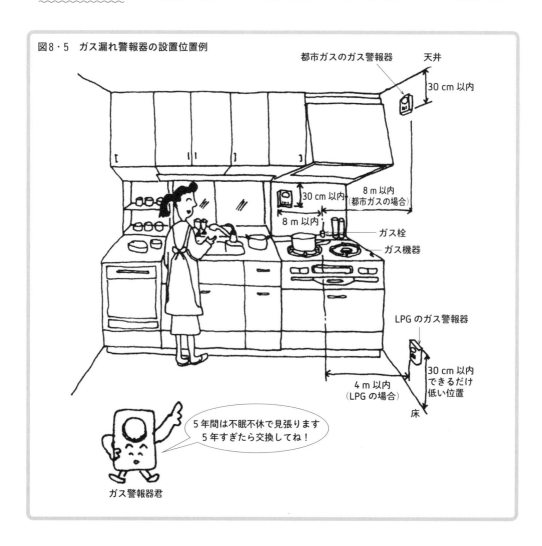

図8・5 ガス漏れ警報器の設置位置例

い場所で，警報器が通電状態であることが容易に確認できる場所に設けます．

これまでは，化学的・物理的なガス漏れ防止対策に触れてきましたが，人間が自分の官能（臭覚）でガス漏れを早期に感知・発見するために，ガスににおいを付ける**付臭剤**を混入する工夫も凝らされています．

ガスメータの種類

ガスメータには，❶ルーツメータ（回転式メータ）と❷膜式メータ：通称「マイコンメータ」（自動通報機能付きマイコンメータ）の2種類があります．

その運転管理は，ガス事業法で規制されており，通常のビルでは，財産区分状道路の官民境界で明確化されていますが，ガスメータはあくまでガス事業者からの貸与品です．また，敷地内の埋設ガス配管やガス配管についても，ガス事業者は定期的に検査を行うことができます．ちなみに，水道メータ（量水器）の有効期限は**8年間**ですが，ガスメータの有効期限は，**10年間**です．

マイコンガスメータはコンピュータを内蔵した安全機能付きのガスメータで，火の消し忘れやガスホースが外れたり，ガス管が破損したりして長時間ガスが流れ続けるとマイクロコンピュータが異常と判断してガスの流れを止めます．また**震度5弱の揺れ**を感じたときや，ガス漏れ感知器からの信号を受けて自動的にガスを止めることもできるすぐれものです．現在では使用最大流量が16 m³/h以下で配管径250 mm以下のガス管にはマイコンメータを取り付けるようになっています．つまり，一般家庭のガスメータはマイコンメータなのです．

図8・6　一般家庭用マイコンメータ

ガス栓の構造と設置位置

ガスを安全に使うにはガス栓の構造や設置位置についても注意が必要です．ガス栓は，バルコニーや漏れたガスが滞留しない場所に設置する場合を除いて，❶金属管や金属可とう管あるいは金属線入りの強化ガスホースで，燃焼器とねじ接合できるもの，❷過剰流出安全弁（通称：**ヒューズコック**）あるいはガスが過剰に流出した場合に自動的にガスを止めることができる機能をもった構造とすることと定められています．

なお，現在，室内のガスコックからガスが過剰に流出した場合，自動的に親コックを閉じる構造のものも開発されています．

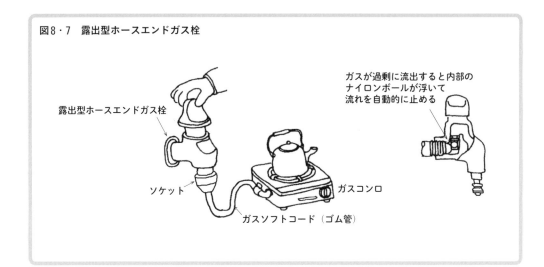

図8・7 露出型ホースエンドガス栓

また，ガス栓の取付け位置に関しては，以下の点にぜひ留意してほしいものです．

❶ ガス機器の近くで，日常障害とならない位置とする．
❷ ガス器具とむりなく接続ができる位置とする．
❸ 取付けおよび維持管理が容易にできる位置とする．
❹ 電気配線・コンセントなどの電気設備と直接接触しない位置とする．
❺ 火炎が触れず熱気の著しい影響を受けない場所とする．

ガスと給排気

8-4

ガスは給排気設備が整っていないと使えません．ガス $1\,m^3$ を完全に燃焼させるために最低必要とする空気量を**理論空気量**といい，ガスの発熱量 4.19 MJ（1 000 kcal）

表8・3 理論空気量と理論排ガス量

ガスの種類	発熱量 〔MJ/m³〕	理論空気量 (m³/4.19 MJ)	理論排ガス量 (m³/4.19 MJ)
都市ガス（13 A）	45.0	0.995	1.095
プロパンガス	50.2 MJ/kg	0.992	0.977

当たり約 $0.9\,m^3$ ですが，実際に完全燃焼するには理論空気量の 20〜40％増しの空気が必要です．一方，ガスが空気と反応して完全に燃焼した燃焼ガスの量を**理論排ガス量**といって，発熱量 4.19 MJ（1 000 kcal）当たり約 $1.0\,m^3$ です．

つまり，ガスは発熱量 4.19 MJ 当たり最低 $0.9\,m^3$ の空気を使って燃焼し，$1.0\,m^3$ の排ガスを出すので，そのための給気と排気の方法を考えておかなければならないのです．

ガス内管工事：資格制度

2006〜2007年（平成18〜19年）初頭にかけて，ガス湯沸かし器などの不完全燃焼による窒息事故の問題が，連日のようにTVや新聞紙上を賑わしました．その結果，2007年（平成19年）2月3日付けで，経済産業省は，「ガス機器等燃焼機器による一酸化炭素中毒事故の防止策について」という通達を出すに至っています．

ところで，日本ガス協会では，**ガス内管工事**に資格制度を創設し，運用を開始しました．ガス内管工事とは，建物内に設置されるガス管工事のことで，この主な目的は，「ガス配管施工者の施工技術の標準化を図り，全国一律の工事品質および施工技術を確保するため」であり，資格制度の運営は日本ガス機器検定協会が担当するものです．

内管工事の施工技術に関しては，これまでフレキ管やポリエチレン管などの一部業界指針などが制定されていましたが，この基準を具現化するためには，施工者の施工技術レベルについて全国的に統一された指標となる資格制度が不可欠となったのです．

同資格制度の施工範囲は，都市ガスの内管工事（内管新設工事・増設工事・変更工事・撤去工事）およびそれらに伴うガスメータの取付け・取外しおよび可とう管によるガス栓と燃焼機器との接続工事となっています．資格の名称は，「**内管工事士**」とし，資格を保有する工事人は，すぐに現場の作業責任者として活躍できるエキスパート（専門職）と位置づけられています．

資格は，全国一律の試験を実施し，施工技術が一定水準以上であることを確認できた者に付与されます．資格の有効期限は3年とし，3年ごとの講習を受講し，常に新しい技術や施工方法，関連法規の改定内容等を習得することにより，品質の高いガス工事を維持していく制度です．

ちなみに，内管工事士には，以下の四つの【基本資格】と三つの【付加資格】があります．

【基本資格】：❶第三種内管工事士
❷第二種内管工事士
❸第一種内管工事士
❹内管溶接管理士

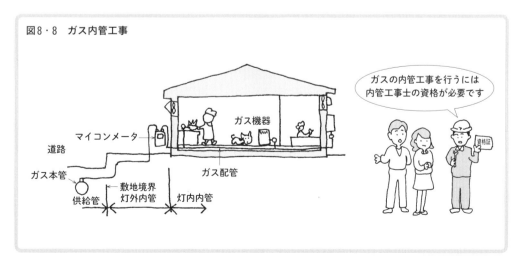

図8・8 ガス内管工事

【付加資格】：❶ネジ工事：燃焼機器の取り替え等にともなう「ネジ配管」による軽微な増設・変更工事…（第三種内管工事の付加資格）
❷活管工事：（第二種内管工事士，第一種内管工事士，内管溶接管理士の付加資格）
❸低圧溶接：（第一種内管溶接士の付加資格）

ガス機器と給排気

ガス機器には開放式，半密閉式，密閉式，屋外式があります．

開放式は調理器やガスストーブのように室内の空気を使って燃焼し，排ガスを室内の放出する機器で，設置する部屋は十分に換気（給気と排気）する必要があります．**半密閉式**は燃焼には室内の空気を使い排ガスは排気筒などで屋外に放出する機器，**密閉式**は機器に直接屋外の空気を取り入れて燃焼して排ガスも直接屋外に放出する機器，**屋外式**は機器を屋外に設置する機器です．

密閉式には給排気をファンを使わないBF（Balanced Flue）式と，ファンを使って強制的に給排気を行うFF（Forced draft Balanced Flue）式があります．ちなみに，半密閉式は排気ガスを排気筒などで屋外に排出するCF（Conventional Flue）式，ファンを使って強制的に排出するFE（Forced draft Exhaust Flue）式があり，屋外式はRF（Roof top Flue）式と呼んでいます．

最近普及しつつある**潜熱回収型ガス給湯器（エコジョーズ）**は，排気温度が低くドラフト（通風力）が弱いので，直進性が強いかつ排気が停滞しやすく結露しやすいという特性があり，屋外設置の場合であっても設置場所には十分に注意する必要があります．

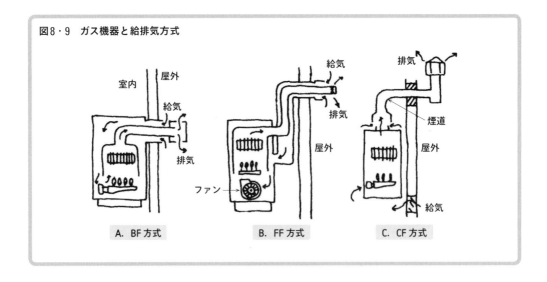

図8・9　ガス機器と給排気方式

水を繰り返し使う

第9章

水の循環とろ過

9-1

水の循環利用

遊泳プールや旅館，日帰り浴場施設の大風呂（浴槽）には，いつも満々と水やお湯が満たされていますが，多くの施設で水やお湯を循環して使っています．また池や滝，せせらぎなどでも水の節約を目的として，水をポンプで循環して使う場合が多いのです．

このように同じ水やお湯を循環して使う場合には，水やお湯を**ろ過器**に通して汚れを取り，病原菌などが増殖しないように消毒して循環させます．お風呂の場合には，温度を一定に保つために加熱装置で適温に加熱します．

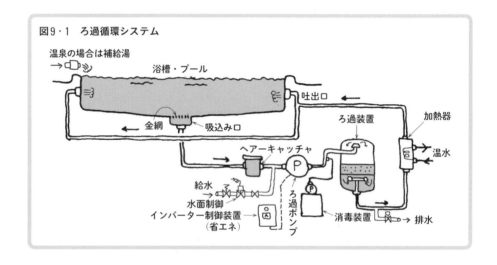

図9・1　ろ過循環システム

循環ろ過設備の機器

循環ろ過システムを構成する各機器は次のような役割を果たしています．
(1) 循環ポンプ：

水やお湯を循環させるために設けるもので，**ヘアーキャッチャ**やろ過器，熱交換器，循環配管内を水が循環するために必要な圧力を加える力（揚程）をもったポンプを使います．循環ポンプの揚程〔m〕は；

　　　［❶ヘアーキャッチャでの損失］＋［❷ろ過器での損失］＋［❸熱交換器での損失］
　　　　＋［❹循環配管での損失］＋［❺吐出口での必要圧力］

となります．上記各部の数値は使う機器の種類や容量によって異なりますが，参考として概略値を示せば，❶：2m，❷：10m，❸：5m，❹：配管長1m当たり0.04m，❺：2m程度が一般的です．したがって配管の長さを30mとすれば (2＋10＋5＋2)＋(30

×0.04) ≒ 20 m となります．

(2) ヘアーキャッチャ：

浴槽水に混入した，髪の毛などの比較的大きなごみを除去するために設置するもので，円筒状の容器内に入れたステンレス製などのかごにごみをひっかけて取り除きます．浴槽循環システムでは毎日内部を清掃するように規定されています．

(3) ろ過器：

循環水の中に混入している微細なごみや濁りを除去（浄化）するもので，詳しくは次節で説明します．

(4) 熱交換器：

温水プールや浴槽での放熱や，循環配管やろ過器などの循環経路での放熱で低下したお湯の温度を元に戻すために設置します．循環水（お湯）は塩素などの消毒剤を注入して消毒をするため金属類は腐食されやすく，ボイラなどで直接加熱することはほとんど行われていません．熱交換器は，浴槽と循環配管やろ過器から逃げる熱（放熱量）を計算して加熱量を計算します．浴槽からの放熱量（損失熱量）は；

［❶水面からの蒸発による放熱］+［❷水温と室内空気温度との差による放熱］
　　+［❸壁面や底面からの放熱］

となります．このうち，❶が放熱量の大部分を占めており，水面上の風速によって大きく変動します．上記の放熱量計算式は専門書を参照するとして，概算値として屋内の浴槽では，下記の計算式が使われています．

$$屋内浴槽放熱量 \ q = 60(t_w - t_a)A$$

ここに，q：浴槽放熱量〔W〕，t_w：浴槽内の湯の温度，t_a：浴室の温度，A：浴槽表面積

温泉浴槽などで温泉の温度が浴槽湯温より低い場合には，熱交換器の能力は浴槽放熱量に温泉の温度を浴槽温度まで上げるための熱量を加えます．すなわち，給湯設備の項で説明した加熱量計算式から，1.163（浴槽湯温－温泉温度）×（常時供給する温泉量〔L/h〕）を加えます．

温水プールの放熱量は，浴槽と同じ計算式を使って計算しますが，概算値として屋内の場合，プールの表面積当たりの概数値に，循環やろ過器の放熱量を3％程度加算して計算します．屋内温水プールの放熱量概算値は390 W/m² 程度です（水温27℃，室温30℃，風速0.5 m/s，湿度50％）．一般のプールの水温と室温を表9・1に示します．

表9・1 プールの水温と室温

プールの種類	水温〔℃〕	室温〔℃〕
一般プール	28〜29	28〜29
競泳プール	24〜25	28〜29

［出典］日本体育施設協会学校水泳用プール調査研究委員会

(5) 消毒装置：

循環配管に消毒液を注入する装置で，タンクにためた消毒液を専用の薬液注入ポンプで循環配管内に注入しています．

循環水の水質

遊泳プールや浴槽の水は，利用者がもち込む汚れや細菌類などで汚染されるので，常に清潔に保つことが大切で，厚生労働省によって表9・2のような水質基準が定められています．最近では，浴場において**レジオネラ属菌**による集団感染・死亡事故が各地で発生し

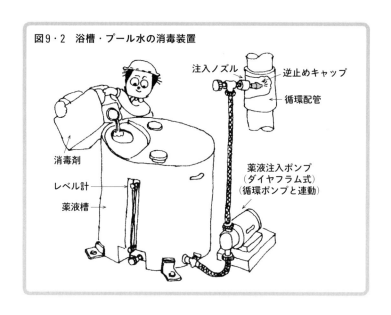

図9・2 浴槽・プール水の消毒装置

ており，浴槽に対してはレジオネラ感染症発生防止対策が求められています．また，池やせせらぎ，滝などに循環水を使う場合にもレジオネラ対策が必要です．循環水の水質基準を守るためには，凝集剤や消毒剤などの薬品を注入していますが，薬品だけで基準値を守ることは難しいので，新鮮な水や湯を補給することも大切です．なお，日本では温泉浴場が多いことから浴槽水の水質基準に色度や水素イオン濃度は定められていません．

表9・2 遊泳用プールの水質基準

水質項目	水質基準	備考
濁度	2度以下	
水素イオン濃度	pH：5.8～8.6	
過マンガン酸カリウム消費量	12 mg/L 以下	
遊離残留塩素濃度	0.4 mg/L 以下 1.0 mg/L 以上	塩素消毒の場合
遊離残留塩素濃度	0.1 mg/L 以下 0.4 mg/L 以上	二酸化塩素消毒の場合
亜鉛素酸濃度	1.2 mg/L 以下	二酸化塩素消毒の場合
大腸菌類	検出されないこと	
一般細菌	200 CFU/mL 以下	
総トリハロメタン	0.2 mg/L 以下が望ましい	暫定目標値

(注) 毎月1回以上測定すること．ただし遊離残留塩素および亜鉛素酸濃度は毎日午前中1回，午後2回以上で，うち1回は遊泳者数がピークのとき．

(H 13.7.26 厚生労働省健康局長通知)

コロニー形成単位（CFU：CoLony Forming Unit）

生きている細菌数を測るには，検査する試料の一定量を検出したい細菌が増殖しやすい環境の場所（平板培地）に滴下して薄く伸ばして一定温度で培養します．培養すると細菌は分裂を繰り返し数が増え，1個の生きた細菌から分裂した菌が数多く集まって集落（コロニー）をつくり，肉眼で見える大きさになります．この集落の数を数えて〇〇CFU/mLあるいは〇〇CFU/100 mLと表示します．一般にはCFU＝個と考えてよいでしょう．

水質基準で汚れの指標となっている項目には濁度，水素イオン濃度，過マンガン酸カリウム消費量，遊離残留塩素濃度などがあり，**濁度**は陶磁器の原料である白陶土（カオリン）1 mg を，蒸留水1 L に溶かしたときの濁りを濁度1度とする水の濁りの程度を示す数値です．**水素イオン濃度**は水の酸性，アルカリ性を知る指標でペーハー（pH）値といい，0〜7未満が酸性，7が中性，7〜14までがアルカリ性となります．**過マンガン酸カリウム消費量**は水中の炭水化物やアルコール類，硫化物など，水の汚れの原因である生物から出る炭素原子を含む物質（有機性物質）によって消費される**過マンガン酸カリウム**の量を測ることで，有機性物質による汚れの程度を測る数値です．**遊離残留塩素濃度**は塩素を注入したときに，水中に残留する殺菌力の強い塩素成分の濃度をいいます．

循環水の消毒

日本では水の消毒は**塩素消毒**が基本となっています．遊泳プールの消毒には，表9・3に示すように，二酸化塩素消毒も使用できます．一般には，紫外線，オゾン，銀・銅イオンなどさまざまな消毒装置も市販されていますが，最も一般的な消毒は**塩素消毒**です．

塩素消毒には，**次亜塩素酸ナトリウム**（溶液）を薬注ポンプで定量注入したり，顆粒や錠剤の**塩素化イソシアヌール酸**を溶解器で溶かして混入します．塩素は水中で次亜塩素酸と塩酸になりますが，次亜塩素酸とその一部が次亜塩素酸イオンになり，この両者を遊離残留塩素といって，消毒効果の有無を判定する数値〔mg/L〕としています．

表9・3 公衆浴場・旅館浴場の水質基準

水 質 項 目	原水（上り用水を含む）	浴 槽 水
色　度	5度を超えないこと	―
濁　度	2度を超えないこと	5度を超えないこと
水素イオン濃度	pH：5.8〜8.6	―
過マンガン酸カリウム消費量	10 mg/L 以下	25 mg/L 以下
大 腸 菌 類	50 mL 中に検出されないこと	1個 /mL 以下
レジオネラ属菌	10 CFU/100 mL 未満	10 CFU/100 mL 未満
アンモニア性窒素		1 mg/L 以下

（H 12.12.15 厚生省（現厚生労働省）生活衛生局長通知）

塩素剤の消毒効果は図9・3に示すように，水の水素イオン濃度（pH）が小さいほど，また水温が低いほど効果的で，pHが9を超えるとほとんど効果を発揮しません．つまりアルカリ性が強いほど効果が期待できないので，温泉の場合には注意する必要があります．

消毒に有効な次亜塩素酸は，人体から排出された汗や尿などの汚れ（アンモニア性窒素）と反応して殺菌効果の少ない**結合塩素**（クロラミン）となるので，汚れの多い水に対しては図9・4に示すブレークポイントに達する投入量以上に塩素の注入量を増やして，殺菌効果の強い遊離残留塩素を増す必要があるのです．

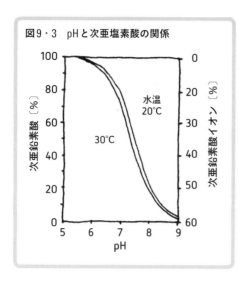

図9・3 pHと次亜塩素酸の関係

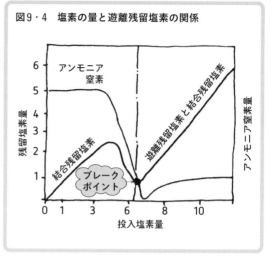

図9・4 塩素の量と遊離残留塩素の関係

遊泳プールの消毒

一般には**次亜塩素酸ナトリウム**が使われています．プール水の消毒は以前から比較的厳しい指導が行われていたので，消毒は十分に行われていますが，遊泳プールは一般に年に1〜2回程度しか水を交換しない例が多く，塩素剤を多く注入する結果となります．屋内プールで塩素臭が強いのはそのためで，水着が脱色したり目の粘膜を傷めて赤くなることもあるので，プールを出たらシャワーでよく身体や目を洗ったほうがよいでしょう．

浴槽水の消毒

一般に浴槽の消毒も塩素剤（次亜塩素酸ナトリウムなど）が使われています．

比較的古い施設の循環式浴槽設備には，消毒装置が付けられていないものもあり，応急的処置として浴槽に直接さらし粉や顆粒状の塩素剤（ジクロロイソシアヌール酸ナトリウムなど）を投入したり，ヘアーキャッチャの中に塩素錠剤（トリクロロイソシアヌール酸）を入れたりして消毒している施設もあります．銭湯はこの例が多いようです．

塩素剤は，水道水の場合は問題ありませんが，温泉の場合にはpHや泉質について注意する必要があります．たとえば，pHが5以下の場合には，塩素剤の注入で塩素ガスを発生する場合もあります．硫化物や有機物あるいはアンモニウムイオンを含む温泉では，塩素剤は**結合塩素**となって消毒効果を発揮できない場合があり，専門家の指導が必要です．

消毒と殺菌

私たちは日常的に消毒あるいは殺菌や滅菌という言葉を同意語として使いがちですが，消毒とは病原微生物を不活性化したり，除去したりして感染が起こらないようにすることです．一方で滅菌は，微生物を完全に除去して無菌状態にすることで，消毒と滅菌とは定義が異なるのです．

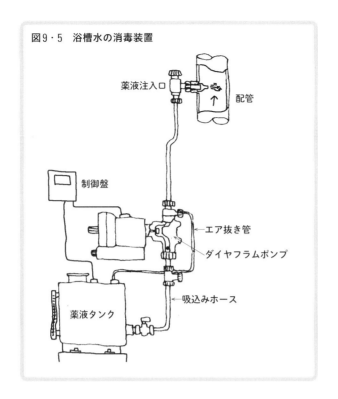

図9・5 浴槽水の消毒装置

　紫外線,オゾン,銀・銅イオンなどの消毒装置もありますが,現在のところあまり良い結果は報告されていません.食塩水を電気分解して次亜塩素酸を発生させる装置も使われるようになって,比較的塩素臭が少なく喜ばれているようです.

ろ過器

9-2

ろ過器の種類

　循環水の中に混じっている微細なごみや濁りを除去(浄化)するもので,**物理的処理方式**と**生物処理方式**があります.物理的処理方式には砂式,けいそう土式,カートリッジ式があり,いずれもろ材にごみや汚れ成分(有機物)を引っ掛けて取り除きます.しかし,物理的処理といっても,実際はろ材に繁殖する微生物が水中の有機物を食べる生物処理との相乗効果によって循環水を浄化しており,微生物による浄化作用を高めるために微細な空隙をもつろ材を使ったろ過器も多く市販されていて,コンパクトなろ過器のほとんどは生物処理方式と思われます.

　砂式はタンクの中に砂などのろ材を充てんしたろ過器で,一般に天然砂や人工砂が使われており,その他微細な空隙を有した骨材,樹脂製ろ材なども使われています.

　けいそう土式は天然の微細な粉末であるけいそう土を,樹脂やステンレス製の網に付着

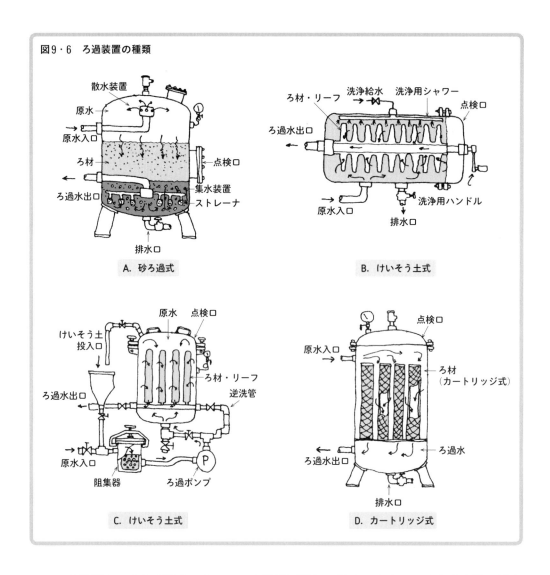

図9・6 ろ過装置の種類

させてろ過膜をつくりろ過するもので，ろ過膜が汚れで詰まったらけいそう土を洗い流して，再度新しいけいそう土でろ過膜を再生させる一種の使い捨て式のろ過器です．

カートリッジ式は筒状の糸巻きカートリッジフィルタでろ過するもので，処理水量に応じてフィルタの本数を決めてろ過器の中に収めています．フィルタは原則として詰まったら新品に取り替える**使い捨て式**ですが，薬品で洗って再使用している施設もあります．

砂式ろ過器は，ろ材が循環水の汚れを捕捉して詰まってくるので，循環水をろ過するときとは逆に水を流してろ材をタンク内でかくはんして，ろ材に付いた汚物を洗い出して排出します．この動作を**逆洗**といい，ろ過器に取り付けられている5方弁を操作して行います．

逆洗はろ過器内を清潔に保つ重要な作業で，厚生労働省が定めた循環式浴槽のレジオネラ対策では，1週間に1回以上ろ過器を逆洗して消毒することと規定しています．また，ろ過器の入口側に消毒剤を添加してろ過器内を消毒することを規定しているため，ろ過器内に微生物が繁殖できなくなり，**生物処理式ろ過器**や逆洗機能のない**カートリッジ式ろ過器**は循環式浴槽設備には使えないことになります．なお，ろ過器の消毒は，ろ過器内に遊離残留塩素濃度10 mg/Lの水を2時間以上循環させることが有効とされています．

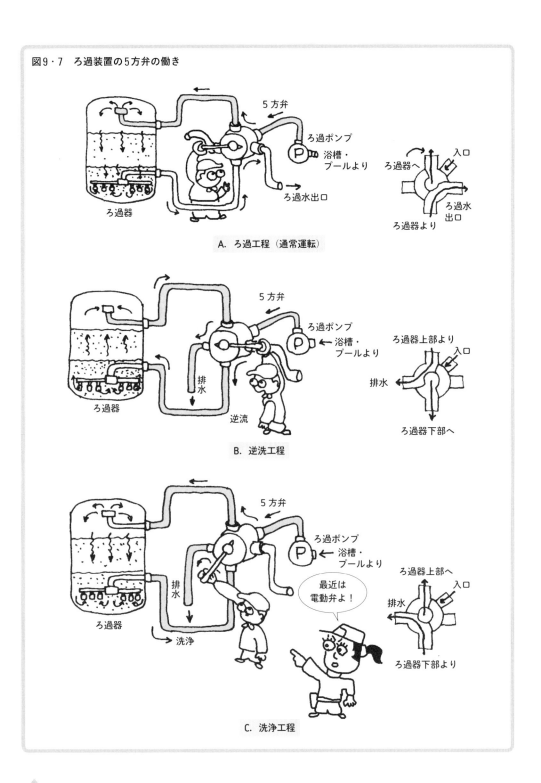

図9・7 ろ過装置の5方弁の働き

ろ過器の能力

　ろ過器の能力は，浴槽あるいは遊泳プール内の湯や水を単位時間内に入れ替える回数（ターンオーバといいます）によって決めており，浴槽の場合には1時間当たりの回数を2～3回とし，プールではその用途によって回数を決めています．

　すなわち，浴槽あるいはプールの容積を V〔m³〕，ろ過器の処理能力を Q〔m³/h〕，入

替え回数（ターンオーバ）を N とすれば，ろ過器の処理能力は；

浴槽の場合：$Q = NV \, [\mathrm{m^3/h}]$　　　$(N = 2 \sim 3)$

プールの場合：$Q = N \cdot V / 24 \, [\mathrm{m^3/h}]$

（N は学校プールでは屋外 $4 \sim 6$，屋内 $5 \sim 7$，レジャープールでは屋外 $6 \sim 10$，屋内 $8 \sim 12$ としています．ただし，ろ過ポンプの運転時間が 24 時間より少ない場合はその運転時間を式の分母に代入します．）

お風呂とレジオネラ属菌
9-3

　私たちが癒しを求めて通う旅館や銭湯，日帰り温泉，スーパー銭湯などと呼ばれている大型浴場の浴槽は，温泉が豊富に湧き出ている地域を別にして，多くの施設でお湯を循環して使っている**循環式浴槽**が使われています．

　しかし，1998年（平成10年）頃から浴槽でレジオネラ属菌による集団感染事故が発生するようになりました．表9・4 は浴場で発生した主なレジオネラ症集団感染・死亡事故ですが，お風呂を安全なリフレッシュの場として利用していた私たちに大きなショックを与えました．

表9・4　浴場でのレジオネラ感染・死亡事故

発生年	施　設　名	状　況
1998	東京都特別養護老人ホーム	12名感染，1名死亡
2000	静岡県掛川市リゾート施設	23名感染，3名死亡
2000	茨城県石岡市市営浴場	45名感染，3名死亡
2000	名古屋大学付属病院	1名感染，1名死亡
2002	東京都板橋区公衆浴場	1名感染，1名死亡
2002	宮崎県日向市温泉入浴施設	295名感染，7名死亡
2002	鹿児島県東郷町温泉入浴施設	9名感染，1名死亡
2003	石川県山中町温泉浴場	1名感染，1名死亡
2011	群馬県水上温泉温泉旅館	1名感染，1名死亡
2014	埼玉県北本市温泉入浴施設	3名感染，1名死亡

レジオネラ属菌とは

　実は，レジオネラ属菌は急に現れたものではないのです．レジオネラ属菌は，河川や湖沼などに休眠状態で広く生息しているといわれています．しかし，菌を判別するのが難しく，1977年（昭和52年）にやっとその存在が明らかになった病原菌なのです．

　それは1976年（昭和51年）のことでした．アメリカの在郷軍人会 (The American Region) がフィラデルフィアで開催され，パレードに参加した人々や通行人から182人もの肺炎患者が発生し，29人が死亡したことからその原因を追求した結果，翌年に原因となった病原菌が発見されて**レジオネラ属菌**と命名され，日本では**在郷軍人病**という名前で知られるようになりました．感染原因として，建物の屋上に設置されていた冷却塔から飛び散ったレジオネラ属菌に汚染された，冷却水の飛まつを吸い込んだのではないかといわれ，当初はアメリカ特有の感染症ではないかともいわれていました．

　その後，日本では1999年（平成11年）に感染症法が改正されて，レジオネラ感染症の

届出が義務づけられた結果，にわかに表面化してきたものなのです．

　レジオネラ属菌は，土ぼこりに付着して空中を舞うこともあるので，土ぼこりや人体に付着して浴槽のように温かい水中に入り込み繁殖します．つまり，どんな浴槽にも舞い込む可能性のある病原菌で，浴槽の壁面や循環配管内に定着する生物膜（バイオフィルム：ヌルヌルした付着物）内で繁殖します．したがって，清掃が困難なお湯の配管や清掃が不完全な浴槽は，常にレジオネラ属菌の棲家となる危険があるのです．

　浴槽の水面上から落とし込まれているお湯は，水面でしぶきを発し，空中に**微細な水粒（エアロゾル）**をまき散らしますが，そのお湯がレジオネラ属菌に汚染されていた場合，エアロゾルを肺に吸い込むことで感染します．特に，浴槽水を循環して使っているお風呂では，循環配管やろ過装置内で繁殖する可能性が高く，表9・4にある事故を起こした施設はすべて循環式の浴槽でした．

　また，温泉浴場などの循環をしていないお風呂（一般に**掛け流し浴槽**といいます）でも，毎日の清掃を怠っているような浴槽にはレジオネラ属菌が繁殖するおそれがあります．つまり，掛け流し浴槽といえどもすべて安全とはいえないのです．

お風呂のレジオネラ属菌対策

　厚生労働省では循環式浴槽について，a）レジオネラ属菌の繁殖場所となる生物膜などが，浴槽や配管，貯湯槽，ろ過器などに付着しないようにする，b）設備の中に付着した生物膜を除去する，c）エアロゾルが飛散しないようにする，ことを目的として，次のように定めており，地方自治体の条例でもほぼ同じ内容になっています．少し難しいかもしれませんが，できるだけ原文に沿って記します．

❶　循環式浴槽の浴槽水は，1週間に1回以上新しい湯と交換する．
❷　浴槽水は塩素消毒を行い，頻繁に浴槽水の塩素濃度（遊離残留塩素）を測定して，0.2〜0.4 mg/Lに保つ．
❸　ろ過器の入口側に塩素剤を注入して，ろ過器，配管，浴槽など循環式浴槽設備のすべての部位を塩素で消毒し，生物膜の生成を抑制する．
❹　貯湯槽を常に60℃以上に保つなどレジオネラ属菌の増殖を防止する．
❺　気泡風呂や気泡水を噴射する装置などを浴槽に設ける場合には，空気取入れ口から土ぼこりが入らないような構造として，湯は毎日入れ替える．
❻　浴槽に補給する新湯は浴槽水面上から流し込む．

掛け流し浴槽

　浴槽の湯を循環利用しないで，新しい湯を補給するだけで湯を清浄に保っている浴槽をいいます．かつて温泉地の浴槽はほとんど掛け流しでしたが，浴槽の大型化に伴って温泉の量が不足するようになり，循環式に変えている浴槽が多くなっています．

　掛け流し浴槽は，毎日湯を入れ替えて，湯を常にきれいに保つだけの温泉が流れ込むこと，浴槽の湯がまんべんなく入れ替わるように湯口が配置されていることが必要です．

❼ 打たせ湯やシャワーには浴槽水を使用しない．
❽ 浴槽は常に満水状態を保ち，オーバフローさせて汚れを排除する．
❾ ろ過器は，1週間に1回以上逆洗洗浄してろ過器内の汚れを排出するとともに，循環配管内に付着する生物膜を適切な消毒方法で除去する．
❿ ヘアーキャッチャは毎日清掃する．

安全なお風呂の見分け方

このレジオネラ対策をもとにして安全なお風呂の見分け方を考えてみましょう．ただし，私たちが浴場の機械室を点検することは難しいので，お風呂場の中からのみの点検になりますが，次の5点に注目してください．

❶ 浴槽の縁まで湯が張られていない → 新鮮なお湯の補給量が少なく，汚れを十分排除できていません．
❷ 浴槽上部から流れ込んでいる湯の量に比べて，浴槽の縁から流れ出ている湯の量が少ない → 循環しているお湯を，あたかも新しいお湯を流し入れているように見せかけたもので，循環湯がレジオネラ属菌に汚染された場合，汚染されたエアロゾルが部屋中に飛散して危険です．
❸ 浴槽の壁・底にぬめりがある → 浴槽の清掃が十分行われていないため，レジオネラ属菌の温床になる生物膜が定着しています．
❹ 温泉地でもないのに打たせ湯がある → 経済的に見て，浴槽の湯を使っている場合が多く不潔であり，危険でもあります．
❺ 浴槽の中によどみがある → 浴槽の湯が均一に循環していないため，浴槽水の消毒が十分なされていません．

温泉地のお風呂であっても，その多くは温泉の量に比べて過大な浴槽をつくっているため，循環式となっています．また循環式でない掛け流し浴槽でも，温泉貯留槽や温泉配管の管理が悪いとレジオネラ属菌に汚染されている場合もあり，安心できません．安全なお風呂であるか否かはすべて施設の維持管理の良否にかかっており，たとえば脱衣場を含めたお風呂場の清潔さがそのバロメータの一つとなるでしょう．

大浴場の仕組み

9-4

日本人ほどお風呂が好きな民族はいないでしょう．最近では日帰り温泉やスーパー銭湯などの入浴施設が各地にできて，大型の浴槽にはいつもきれいな湯が満ちており，人々の癒しの場として繁盛しています．

それらの大浴場は，温泉が豊富にあるところでは常に新鮮な温泉を浴槽に落とし込んで汚れをオーバフローさせていますが，温泉のないところや都市部の浴場では，浴槽の湯を

循環させてろ過器で汚れを取る循環式の浴槽が使われています．また，温泉地でも浴槽の大きさに比べて温泉の量が少ない場合には循環式の浴槽が使われており，現在では温泉浴槽の70％程度が循環式になっているといわれています．

循環式浴槽の仕組み

　図9・8は循環式浴槽の仕組みを示したもので，浴槽の底から吸い込んだ湯を**ヘアーキャッチャ（集毛器）**というストレーナで髪の毛などの大きなごみを捕集した後に，ポンプでろ過器に送りお湯に混じっている細かな汚れを取り，熱交換器で適温に温めて浴槽に返す構造となっています．また，湯の中で細菌類が増殖しないように，消毒液を湯に注入する消毒装置が設けられています．

　一般にはA.の方式が多く使われていますが，浴槽の縁からオーバフローさせて循環するB.の方式は水面近くに漂う汚れを排除しやすく節水効果にすぐれているため，都市部の浴場など水道水を使う浴槽に使われることが多くなっています．しかし，レジオネラ属

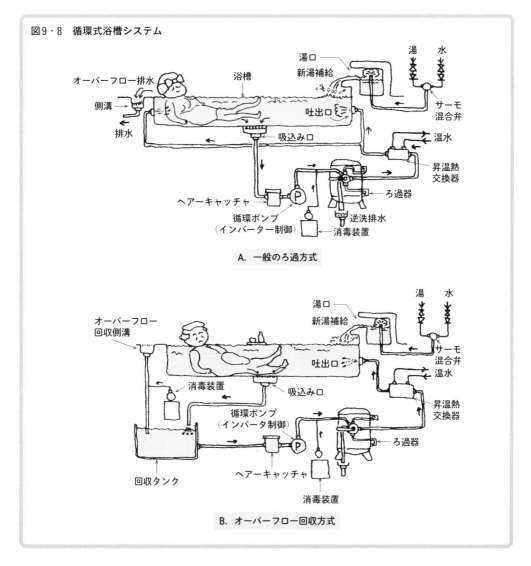

図9・8　循環式浴槽システム

菌対策上好ましくないとして禁止している地域もあります．

アトラクション風呂

　大浴場には，さまざまな浴槽がつくられるようになっています．統一された名称ではありませんが，一般に気泡風呂，超音波風呂，ジェット風呂，打たせ湯，薬湯，香り湯，電気風呂，などと呼ばれている浴槽がありますが，その代表的なものをいくつか紹介しましょう．

　気泡風呂はバイブラ風呂などとも呼ばれていて，浴槽の底面に空気を出す気泡板や小孔を開けた配管を埋め込んで，送風機（ブロワ）で浴槽内に空気を送り込み，浴槽に無数の泡を出している浴槽です．

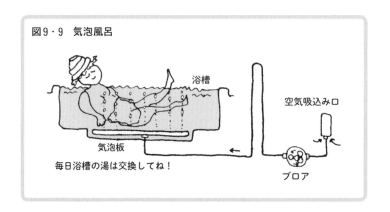

図9・9　気泡風呂

　超音波風呂は浴槽のお湯をポンプで吸い込み，浴槽壁面に設置した噴出口で空気を混入して，気泡が混じった水流を浴槽内に噴き出すもので，気泡が破裂するときに発生する超音波によるマッサージ効果を出そうとするものですが，その効果は不明で湯の噴流を楽しむ程度と考えたほうがよいでしょう．気泡風呂同様，レジオネラ属菌が増殖する危険があるため，これらの装置を設けた浴槽は毎日お湯を変えるように定められています．

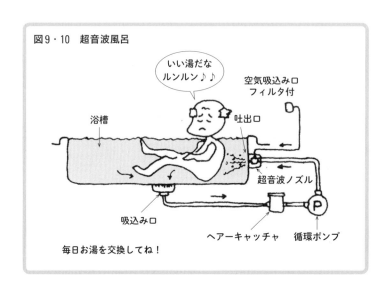

図9・10　超音波風呂

ジェット風呂は，浴槽の湯をポンプで吸い込んで壁面から勢いよく噴出させている浴槽です．場所によっては超音波風呂をジェット風呂と呼んでいるところもあるようです．

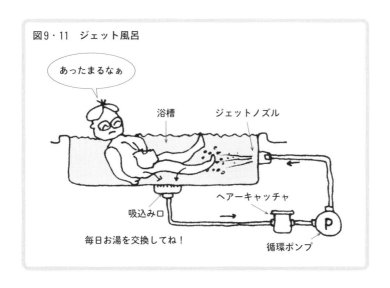

図9・11　ジェット風呂

　打たせ湯は浴槽の高い位置からお湯を落として，身体に当ててマッサージ効果を楽しむもので，もともとは温泉の豊富な浴場で使われていましたが，いつの間にか循環しているお湯を落とす施設が多くなり，不潔な上にレジオネラ属菌を含んだエアロゾルをまき散らすことにもなるため，打たせ湯に循環湯を使うことは禁止されました．

　アトラクション風呂は汚れやすく，特に浴槽に送り込む空気にレジオネラ属菌が付いた土ぼこりが混じっていると浴槽の中で増殖する危険があるため，空気取入れ口には土ぼこりを吸い込まないような処置をとり，毎日お湯を替えるように定められています．

　また，薬草を入れる薬湯や香り成分を入れる**香り風呂**は，混入物によって塩素が消費されてしまうので，ほとんど塩素消毒は効果がなく消毒されているお湯ではないと思ってください．

レジオネラ属菌対策

　浴場におけるレジオネラ属菌対策についてはすでに概要を記しましたので，ここでは浴槽設備の各部位での留意点を説明します．

　ろ過器は微細な空隙のない天然砂などのろ材を使ったろ過器を使用します．過去，日本には，ろ過器の能力を評価する基準が定められていなかったため，メーカーの中には生物処理を併用して過大と思われる能力を表示している製品もあります．しかし現在では空気調和・衛生工学会が2010年（平成22年）7月に，循環式浴槽用ろ過器の性能評価方法に関する規格を制定しましたので，この規格に基づいた能力表示で機種を選定するとよいでしょう．

　これまで述べてきたように，浴槽用のろ過器には生物処理は不適切とされたので，物理的処理のみによるろ過となり，ろ過速度は遅いほうが処理能力はすぐれたものとなります．

　ろ過速度 q〔m/h〕は処理能力 Q〔m³/h〕をろ過器の水平断面積 A〔m²〕で除した数値，

すなわち $q=Q/A$〔m/h〕となり，ろ過速度は 40 m/h 以下が適切といわれています．

ヘアーキャッチャは毎日内部の清掃が必要ですので，上蓋が容易に取り外せて，蓋は内部が見える透明アクリル板などの製品が適しています．

循環配管は浴槽の換水（湯を完全に入れ替える）時に，循環配管の中の湯も完全に排水できるように配管すべきです．配管の途中に湯が排水できないような凹凸部があると，そこに生物膜（バイオフィルム）が付着してレジオネラ属菌の増殖場所となるからです．

お湯を循環させない掛け流し浴槽でも，浴槽へ供給する湯（温泉）の配管内に生物膜が付着してレジオネラ属菌が増殖した例もありますので，配管はできるだけ短く単純なものにすべきなのです．

湯口は，浴槽の水面上部に設けられた浴槽に湯を落とし込む吐出し口で，お湯が豊富に出ているように見せるために循環湯を出している浴槽が多く見られます．しかし，入浴者は新鮮なお湯と勘違いしがちで，顔を洗う人もいるので衛生的ではありません．また，お湯がレジオネラ属菌に汚染された場合，湯を落とし込むときに出る飛まつ（エアロゾル）が空中に飛散して危険なので，循環湯を湯口から流すことは禁止されています．2003年（平成15年）以前にできた浴場施設では湯口から循環湯を流している浴槽が多いので注意してください．

遊泳プールの仕組み
9-5

プールの水は循環水

遊泳プールでは，ほとんどプール水をポンプで循環ろ過して使っています．循環ろ過の仕組みは浴槽とほとんど同じですが，最近では水面の波立ちを抑える効果や水面近くに漂

バイオフィルム

水中の多糖類や有機物が配管などの内面に付着した場合，そこに細菌やかびなどの微生物が入り込んで増殖して，ネバネバした分泌物を出して付着し，さらに分泌物を利用する別の微生物が付着して増殖し，微生物の複合体としての膜（フィルム）となったものをいいます．バイオフィルムの中では複数の微生物が強固な共生体として存在しており，レジオネラ属菌などの病原菌の巣となっています．

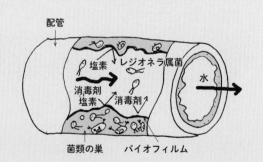

う汚れを排除しやすい図9・8に示したオーバフロー回収方式や，プール底面から吐水してオーバフローを回収する**スキマ方式**も使われる場合があります．

かつては**バランシングタンク**も使われていましたが，最近ではあまり使われていません．

遊泳プールのろ過器には砂式やけいそう土式が使われており，小規模のプールではカートリッジ式も使われています．砂式では水の濁りや着色の原因である微粒子を固める薬品（凝集剤）を添加してろ過層の表面に皮膜をつくり，水の濁りを取りやすいようにしています．

遊泳プールの水温は原則として22℃以上としています．温水プールでは熱交換器を使って水温を一定に保っており，浴槽と同じくプール水は塩素消毒をするので，金属類を腐食させやすく，ボイラなどで直接加熱することはほとんど行われていません．

プール水の消毒には塩素剤（次亜塩素酸ナトリウム溶液など）が使われており，最近では二酸化塩素や塩水を電気分解して次亜塩素酸を発生させる方法も使われるようになっています．

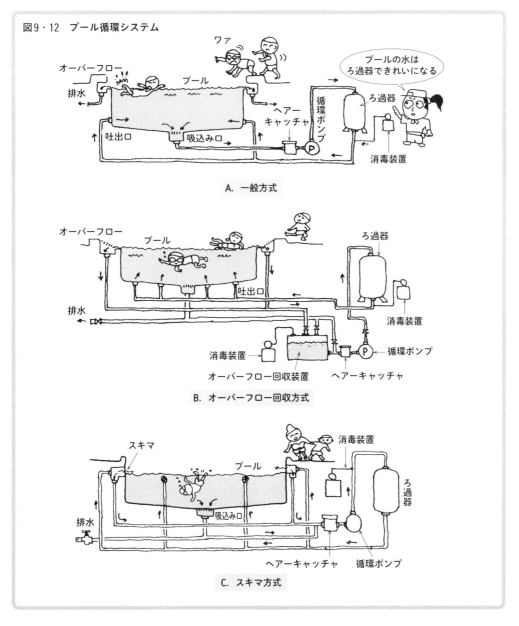

図9・12　プール循環システム

9-5　遊泳プールの仕組み

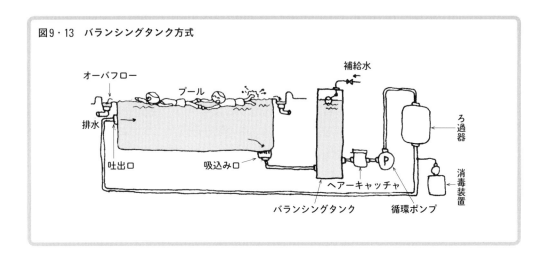

図9・13 バランシングタンク方式

　消毒剤の注入方法は浴槽の場合と同じですが，注入場所は特に定められてなく，ろ過器の出口に注入する方法が一般的です．

日本人と温泉

9-6

　日本人ほど身近な生活の中に温泉と深くかかわりをもっている民族はないでしょう．温泉の歴史は日本書紀や古事記に記されているほど古く，愛媛県の道後温泉，和歌山県の白浜温泉，兵庫県の有馬温泉，島根県の玉造温泉などは歴史的な文献にも登場しています．

ブータンの露天風呂ドッツオ

　「露天風呂が大好き！」というのは日本人が世界一だと思いますが，世界の秘境の一つである**ブータン**にも露天風呂がありました．屋外の地面に木製の浴槽を埋め込み，これに清水を引き込むと焚き火で焼いた石を投げ込んでお湯を沸かします．

　焼け石に水ならぬ水に焼け石方式の**ドッツオ**という露天風呂です．もちろん，お湯がぬるくなれば焼け石を追加して**追焚き**(?)も可能です．木が焦げるようなにおいとブータンの澄んだ空気がワイルドな雰囲気を醸し出します．しかし，ブータンの人たちが，どのくらいの頻度でドッツオを楽しんでいるのかは聞き漏らしてしまいました．

人々は地から湧き出る温泉を神秘なものとして身を清め，病を治すために利用して人々の間に温浴の魅力を広めてきました．

日本は世界一の温泉国で，2013年（平成25年）の環境省の調査によれば，源泉の数は27400か所あります．そのうち使われているのが18500か所で，温泉利用施設は全国で17700軒（宿泊施設13400軒）あり，年間延べ1億6千万人もの人が宿泊しています．近年では日帰り温泉も各地にできており，温泉利用者は延べ4億人以上ともいわれて，入浴施設はまさに日本人の<u>癒しの場</u>として親しまれているのです．

温泉とは

温泉は温泉法（1948年制定，1993年改定）によって"地中から湧出する25℃以上の温水，または法で定める19の物質のうちのいずれか一つを含む鉱水，水蒸気，ガスをいう"と定められています．つまり井戸を掘って湧き出した水は，成分に関係なく25℃以上あれば温泉ということになります．近年1000m以上掘削して湧き出した温泉の多くはこの類の温泉なのです．ちなみに温度についてアメリカでは21.2℃，ドイツ，イタリア，フランスでは20℃以上を温泉としているので，その国の平均気温を目安としているようです．

表9・5　温泉の適用を受ける物質（温泉法）
（下記のいずれか一つ以上含むこと）

物質名	含有量[mg/kg]
溶存物質（ガス性を除く）	総量1000以上
遊離炭酸	250以上
リチウムイオン	1以上
ストロンチウムイオン	10以上
バリウムイオン	5以上
フェロまたはフェリイオン	10以上
第一マンガンイオン	10以上
水素イオン	1以上
臭素イオン	5以上
ヨウ素イオン	1以上
フッ素イオン	2以上
ヒドロヒ酸イオン	1.3以上
メタ亜ヒ酸	1以上
総硫黄	1以上
メタホウ酸	5以上
メタケイ酸	50以上
重炭酸ソーダ	340以上
ラドン	20（百億分の1キュリー単位）以上
ラジウム塩	1億分の1以上

温泉泉質表はあてにならない

温泉に行くと，脱衣場などに<u>**温泉泉質表**</u>が掲げられています．これは温泉法で定められているためですが，源泉井で採取した温泉を分析した結果で，浴槽内の温泉の泉質を示すものではありません．源泉から長い配管で送られてくる温泉は変質している場合もありますし，循環式の浴槽では薄まったり変質したり消毒用に入れる塩素で異なった泉質になっているものもあるのです．また，何十年も前に分析した泉質表を掲げている施設も多くあり，あてになりません．

最近では，浴槽内の温泉の泉質を表示すべきであるという動きもあり，掛け流し浴槽では実際の泉質を知ることができるようになるのでしょうが，循環式浴槽では塩素の注入が規定されているため，正確な泉質を知ることはできません．

9-6　日本人と温泉

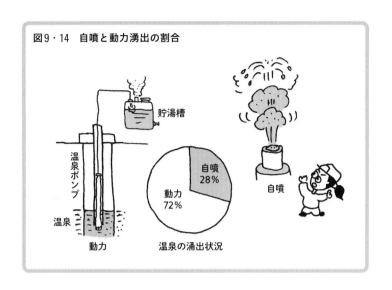

図9・14 自噴と動力湧出の割合

前述の調査によれば，全国の温泉湧出量は毎分 2650 m³ で，ポンプで上げる**動力温泉**が多く**自噴温泉**はそのうちの 28%（730 m³/分）にすぎず，ここ数年湧出量は頭打ちとなっています．また 43℃以上の温泉は源泉のうちの 52%で減少傾向を示しているのです．

温泉の誕生

温泉には**火山性温泉**と**非火山性温泉**があります．そして，ほとんどの温泉が雨や雪溶け水が地中にしみ込んだ地下水に，地中の成分が溶け込み温度が上がって地上に出てきたものです．火山性の温泉は地下水がマグマの熱で温められ，地下の断層を伝わって地上に湧き出てきたもので，マグマのガス成分や岩石の成分が溶け込んで泉質を形成しています．

非火山性温泉は**深層地下水型**と**化石海水型**に分類されます．地中では 100 m 深くなるごとに約 3℃ずつ温度が上昇するといわれています．たとえば，地表温度が 10℃であれば，深さ 1000 m の地中では 40℃になります．地下水がこの地熱やマグマが冷えた高温岩帯で温められたものが深層地下水型の非火山性温泉です．

また，太古に海水が地殻変動で地中に封じ込められ地中で温められたのが化石海水型の

タイの温泉

タイには火山がないのに温泉が 100 か所以上あるのです．特に北部のチェンマイ近辺には 60 近くの温泉があるといわれていて，自噴している温泉や間欠泉が点在しています．温度は 45〜100℃近くで，竹籠に卵や筍を入れて茹でている源泉もあり，有料の浴場や温泉リゾート施設もできていますが，大浴場はなく個室浴場がほとんどで，入浴者が自ら温泉を張って入浴する仕組みとなっています．

最近，首都のバンコクに日本のスーパー銭湯を模した温泉入浴施設が開業して賑わっていましたが，浴場は塩素臭があり，おそらく水道水の循環浴槽と思われます．タイではこの浴場の成功に刺激されて，温泉ブームが起こりかけているようです．

図9・15 温泉の種類

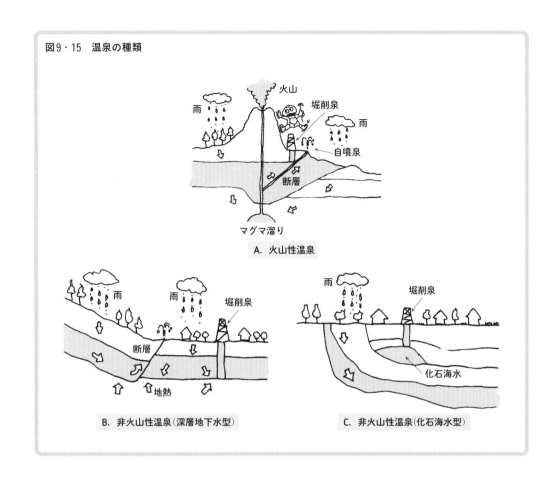

A. 火山性温泉

B. 非火山性温泉（深層地下水型）

C. 非火山性温泉（化石海水型）

温泉で，地中の数百mの浅いところに閉じ込められた海水や，海岸に近く新しい海水が入り込んでいるところでは25℃以上ない場合がありますが，海水は塩分やミネラル分を含んでいるので，温泉法の成分を定量以上含んでいれば温泉ということになるのです．

クアハウス

9-7

クアハウス（Kur Haus）はドイツ語で，クアは Kur（健康に意を用いること：養生・治療），ハウスは Haus（家），つまり**養生するための家**という意味で，ドイツでは300年近い歴史があり，多くの人々に利用されています．

日本でも昔から各地の温泉場に湯治場があって，リフレッシュの場として，あるいは病後の療養などに使われていて，江戸時代には湯治場のガイドブックが売られていたほど賑わっていました．つまり，日本にも多少趣は違っていても，昔からクアハウスはあったのです．

現在，日本でクアハウスと呼ばれる施設は日本健康開発財団が商標登録をしている名称で，温泉を利用した各種の温浴施設を利用してストレスを解消し，健康な肉体づくりをする目的で，全国26か所（2014年現在）の施設がつくられています．

図9・16 クアハウスの例

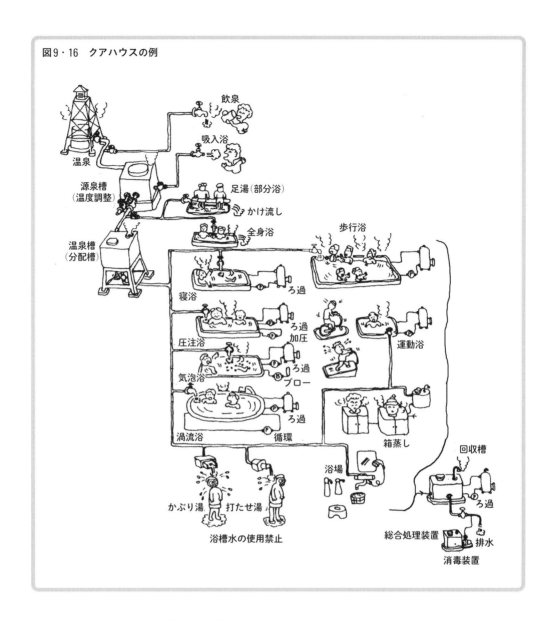

　日本版クアハウスは，基本的に休憩室やラウンジ・レストランなどの休憩の場としての**ふれあいゾーン**，健康相談室や教室などの**健康管理ゾーン**，浴室や温水プール・トレーニングジムなどがある**健康づくりゾーン**の三つのゾーンで構成されています．

　私たちはクアハウスというと，いろいろな浴槽がある浴場を思いがちですが，浴場は施設の一部なのです．そしてこの浴室・温水プールがある部分をドイツ語で浴室部分を指す**バーデゾーン**と呼んでいます．

バーデゾーンの仕組み

　標準的なバーデゾーンには，かぶり湯，全身浴，部分浴，寝湯，泡沫浴，渦流浴，圧注浴，打たせ湯，歩行浴，箱蒸し，サウナ，飲泉コーナなどが設けられていて，原則として入浴前に健康診断や測定をして，入浴プログラムを組んで入浴することになっています．

　浴槽のうち，全身・部分浴，寝湯，圧注浴・泡沫浴，渦流浴，圧注浴，気泡浴，歩行浴

などは原則として循環式浴槽が使われていて，温泉の量が少ないところでは沸し湯を使っているところもあります．各種の浴槽は次のような効果を期待して設けられています．

　　かぶり湯：38〜42℃の温度の異なる湯槽からお湯を身体に掛けて入浴前に身体を慣らします．
　　全身浴：42℃程度の浴槽で，全身を温め汗をかいて新陳代謝を促進します．
　　部分浴：心臓に負担をかけないように胸から下だけ浸かって下半身を温めます．
　　寝　湯：37〜38℃のぬるいお湯に横たわり，血液の流れを良くして鎮静・催眠の効果を求めます．
　　泡沫浴：39℃程度の浴槽の底から気泡を出して，マッサージ効果を楽しみます．
　　圧注浴：39〜40℃の浴槽の壁からお湯を勢いよく噴出して身体に当て，マッサージ効果を楽しみます．
　　打たせ湯：38〜42℃のお湯を高いところから滝のように落として，肩や背中のマッサージをします．
　　歩行浴：底には玉砂利を敷き詰めた膝までの浅い細長い浴槽で，歩き回ることによって足の裏を刺激し，血行を良くしようとするものです．42℃程度のお湯と18〜20℃程度の水を張った二つの浴槽を設けて，交互に入って温度差による刺激で血行を良くする効果を期待している施設もあります．
　　箱蒸し：首だけ出る箱の中に蒸気を送り，45〜50℃の高温で全身を蒸して全身の発汗を促し新陳代謝を促進します．

　施設では各種の入浴コースが設けられており，基本的には健康状態に応じてコースを選択することになっています．

第10章 生活とごみ

ごみの種類と量

10-1

　私たちの生活レベルが向上するとともに、生活につきものの「ごみ」の量は増え続けて、今や地球環境を脅かすようになってきました。ごみの処理が社会問題になりだしたのは、都市化が起こりだした江戸時代からだといわれています。当時人口が100万人を超える世界最大の都市であった江戸では、清浄事業担当の役人が任命されて取り締まりを行い、各町が共同してごみを集めてごみ船で東京湾に運び埋め立てており、埋立て地もつぎつぎと満杯となり変えていかざるをえなかったほどです。では現在ではどうでしょうか。

ごみの量

　最近ではごみの排出量は減少傾向にあり、2013年（平成25年）の排出量は、総量4487万トンで、このうち65％が生活系のごみが占めており、1人当たり1日958gも出しているのです。これは、ごみの比重を0.3とすると、東京ドームのおよそ121杯分にもなり、運ぶのには2200万台以上の2トン積みトラックが必要となるのです。また、ごみの処理にかかる費用は、年間1人当たり18700円かかっています。そして、このままごみを捨て続けると、あと約19年でごみの捨て場所がなくなってしまうのです。

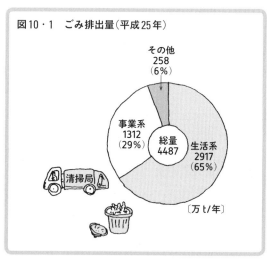

図10・1　ごみ排出量（平成25年）

ごみの内容と種類

　図10・2は東京都のある地域の家庭可燃ごみの内容を示したもので、台所から出る生ごみの量と紙類とで54％近くを占めています。また別の資料では、不燃ごみを含めたごみ全体では生ごみが36％、紙類が25.8％を占めています。

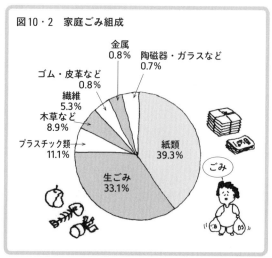

図10・2　家庭ごみ組成

家庭から出るごみの量は，世帯の構成人数によって異なり，1人当たりの排出量は人数が多いほど少なくなる傾向にあります．ごみは広い意味で**廃棄物**といい，法律では図10・3のように分類されています．

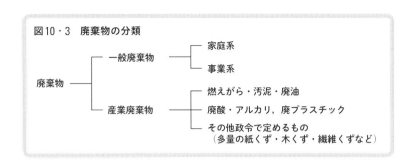

図10・3　廃棄物の分類

ごみの処理と環境汚染

10-2

　ごみは最終的には埋め立てて処分していますが，大部分は焼却することによって容積を1/10〜1/20に減らして埋め立てています．したがって，その処理方法を誤ると環境に多大な影響を与えることになるのです．

ごみの処理方法

　ごみ処理の方法を見ますと，収集されたごみは，大部分が焼却・破砕・選別などによる処理（中間処理）や資源化（再生）されて，一部が直接埋立て（最終処分）ています．2013年（平成25年）環境省の調査では，中間処理が93.6％，再生業者などでの資源化が5％，1.4％を直接埋め立てています．そして中間処理で減量化したごみと直接埋め立てているごみの合計量は628万トンになります．

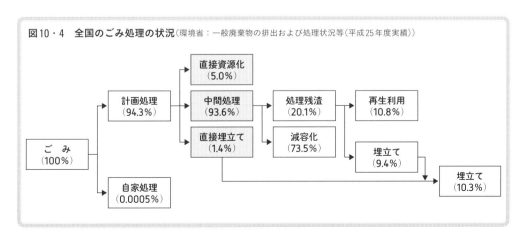

図10・4　全国のごみ処理の状況（環境省：一般廃棄物の排出および処理状況等（平成25年度実績））

ごみの焼却と環境汚染

わが国には，全国に1200近いごみ焼却場があります．アメリカは170，ドイツは50，イギリスが7ですので，日本は世界一のごみ焼却場大国なのです．ごみ焼却場のうち，66％の施設で焼却から出る熱を利用して発電や施設内の暖房・給湯，あるいは施設外の温水プールや地域への熱（温水・蒸気）供給を行っています．

ごみの中には塩化ビニル製品や食品ラップが含まれています．これらが焼却炉で燃やされると，ダイオキシンが発生して大気を汚染します．特に生ごみなどの水分を多く含むごみと一緒に燃やすと，燃焼温度が下がり**ダイオキシン**が発生するのです．

ダイオキシンは，がんや奇形児の発生などに関係があるとされる物質で，1gで1万人を殺す猛毒ともいわれており，5000万トンのごみを低温（300〜400℃）で不完全燃焼させると，約10kgのダイオキシンが発生するといわれています．

日本では，空気中のダイオキシン濃度の基準（80 ng-TEQ/Nm³）を定めるとともに，焼却炉の低温燃焼（850℃以下）を防ぐために，24時間連続して焼却炉を燃やすことができる大規模広域処理への転換を図っていますが，小さな自治体や清掃組合には負担が大きくあまり進んでいないのが実情で，24時間連続燃焼施設はまだ全体の39％にすぎません．

1997年（平成9年）の調査によれば，全国で71の焼却場が国の基準値を超えており，中には基準値の6倍ものダイオキシンを排出している焼却場がありました．

このように，ごみが増えると環境に大きなダメージを与え，健康に多大な影響をもたらすことになるので，ごみの減量，徹底した分別，リサイクルが必須のこととなっています．

また前述のように，2500万台ものごみ収集車が走り回ることによる排気ガスの影響や，ごみの最終処分場（埋立て地）にも限りがあり，全国に1189施設（2014年）がありますが全国平均ですと19.7年分（2012年現在）の処理量しか残っていないので，ごみの減量化やリサイクル率の向上が必須となっているのです．

環境ホルモンとダイオキシン

環境ホルモンとは，人間や動物などのホルモン作用をかく乱し，生殖機能障害や悪性腫瘍などを引き起こす可能性のある化学物質をいいます．現在，ダイオキシンを含む約70種類が確認されています．ダイオキシンは塩素を含んだ210種類の有機化合物の総称で，正式にはダイオキシン類と呼ばれ，このうち17種類が毒性をもった物質として確認されています．

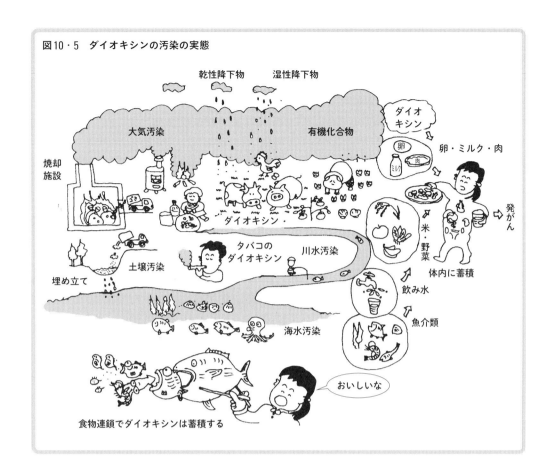

図10・5 ダイオキシンの汚染の実態

生ごみとディスポーザ

10-3

　台所から出る生ごみ（ちゅう芥）の量は，家庭から出るごみの量の約40％を占めており，75％が水分で腐敗しやすく，保管中に害虫が発生することがあるなど，その扱いには苦労している人が多いでしょう．しかし，最近になって，このやっかいな生ごみを**ディスポーザ**（生ごみ破砕機）で破砕して排水とともに流し出す装置が，集合住宅を中心に設置されるようになって，マンション設備の**三種の神器**ともいわれるようになってきました．

ディスポーザとは

　ディスポーザは，1927年（昭和2年）にアメリカで考案されて1950年（昭和25年）頃から一般家庭で使われだし，今では台所器具として定着しています．日本では，1955年（昭和30年）頃からアメリカからの輸入品が出まわり，国産品も販売されていましたが，排水管や下水道への悪影響や，下水道がない地域で破砕された生ごみがそのまま河川に放流さ

れるなどの環境破壊が問題となり，多くの地域で設置禁止や自粛を求めるようになって，各社が生産・販売を中止しました．

ディスポーザ排水が，そのまま流れ出した場合の下水道や河川への悪影響が大きく，悪質な訪問販売によるトラブルも多発したこともあって，ディスポーザの評判は地に落ちてしまいました．現在でもほとんどの地域で，ディスポーザを単独で使うことに対して自粛要請をしたり禁止しています．ディスポーザは，使い方を誤ると環境破壊につながる器具なのです．では，ディスポーザとはどんな機械なのでしょうか．

ディスポーザの仕組み

ディスポーザは，生ごみを破砕室に入れて水を流しながら回転させて内部のハンマでたたき，すりつぶす機械です．構造はいたって簡単なものなので故障はほとんどありませんが，破砕処理ができないものがあり，生ごみ以外のものや硬いもの，多量の繊維質の強いものなどです．使用上の注意としては，処理ができないものの混入を防ぎ，運転するときは毎分 8 L 程度の水（ほぼ小指の太さくらいの水量）を流すことです．

ディスポーザの復活

では，その悪役ディスポーザがなぜ使われるようになったのでしょうか．1994～1996年（平成6～8年）にわたって行われた，旧建設省の総合技術開発プロジェクト「ディスポーザによる生ごみリサイクルシステムの開発」によって，<u>ディスポーザ排水処理システム</u>が誕生しました．

それは，ディスポーザと排水処理槽を組み合わせて，破砕された生ごみを含む台所排水を，下水道や排水放流先に悪影響を与えない程度に浄化して流す仕組みになっているのです．最近では，年々設置する戸数が増えており，2013 年（平成 25 年）3 月の調査によれば集合住宅では，54 万戸近くの住戸に設置されています．システムについて説明しましょう．

図10・6 ディスポーザの設置

図10・7 ディスポーザの構造例

ディスポーザ排水処理システム

　システムはディスポーザ，専用排水管，排水処理槽で構成されており，下水道に放流するシステムと下水道がない地域に設置するシステムがあり，用途別に集合住宅用，戸建住宅用，業務用があります．

　まず建物内の排水を，台所流しの排水とその他のトイレや洗面所・浴室などの排水とに分けて排水管を設ける必要があります．つまり，台所流し専用の排水管を設置することになります．そしてディスポーザを取り付けた台所流し専用排水管を，ディスポーザ排水処理槽（浄化槽）につないで，決められた汚濁濃度以下に浄化してから放流します．

　このように，このシステムはディスポーザを使うことによって，環境に今まで以上の汚れた排水を流さないことを目的としているので，その性能をテストして認められた製品のみを使用することになっています．システムの性能は日本下水道協会が定めた**下水道のためのディスポーザ排水処理システム性能規準案**に基づいて，同協会が認定した第三者評価機関がテストして認定した製品，あるいは旧建設大臣認定品しか設置できないのです．

　なお，東京都では2005年（平成17年）4月に条例を改正して，処理槽を設けないでディ

表10・1　ディスポーザ処理対象外品目

性状・種類	品　名
硬いもの 　金属類・プラスチック類 　骨類・殻類	王冠，プルトップ栓，スプーン，フォーク，スペアリブ，ティーボーンなど アワビやサザエの殻など
棒状のもの	割りばし，竹串，爪楊枝，マッチ棒など
破損しやすいもの 　陶器類・ガラス類	茶わん類，はし置き，ガラスのコップなど
包装品類・雑貨類	ラップ包装，ビニル袋，輪ゴム，たばこ，発泡スチロール，紙類など
食物・野菜類	大量の生鳥皮やイカの生皮，多量のエダマメさや，多量のカニの皮，トウモロコシの外皮，タケノコの外皮，多量のセロリなどの繊維質など

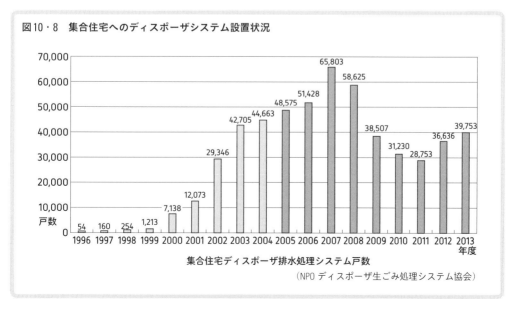

図10・8　集合住宅へのディスポーザシステム設置状況

集合住宅ディスポーザ排水処理システム戸数

（NPOディスポーザ生ごみ処理システム協会）

スポーザだけを使用することを禁止しました．つまりディスポーザは上記のディスポーザ排水処理システムとしてしか使えないことになり，この動きは全国に広まると思われます．

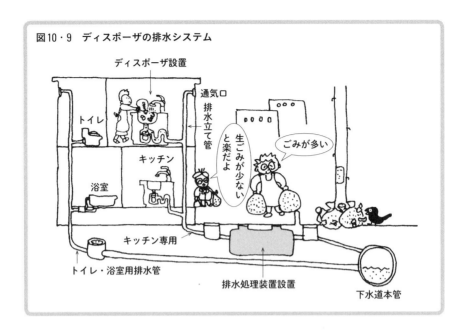

図10・9　ディスポーザの排水システム

ディスポーザ排水は環境を破壊する

　排水の汚れ具合い（濃度）を測る数値にBOD〔mg/L〕を使います．ディスポーザ出口の排水のBOD濃度は5500 mg/Lの非常に汚れた排水ですので，このまま河川などに流れたときの環境に与える悪影響は非常に大きなものとなります．ディスポーザの付いてない台所流しからの排水のBOD濃度は600 mg/L程度ですが，ディスポーザ排水処理システムでは放流水をBOD濃度300 mg/L以下に浄化するので，ディスポーザを使わないときよりもきれいな排水を流すことになるのです．

　しかし，ディスポーザ排水処理システムは設置後の排水管の定期的な清掃や処理槽の維持管理が非常に大切で，第三者評価機関で認可される条件としてメーカーが責任をもって行うように定めています．したがって，設置後はメーカーが指定する専門業者，およびディスポーザ生ごみ処理システム協会が認定した維持管理業者が維持管理業務を行うことが望ましいとしています．

第三者評価機関

　日本下水道協会が認可したディスポーザ排水処理システムの性能をテスト・評価・認証する機関で，テスト・評価は同協会が定めたディスポーザ排水処理システム性能基準(案)に基づいて行われます．現在(2015年)，茨城県薬剤師会公衆衛生検査センター，関西環境管理技術センターがあります．

第11章

水質を変えて使う

汚れた水を浄化する，水中の不純物を取り除く，目的に応じて水質を変える，などの水処理の方法には**物理化学的方法**と**生物化学的方法**があります．建物から出る排水を処理する浄化槽は生物化学的処理を，さらに高度な処理には物理化学的方法が使われており，両者を組み合わせた処理を行う場合もあります．

物理化学的な方法

11-1

汚れを沈めて取る

汚れの原因となっている物質を沈めて，上澄みのきれいな水を使う方法を**凝集沈殿法**といいます．

水中では，水より重い物質は沈む，つまり**沈殿**しますが，小さなものほどその沈殿する速さは遅くなります．たとえば，1 m 沈むのに 1 mm の粗い砂は 10 秒，0.1 mm の細かい砂は 2 分程度かかり，0.001 mm の細菌では 8 日，普通の顕微鏡では見えないほどの，微細な粒子が溶け込んでいる水溶液（たとえば，でんぷんやたんぱく質などの水溶液：コロイド）の粒子の直径は 0.00001 mm 程度ですが，なんと 150 年もかかってしまいます．

凝集沈殿法は，水に溶け込んでいる濁りや色の原因である微細な粒子を集めて，大きさを大きく重くして，速く沈殿させて濁りや色を除くもので，微細な粒子の結合を促進する**凝集剤**を添加して，かくはん・混合し，粗大な粒子（フロック）にして沈殿させ，上澄みのきれいな水を得るようにしたものです．

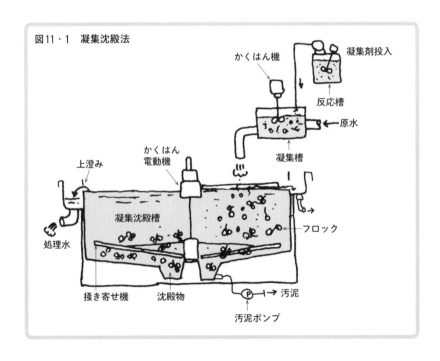

図11・1　凝集沈殿法

凝集剤には，硫酸アルミニウムやポリ塩化アルミニウム（PAC）などが使われており，PACはプール水の浄化によく使われています．

浮き袋に付けて取る

汚れの原因となっている物質を，空気の泡にくっ付けて取る方法を**加圧浮上法**といいます．水を密閉したタンクに入れて圧力を加えていくと，空気が水の中にどんどん溶け込んでいきます．水に溶け込むことのできる限界の濃度近くまで空気を溶け込ませ，その水を汚れた水に混ぜ合わせて普通の圧力まで戻すと，溶け込んでいる空気が水から分離して微細な気泡となって水面上に浮いてきます．水中に浮遊している物質を，この気泡にくっ付けて水面上に浮上させて除去する方法が加圧浮上法です．すなわち，重いものに気泡という浮袋を付け，浮き上がらせて取り除こうという方法なのです．

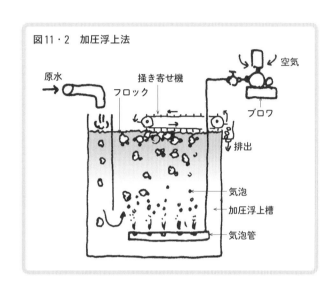

図11・2 加圧浮上法

一般には，凝集剤を添加してできた汚れ物質の塊を，浮上させてかき寄せて取る方法として，**ちゅう房排水の処理**などに使われています．

ふるいにかけて取る

砂をふるいにかけると，ふるいの下にはきれいな砂がつもり，ふるいの中には小石や木くずが残った経験をおもちでしょう．このように，汚れた水をふるいにかけてきれいにするために，ろ過器と樹脂製の膜（高分子膜）が使われています．

ろ過器は浮遊する物質や，普通の顕微鏡で見える程度の微粒子が入り込んで汚れた水を浄化するのに使われ，**高分子膜**は，ろ過器では取れない微細な粒子が混ざった水に対して使われます．ろ過器についてはすでに9章で述べていますので，ここでは高分子膜による方法について説明します．

高分子膜には，多くの孔が開いていて，この孔の大きさより大きい物質はその孔を通ることができないという"ふるい作用"により，水をきれいにするので，除去したい物質や溶け込んだ成分の大きさによって，孔の大きさの異なる膜を使い分けます．

高分子膜には，**精密ろ過膜**（MF：Micro Filtration Membrane），**限外ろ過膜**（UF：Ultra Filtration Membrane），**逆浸透膜**（RO：Reverse Osmosis Membrane）があります．図11・3は水の中から取り除くものの大きさと除去方法を示したものです．

精密ろ過膜（MF）は大腸菌などを，限外ろ過膜（UF）はウイルスなどを，逆浸透膜（RO）は水中のイオンや溶け込んでいる塩類などを分離できます．

11-1 物理化学的な方法

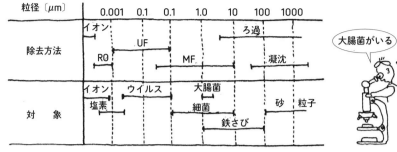

図11・3 高分子膜と除去対象

RO：逆浸透膜
UF：限外ろ過膜
MF：精密ろ過膜

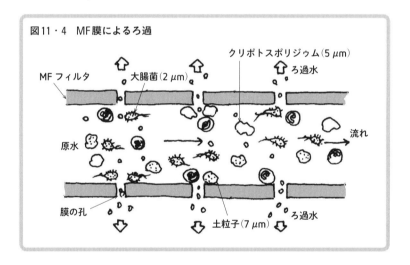

図11・4 MF膜によるろ過

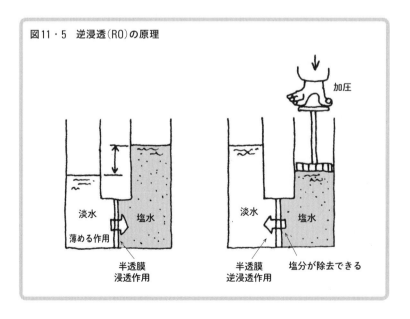

図11・5 逆浸透（RO）の原理

水は通すけど，水に溶けているイオンや分子をほとんど通さない膜を隔てて，不純物が少ない（薄い）溶液と多い（濃い）溶液とが接しているとき，濃い溶液を薄くしようとして，薄いほうから濃いほうへ水のみが移動します．このことを**浸透作用**といいます．ナメクジに塩をふりかけると，その塩を薄めようと体の中から水が細胞膜を透して外に出て，ナメクジがその形を保てなくなるのも，この浸透作用によります．

　この作用を逆に利用して，濃い水のほうに圧力をかけて，膜の反対側に水だけを押し出して水を取り出す膜を，**逆浸透膜**（RO 膜）といいます．逆浸透（RO）は，海水の淡水化や医薬用水，半導体の洗浄などに使う超純水の製造に使われています．

吸い付けて取る

　取り除きたいものを吸い付けて（吸着）取る代表的なものに**活性炭**があります．

　活性炭は，非常に小さい孔（0.4〜25 μm）をもつ深い洞窟のような構造になっています．これだけ小さい孔をもった洞窟ですので，活性炭 1 g の内部表面積は，なんと 1000 m^2 ほどにもなり，この広い面積をもつ小さい孔によって，さまざまな物質を吸着することができるのです．水に溶けている微細（分子量 1000 以下）な有機物は，この細い孔に侵入して吸着されます．

　しかし，洞窟の入口よりも大きな（分子量 1500 以上）有機物や細菌類は洞窟の中に入れないので，活性炭の外表面に付着して孔を塞いだり，外表面で増殖して逆に悪さすることがあります．そこで，たとえば**家庭用浄水器**では，濁度，赤さび，細菌などの洞窟にもぐり込めない汚れを，限外ろ過膜（UF）の中空糸膜で取り除き，かび臭やカルキ臭，トリハロメタンを活性炭で吸い付けるなどの使い分けをしています．

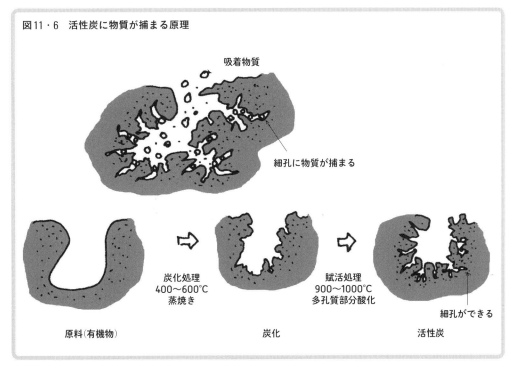

図 11・6　活性炭に物質が捕まる原理

pH 調整

pHとは，酸性(7より小さい)，中性，アルカリ(7より大きい)かを示す数値であり，ドイツ語読みで"ペーハー"と呼びますが，英語読みで"ピーエイチ"ともいいます．

pH調整を行うのは，微生物や生態系に影響を与えないように中和したり，凝集に適したpHにして化学反応を進行させるなどが目的です．pH調整用に酸では塩酸・硫酸が，アルカリでは水酸化ナトリウムなどが使われます．調整のときはよくかき混ぜるのが大切です．pHの値は指数なので，1違うと濃度は10倍，2違うと濃度は100倍違い，pHを調整するのはけっこう難しいのです．

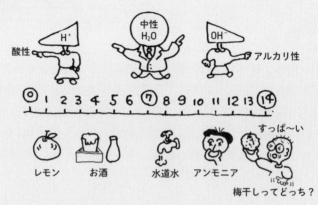

ジャングルジムによる物々交換

水を電気分解すると，原子は陽極と陰極に移動します．陽極に移動する原子を**陽イオン**，陰極に移動する原子を**陰イオン**といいます．これらのイオンと**樹脂**（イオン交換樹脂）のイオンを交換することにより，水の性質を変えることができます．

イオン交換樹脂は，直径約0.5 mmの球状をしており，大きく拡大するとジャングルジムのような構造になっています．このジャングルジムの棒には，**イオン交換基**という手がついていて，通常この手は**水素イオン**や**ナトリウムイオン**を握っています．このジャングルジムの手に結び付きやすいイオンが接触すると，手は水素イオンなどを離して，結び付きやすいイオンを握るイオンの交換をする，つまり物々交換をするわけです．

たとえば，カルシウムイオン（Ca^+）やマグネシウムイオン（Mg^+）を多く含む水は，硬水と呼ばれますが，ナトリウムイオン（Na^+）のイオン交換樹脂を使って，水中のカルシウムやマグネシウムをナトリウムと交換して取り除き，軟水をつくり出すのが**硬水軟化装置**です．しかし，この作用を繰り返していくと，交換する樹脂上のイオンがなくなるので塩水などを通して再生します．

よく蒸気ボイラ室などに塩の袋が置いてありますが，イオン交換樹脂の再生に使うためなのです．

生物化学的な方法

11-2

微生物に愛を込めて

　微生物の助けを借りて，水を浄化する方法が**生物処理法**です．微生物とは，細菌，かび，酵母，ウイルスなどのことで，自然界には非常にたくさんの微生物が存在しています．しかし非常に小さく，私たちはその姿を直接目で見ることができません．

　微生物には，空気中や酸素があるところで発育する**好気性微生物**と，空気や酸素のないところで発育する**嫌気性微生物**がいます．しかし，嫌気性微生物の中には酸素があっても発育する乳酸菌や大腸菌もいます．

　生物処理には大きく分けると，**好気性処理**と**嫌気性処理**がありますが，一般には，好気性処理のほうが多く使われています．では汚れた排水はどのように浄化されるのでしょうか．

　好気性処理は好気性微生物が主役です．好気性微生物というとわかりにくいかもしれませんので，ここでは細菌類ということにしましょう．まず，排水中の汚れの原因である有機物を，細菌類が食べて減らすとともに増殖します．その結果，細菌類（好気性微生物）をえさとする**原生動物**（アメーバやゾウリムシなど）が増え，さらに細菌類や原生動物をえさとする**後生動物**（ミミズやミジンコなど）が現れるようになります．このような現象を生態系の**食物連鎖**（food chain）といい，排水が浄化されていくのです．

図11・7　食物連鎖

　このように，生物処理は生物が主役なので，生物が成育し活動できる環境を整えることが大切で，空気（酸素）を与えたり，生育・活動しやすい水温に保ったり，えさ（有機物）の量，すなわち排水量と生物とのバランスを適切に保つことが必要で，処理施設では送風機で空気を送り込んだり，流れ込む排水量を調整する流量調整槽などを設けています．

　一方，嫌気性処理は嫌気性微生物が活躍する処理法で，嫌気性微生物には，酸素が存在しない中で酸をつくる細菌と，メタンをつくる細菌がいますが，最終的に有機物を二酸化炭素とメタンに分解します．

　生物化学的処理の代表的な方法に活性汚泥法と生物膜法があります．

微生物の群れで浄化する活性汚泥法

活性汚泥法は微生物が水中で浮遊した状態で処理する方法です．**活性汚泥**とは，多くの微生物が増殖して排水中に生育する，ふわふわした茶褐色の塊で**フロック**と呼ばれていて，沈みやすい性質があります．活性汚泥法は，この微生物の集合体によって水中の有機物を吸着，分解させる処理法です．

活性汚泥法は，ばっ気槽と沈殿槽から構成されています．ばっ気槽では，送風機（ブロワ）より酸素（空気）を送り込みながら，排水と沈殿槽から戻ってくる活性汚泥をかくはん混合して有機物を吸着・分解して処理します．沈殿槽では，固まって重くなった汚泥を沈殿させ，きれいになったその上澄みを放流することになります．下に沈んだ汚泥は，ばっ気槽に戻して再利用します．また，余った汚泥は**産業廃棄物**として業者に引き取ってもらいます．

最近では，この沈殿槽の代わりに UF 膜などにより，汚泥と水とを分離させて処理する，浸漬膜法などの**膜分離活性汚泥処理法**も採用されつつあります．

微生物の膜で浄化する生物膜法

生物膜法は，微生物を固体の表面にくっ付いた状態で処理する方法です．**生物膜法**とは，蜂の巣（ハニカム）状・平板状・波板状などの固体の表面に微生物の薄い膜（生物膜）をつくり，その生物膜で浄化する方法です．この固体は，担体とか接触材あるいはろ材と呼ばれます．

生物膜法は，接触ばっ気槽と沈殿槽で構成されています．接触ばっ気槽の中では，担体を水の中に沈めて固定し，ブロワ（送風機）より酸素（空気）を送り込みながら，かくはん混合して，排水の中の有機物を微生物に吸着・分解して沈殿槽に送り，沈殿槽で固形物を沈殿させて，きれいな上澄み水を放流します．担体をスポンジなどのように小さくし，水の流れとともに動く**流動床方式**のものもあります．いずれも，有機物と細菌類の接触回

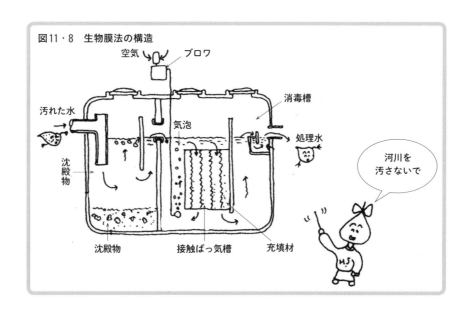

図11・8　生物膜法の構造

数，面積を増やす工夫がなされています．

生物膜法は，活性汚泥法に比べると生息する微生物の種類が多く，水質や水量の変化に対応しやすく，維持管理もしやすいようです．

水の種類と処理方法

11-3

水処理とは，水の中の浮遊物や溶けている物を取り除くことです．水処理の方法を考えるうえで，元になる水（これを**原水**という）の汚れの程度を知ることがまず大切です．水の汚れをどの程度取り除くかは処理した水の使い道によって異なり，処理した後の水質のグレードから下水道放流，河川や海洋放流，雑用水，飲料水，純水の順で厳しくなります．

飲める水をつくる──浄水処理

浄水場では，好気性微生物が付着した砂ろ過＋消毒方式である**緩速ろ過方式**や**急速ろ過方式**が用いられています．緩速ろ過は，ろ過の速さが3〜8 m/日と非常にゆっくりしています．急速ろ過は，凝集剤で凝集・沈殿させた後に砂でろ過する方式で，現在はこの方式が多くなっています．最近では，急速ろ過に加え，活性炭，オゾン処理などの高度処理や，クリプトスポリジウム原虫対策としての膜処理も行われつつあります．地下水を飲料用に利用する場合，一般的には砂などを沈殿させた後，鉄分やマンガンが含まれている場合は，それを除去して塩素消毒を行います．

汚れを少なくする──排水処理

下水道があるところでは，生活排水はそのまま放流できますが，ちゅう房排水や工場などの排水は，下水道に障害を与えるものを取り除くための施設，すなわち**除害設備**を設けて，下水の水質基準以下にして放流しなければなりません．下水道が整備されていない地域では，生活排水の処理は**浄化槽**（1章参照）によって行い，河川あるいは湖，海などに放流しています．また，事業系排水は，**水質汚濁防止法**の特定施設の場合，排水基準の規制があります．

排水処理は，基本的には物理化学的処理（凝集沈殿，浮上分離，膜処理，イオン交換など），生物学的処理（嫌気性・好気性処理），消毒，汚泥処理の組合せですが，必要に応じて酸化・還元，窒素やリンの除去，活性炭吸着，オゾン処理なども行われます．

汚れた水を再び利用する――雑用水設備

汚れた水をトイレ洗浄水などの**雑用水**として再び利用する場合の処理方法は，原水が雑排水のみの場合と汚水＋雑排水の場合とでは処理方法は異なりますが，基本的には排水処理で用いられる処理方法とほとんど変わりなく，生物処理→沈殿→ろ過→消毒という工程で，処理する原水の種類によって活性炭処理や二段生物処理，膜処理などを組み合わせます．一つの建物の中でその建物で発生した排水を処理して使う場合（個別循環方式といいます）には，洗面器やちゅう房排水，浴場排水などの雑排水のみを原水とする場合が多く，市街地再開発など，その地区の建物の排水をまとめて処理して使う場合（地区循環方式）や広い地域内を対象とする場合（広域循環方式）には，汚水と雑用水をまとめて処理することが多いようです．

いずれの場合も，建物に降った雨水を利用する雨水利用設備を併設することが多く，雨水の処理は沈澱とろ過の比較的簡単な物理的処理を用いており，実際にはろ過工程を省いて沈殿だけで使っている施設も多いようです．

純粋な水をつくる――純水製造

理論的な**純水**とは，不純物を含まない単なる"H_2O"のみの水のことをいいます．何のために純水を必要とするかは用途によって異なります．また，用途によって何を取り除き，何を測るかにも違いが出てきます．半導体工場では，純水は主に洗浄用に使われます．医薬品製造では，洗浄用に加えて薬の原料の一つになります．研究・実験室では，対象となる液体の濃度を薄めたりするのに使用されます．

純水の質を表すのによく使われるのは，**電気伝導率**（あるいは導電率）です．電気伝導率は電気の流れやすさを示しており，不純物すなわちイオンが少なければ，この値も小さくなることを利用して測定します．また，半導体工場では**比抵抗**がよく使われます．比抵抗は，電気伝導率の逆数で電気の流れにくさを表すもので，不純物すなわちイオンが少なければ電気が流れにくいので，この値は大きくなります．

実際に製造される純水は，50 m プールの中に含まれることが許される不純物の量が，2.5 g とか 0.25 g というまさに不純物がゼロに近い水なのです．

さて，このような純水はどのようにつくられ，供給されるのでしょうか．まず，後の処理工程に影響を与える残留塩素を取り除く活性炭処理などの前処理を行った後に，本格的に水の不純物を除去するイオン交換，RO，UF，紫外線殺菌を経てつくられ，純水が配管内などに滞留して微生物が繁殖したり，水質が変化することがないようにループ配管にするなどの方法で供給されます．

実は，純水は不純物が少ないので，"味も素っ気もない"まずい水なのです．

引用・参考文献一覧

1. アレクサンダー・キラ著：「THE BATHROOM バス・トイレ空間の人間科学」，TOTO出版，1976年
2. 市川憲良, 他著：「空気調和・衛生工学会論文集」，No.51, 平成5年2月号
3. 石川新情報書府：「兼六園全史」，1976年
4. 今井　宏訳著：「古代のローマ水道」，原書房，1987年
5. 遠藤士朗監修：「上水道工学」，森北出版，1993年
6. 岡田誠之編著：「水とごみの環境問題―環境工学入門編」，TOTO出版，1995年
7. 鎌田元康編著：「給湯設備のABC」，TOTO出版，1993年
8. 鎌田元康編著：「お湯まわりのはなし」，TOTO出版，1996年
9. 菊山紀彦監修, スペースライフ研究所編著：「宇宙生活読本」，ビジネス社，1997年
10. 北野　徹訳：「ローマの古代都市」，白水社，1995年
11. 紀谷文樹編著：「都市をめぐる水の話」，井上書院，1992年
12. 紀谷文樹, 他著：「給排水衛生設備学初級編 水まわり入門」，TOTO出版，1999年
13. 紀谷文樹, 他著：「給排水衛生設備学中級編 水まわりの実務」，TOTO出版，1999年
14. 給排水設備研究会・日本建築センター：「ディスポーザによる生ごみの処理」(シンポジウムテキスト), 1999年
15. 給排水設備研究会編：「給排水設備研究会創設10周年記念：給排水設備20年のあゆみ(年表・資料集)」，1993年
16. 給排水設備研究会編：「水とあゆむ 給排水衛生設備30周年の軌跡と未来」，2003年
17. 空気調和・衛生工学会編：「空気調和・衛生工学便覧(第13版)」，2001年
18. 空気調和・衛生工学会規格：SHASE-S206-2000 給排水衛生設備規準・同解説，2000年
19. 空気調和・衛生工学会編：「空気調和・衛生設備技術史」，261〜274頁，1991年
20. 空気調和・衛生工学会編：「図解　空調・給排水の大百科」，オーム社，1998年
21. 空気調和・衛生工学会編：「給排水衛生設備　計画設計の実務の知識(改訂3版)」，オーム社，2010年
22. 空気調和・衛生工学会編, 山本大輔著：「空気調和・衛生工学会新書 暮らしの水・建築設備の水利用」，理工図書，1994年
23. 小川正晃著：「中央式給湯設備の配管計画・設計法」，空気調和・衛生工学第84巻第1号，2010年
24. 建築設備学教科書研究会編著：「建築設備学教科書(新訂版)」，彰国社，2002年
25. 建築設備技術者協会編：「小事典 暮らしの水」，講談社，2002年
26. 建築設備システムデザイン編集委員会編：「快適環境と設備の知識」，理工図書，1999年
27. 国土交通省土地・水資源局水資源部編：「日本の水資源(平成26年版)」，2014年
28. 崎　輝雄編：「温泉と健康」，厚生科学研究所，1995年
29. 宅　基文, 他著：「日本を中心とした仮想水の輸出入」，第6回水資源に関するシンポジウム論文集，2002年
30. 環境省ホームページ：http://www.env.go.jp/water/virtual_water
31. 谷川　昇著：「ごみの性状と排出量」，空気調和・衛生工学，74-8, 平成12年8月号，2000年
32. 千種　薫著：「微生物による水質管理」，産業用水調査会，1996年
33. 中井多喜雄著・イラスト木村芳子：「イラストでわかる給排水・衛生設備の技術」，学芸出版社，1995年
34. 中西準子著：「水の環境戦略」，岩波書店，1994年
35. 中野和幸著：「水道・建築設備用ステンレス鋼管の需要実態と最近の動向」，建築設備と配管工事，2001年7月号，49〜51頁, 日本工業出版，2001年
36. 日本温泉協会ホームページ：http://www.spa.or.jp/menu.htm
37. 日本水道協会：「日本水道史」，1967年
38. 廃棄物学会編：「改訂ごみ読本」，中央法規出版，2000年
39. 榧根　勇著：「水の循環　水文学講座3」，共立出版，1973年
40. 平田純一著：「トイレットのなぜ？」，講談社，1996年
41. 福田文治著：「初歩から学ぶ水処理技術」，工業調査会，1999年
42. 間片博之監修：「下水道工学」，森北出版，1993年
43. 三森友直著：「建築配管におけるステンレス鋼管, 継手の歴史と今後の展望」，建築設備と配管工事，2002年11月号，1〜2頁, 日本工業出版編，2002年
44. 宮原昭三, 他共著：「実用イオン交換」，化学工業社，1972年
45. 盛岡　通, 他共著, 土木学会関西支部編：「水のなんでも小事典―飲み水から地球の水まで」，講談社，1989年
46. 文部科学省：「高等学校用教科書　衛生・防災設備」，実教出版，2003年
47. 文部科学省科学技術・学術審議会：「地球上の生命を育む水のすばらしさの更なる認識と新たな発見を目指して(文部科学省科学技術・学術審議会　資源調査分科会報告書)」，2003年
48. 吉村二三隆著：「これでわかる水処理技術」，工業調査会，2002年

索引

あ

アーク放電 …………………… 154
圧送方式排水方法 …………… 109
圧力計 ………………………… 162
圧力式逆流防止器 ……………… 35
圧力タンク方式 ………………… 43
圧力別ゾーニング ……………… 36
あふれ縁 ………………………… 33
洗落し式大便器 ……………… 130
洗出し式洗浄方式 …………… 130
泡消火設備 …………………… 179
イオン交換樹脂 ……………… 234
易操作性1号消火栓 ………… 173
1号消火栓 …………………… 173
一管ループ配管方式 ………… 70
一斉開放弁 …………………… 178
一般廃棄物 …………………… 222
鋳鉄管 ………………………… 149
飲料水の水質基準 ……………… 18
ウォータハンマ …… 35, 36, 136
ウォッベ指数 ………………… 187
雨水排水設備 ………………… 118
雨水ます ……………………… 108
打たせ湯 ……………… 208, 211
宇宙船のトイレ ……………… 110
エアロゾル …………………… 207
衛生器具 ………………… 35, 128
衛生陶器 ……………………… 128
液化ガス運搬車 ……………… 191
液化石油ガス …………… 187, 190
液化天然ガス ………………… 188
エコキュート ………………… 87
エコジョーズ ………………… 85
エスコ ………………………… 18
エポキシ樹脂ライニング
鋼板製貯湯槽 ………………… 92
エルボ …………………… 50, 67
塩化ビニル管 ………………… 149
塩素化イソシアヌール酸 …… 201
塩素消毒 ……………… 20, 61, 201
追焚き ………………………… 83
屋外消火栓設備 ……………… 173
屋内消火栓設備 ……………… 172
汚水 …………………………… 96
汚水ます ……………………… 108
温水洗浄便器 ………………… 139
温泉 …………………………… 214
温泉泉質表 …………………… 215
温調弁 ………………………… 162
温度計 ………………………… 162
温度調節弁 …………………… 162

か

加圧給水ポンプ ……………… 50
加圧浮上法 …………………… 231
カートリッジ式ろ過器 ……… 204
回転数制御方式 ……………… 45
開放型スプリンクラ消火設備 … 177
香り風呂 ……………………… 211
架橋ポリエチレン管 ………… 150
拡管袋ナット型継手 ………… 155
掛け流し浴槽 ………………… 207
火災 …………………………… 166
火災荷重 ……………………… 169
火災の減衰期 ………………… 169
火災の最盛期 ………………… 169
火災の成長期 ………………… 169
火山性温泉 …………………… 216
ガス火災 ……………………… 167
ガス管 ………………………… 147
ガスケット材 ………………… 155
ガス瞬間給湯機 ……… 71, 76, 83
ガス栓 ………………… 191, 193
ガス灯 ………………………… 186
ガス内管工事 ………………… 195
ガスの燃焼性 ………………… 187
ガスホルダ …………………… 189
ガスボンベ …………………… 190
ガス漏れ警報器 ……………… 192
ガス漏れ警報設備の
検知器・警報器の設置基準 … 191
ガス容器 ……………………… 190
仮想水 ………………………… 14
ガソリン阻集器 ……………… 114
活性汚泥 ……………………… 236
活性炭 ………………………… 233
カップリング水栓 …………… 138
合併処理浄化槽 ……………… 27
家庭の水使用量 ……………… 40
家庭用浄水器 ………………… 233
加熱装置の加熱能力 ………… 74
加熱能力 ……………………… 74
ガバナ ………………………… 189
壁掛け型小便器 ……………… 132
過マンガン酸カリウム ……… 201
カラン ………………………… 137
簡易水道 ……………………… 25
簡易専用水道 ………………… 25
環境ホルモン ………………… 224
管径の決め方 ………………… 53
乾式スプリンクラ消火設備 … 178
乾式弁 ………………………… 178
間接排水 ……………………… 116
緩速ろ過方式 …………… 25, 237
管端防食継手 ………………… 152
貫流ボイラ …………………… 80
擬音装置 ………………… 17, 143
気化熱 ………………………… 8
基幹エネルギー ……………… 188
器具給水負荷単位 …………… 52
器具排水負荷単位 …………… 119
器具別給湯単位 ……………… 75
器具別給湯量 ………………… 75
汽車便 ………………………… 130
気水分離器 …………………… 76
気泡風呂 ……………………… 210
逆サイホン作用 ……………… 33
逆浸透法 ……………………… 22
逆浸透膜 ……………………… 231
逆止め弁 ………………… 138, 160
逆流防止器 …………………… 34
給水機器 ……………………… 47
給水設備 ……………………… 32
給水装置 …………………… 25, 38
給水配管系統図 ……………… 54
給水負荷単位
同時使用流量線図 …………… 54
給水ポンプ …………………… 48
急速ろ過方式 …………… 25, 237
給排水衛生設備規準 ………… 113
凝集剤 ………………………… 230
凝集沈殿法 …………………… 230
凝縮熱 ………………………… 9

項目	ページ
強制気化装置	190
強制循環式太陽熱給湯システム	90
強制循環方式	84
共用通気管	103
局所式給湯方式	69
局所放出方式	181
許容最大器具排水負荷単位数	121
許容摩擦抵抗	53
緊急ガス遮断装置	191
クアハウス	217
空気熱源ヒートポンプ	88
グラスライニング貯湯槽	92
グリース阻集器	114
クリプトスポリジウム	12
グローブ弁	159
クロスコネクション	32
クロラミン	201
けいそう土式ろ過器	203
ゲート弁	159
下水臭	117
下水道	3, 5, 26
下水道のためのディスポーザ排水処理システム性能規準案	227
結合塩素	201, 202
結合通気管	103
結露	134
減圧弁	162
限外ろ過膜	231
嫌気性微生物	235
小石川水道	4
高温水給湯方式	84
鋼管	147
好気性微生物	235
公共下水道	26
工業用水	23
硬質塩ビライニング鋼管流量線図	55
硬水	21
高置水槽	48
高置水槽方式	44
高分子膜	231
合流下水道	118
硬ろう	157
コージェネレーションシステム	88
個別自動洗浄方式	133
ごみ	222
ごみの処理	223
コロニー形成単位	200

さ

項目	ページ
サイアミーズコネクション	174
在郷軍人病	206
サイホン式大便器	130
サイホンゼット式大便器	130
サイホンボルテックス式大便器	130
先止め式給湯機	83
先分岐方式	93
差込み溶接	155
殺菌	202
雑排水	27, 96
雑用水	38
サーモスタット式シャワーバス水栓	138
サーモスタット付き混合水栓	68
サーモスタット付き水栓	138
さや管ヘッダ工法	93
山岳トイレ	105
産業廃棄物	223, 236
散水障害物	177
散水栓	138
三層管	151
酸素欠乏空気	169
次亜塩素酸ナトリウム	201
次亜塩素酸ナトリウム溶液	61
ジェット風呂	211
仕切弁	159
自己サイホン現象	115
自然循環方式	83
自然冷媒	88
自動お湯張り機能	84
自動式湯水混合栓	142
始動水位	107
自動水栓	136
自動足し湯機能	84
自動沸上げ機能	84
自噴温泉	216
自閉水栓	137
締付け型継手	155
湿り通気管	102
重水	24
住棟セントラル方式	70
受水槽	47
循環式浴槽	206
循環式浴槽システム	209
循環ポンプ	198
純水	24, 238
消火設備	170
浄化槽	27, 237
消火用放水銃	183
小規模貯水槽水道	25
上水	38
上水道	25
消毒	201
消毒装置	199
消防設備士	171
消防用水	170
消防用の設備	170
除害設備	97, 237
初期消火設備	173
食物連鎖	235
自立型屋外消火栓	174
シール材	154
真空式温水機	81
真空方式排水方法	109
シングルレバー水栓	136
伸縮管継手	158
伸頂通気管	102
浸透作用	233
深夜電力温水器	71
水撃作用	36
水質汚濁防止法	237
水栓	135
水栓こま	135
水損事故	177
水道メータ	162
水封トラップ	111
スイング式逆止め弁	160
すきま腐食	147
ステンレスクラッド鋼板貯湯槽	92
ステンレス鋼管	147
ストール小便器	132
ストップ弁	159
スプリンクラ消火設備	175
スリーブ型伸縮継手	159
スルース弁	159
生活用水	12, 23
制御弁	161
成績係数	87
生物膜法	236
精密ろ過膜	231
セクショナルボイラ	80

世帯人員別使用水量 ………… 40	チャッキ弁 ………………… 160	ナフサ ……………………… 187
設計用給湯量 ………………… 73	中央式給湯方式 …………… 69	鉛浸出基準値 ……………… 163
節水器具 ……………… 17, 141	中央熱源給湯方式 ………… 70	鉛レス対策 ………………… 163
節水こま …………………… 143	中水 …………………… 24, 38	軟水 ………………………… 21
節水便器 …………………… 141	ちゅう房排水の処理 …… 231	軟ろう ……………………… 157
接着接合 …………………… 157	超音波風呂 ………………… 210	逃し通気管 ………………… 103
設備ユニット ……………… 129	跳水現象 …………………… 100	二管式配管 ………………… 70
節湯A ……………………… 141	直接加熱方式 ……………… 83	2号消火栓 ………………… 173
節湯AB ……………………… 141	貯水槽 ………………… 32, 56	二酸化炭素消火設備 ……… 180
節湯B ……………………… 141	貯水槽水道 ………………… 25	二重トラップ ……………… 116
全域放出方式 ……………… 181	直結増圧ポンプ方式 ……… 43	ねじ接合 …………………… 154
洗濯場阻集器 ……………… 114	直結方式 …………………… 43	ねずみ鋳鉄製 ……………… 149
セントラル給湯方式 ……… 69	貯湯槽容量 ………………… 74	熱交換器 …………………… 199
潜熱回収型ガス給湯機 … 85, 196	通気管 ……………………… 102	燃料電池 …………………… 89
専用水道 …………………… 25	通気管の管径 ……………… 118	
送水口 ……………………… 174	通気立て管 ………………… 103	**は**
相変化 ……………………… 7	通気弁 ……………………… 104	バイオフィルム …………… 212
阻集器 ……………………… 114	突合せ溶接 ………………… 155	配管の呼び径 ……………… 146
ゾーニング ………………… 36	ツーハンドル混合栓 ……… 137	配管用炭素鋼管 ……… 147, 186
	停止水位 …………………… 107	配管流量 …………………… 55
た	定水位弁 ……………… 59, 161	廃棄物 ……………………… 223
ダイオキシン ……………… 224	ディスポーザ ……………… 225	排気フード消火設備 ……… 184
大気圧式逆流防止器 ……… 35	ディスポーザ	排水管 ……………………… 98
耐久性 ……………………… 56	排水処理システム ………… 226	排水管の管径 ……………… 119
台数制御方式 ……………… 45	鉄管 ………………………… 147	排水口開放 ………………… 116
大便器 ……………………… 130	テーパねじ ………………… 154	排水口空間 ………………… 116
ダイヤフラム ……………… 162	電気温水器 ………………… 86	排水槽 ……………………… 105
太陽熱給湯システム ……… 90	電気伝導率 ………………… 238	排水トラップ ……………… 111
大浴場 ……………………… 208	電気融着法 ………………… 157	排水配管 …………………… 120
ダクタイル鋳鉄製 ………… 149	電縫鋼管 …………………… 146	排水ポンプ ………………… 107
多段渦巻ポンプ …………… 51	銅管 ………………………… 148	排水用塩化ビニル
立て管 ……………………… 100	動力温泉 …………………… 216	ライニング鋼管 ………… 151
立て水栓 …………………… 135	特殊排水 …………………… 96	排水用継手 ………………… 154
建物種別の水使用量 ……… 41	特殊排水管継手 …………… 100	排水横枝管 …………… 98, 119
玉形弁 ……………………… 159	都市ガス …………………… 187	ハイタンク自動洗浄式 …… 133
単管式給湯配管 …………… 71	都市ガス供給システム …… 189	バキュームブレーカ ……… 34
タンクレス大便器 ………… 130	都市下水路 ………………… 26	バキュームブレーカ付き水栓 … 139
タンクレスブースタ方式 … 45	吐水口空間 ………………… 33	バタフライ弁 ……………… 159
鍛接鋼管 …………………… 146	トラップ …………………… 111	パッキン材 ………………… 155
単段渦巻ポンプ …………… 51	トラップ封水 ……………… 115	パッケージ型消火設備 …… 184
単独処理浄化槽 …………… 27	トリチェリの定理 ………… 63	パッケージ型自動消火設備 … 184
地下水の汚染 ……………… 15	トリハロメタン …………… 19	バランシングタンク方式 … 213
地球の水 …………………… 7	トリフルオロメタン ……… 182	バルク貯槽 ………………… 190
地区ガバナ ………………… 189	ドレネージ継手 …………… 154	バルクローリ ……………… 191
窒息作用 …………………… 170	ドロップます ……………… 108	ハロゲン化物消火設備 …… 181
窒息消火 …………………… 169		万能ホーム水栓 …………… 138
窒息消火法 ………………… 170	**な**	ビオトープ ………………… 28
窒息・冷却併用消火法 …… 170	内管工事士 ………………… 195	非火山性温泉 ……………… 216

引込み管ガス遮断装置 191
比抵抗 238
ヒートポンプ 87
比熱 9, 68
ヒューズコック 193
表面張力 10
封水深 111
封水損失 115
不活性ガス消火設備 182
噴出し現象 115
袋ナット締付け型継手 155
ブラスタ阻集器 114
プラスチック管 149
フラッシュオーバ 169
フラッシュ弁 130
フランジ接合 157
ブランチ間隔 121
プール循環システム 213
プール水の消毒装置 200
ブローアウト式大便器 130
プロパンガス 186
粉末消火設備 182
粉末剤 182
分流下水道 118
ヘアーキャッチャ 198, 209
閉鎖型
　スプリンクラ消火設備 176
閉鎖型スプリンクラヘッド 175
ベーパライザ 190
ヘプタフルオロプロパン 182
ベルヌーイの定理 62
ベローズ型伸縮管継手 159
弁 159
ベント継手 159
防露型便器 134
防露タンク 134
ポリブテン管 150
ボールジョイント 159
ボールタップ 59, 161
ボール弁 160
ポンプ直送方式 43

ま

マイコンガスメータ 193
膜分離活性汚泥処理法 236
摩擦損失水頭 49
丸ボイラ 79
水受け容器 129
水資源 12
水資源賦存量 16
水熱源ヒートポンプ 87
水の消費量 14
水噴霧消火設備 179
密度 9
ミネラルウォーター 2, 21
無圧式温水機 81
メカニカル接合 155
毛細管現象 10, 157
毛髪阻集器 114
元止め式給湯機 83

や

誘引サイホン 115
遊泳プール 202, 212
有害物質除害施設 26
有効貯湯量 74
融着接合 157
遊離残留塩素濃度 201
床置き型小便器 132
湯水混合栓 137
揚水ポンプ 48, 50
溶接接合 154
用途別給湯使用量 76
用途別ゾーニング 36
洋風便器 130
横水栓 135

ら

ライニング鋼管 151
ラインポンプ 51
立体水中ポンプ 51
リフト式逆止め弁 160

リモコン式ロータンク 132
量水器 162
理論空気量 194
理論排ガス量 194
ループ通気管 102
冷却作用 170
冷却消火 170
冷却消火法 170
レジオネラ属菌 199, 206
レジオネラ属菌対策 207, 211
連結散水設備 178
連結送水管設備 174
連成計 162
ろう付け接合 156
ろ過器 198, 203, 231
露出型ホースエンドガス栓 194

わ

和風便器 130
ワンタッチ型継手 155

英

A火災 167
B火災 167
CFU 200
CGS 88
COP 87
C火災 167
D火災 167
FRP製貯水槽 56
JIS認証制度 135
LNG 188
LNGタンカー 188
LPG 187
pH 234
SUS 304 147
SUS 316 147
SUS管 148
VP管 149
VU管 149

〈執筆者略歴〉

小坂 信二 (こさか しんじ)　　　　[担当：1章, 4章, 5章]

1967年	早稲田大学第一理工学部建築学科卒業
	戸田建設(株)入社
1987年	長谷工コーポレーション(株)入社
1995年	(株)森村設計入社
1998年	PAEデザイン・アンド・ファシリティ・マネージメント入社
2003年	小坂技術士事務所設立　代表取締役　現在に至る

技術士(衛生工学部門), 一級建築士, 建築設備士, 設備設計一級建築士, エネルギー管理士, 一級管工事管理技士, 消防設備士, 公害防止管理者(騒音, 振動)

対外活動
1988～1997年	東海大学建築学科　非常勤講師
2006年	SHASE技術フェロー(建築設備全般　総合技術)
2013～2014年	国士舘大学工学部　非常勤講師

水上 邦夫 (みずかみ くにお)　　　　[担当：2章, 6章]

1964年	工学院大学機械工学科卒業
	清水建設(株)本社設計部入社
	主として, 空気調和・衛生設備工事の設計業務に従事. 途中大阪支店, フコク生命本社ビル(超高層ビル)建設プロジェクト, 中国北京での京城大が(超高層ビル)設計プロジェクトおよびコンサル業務など
1999年	日本容器工業グループ　(株)エヌ・ワイ・ケイ(蓮田工場)勤務
2005年	同上　非常勤(技術顧問)　現在に至る

技術士(衛生工学部門), 建築設備士, 一級管工事施工管理技士など

講師歴
ものつくり大学建設技能工芸学非常勤講師など

安藤 紀雄 (あんどう のりお)　　　　[担当：7章, 8章]

1963年	早稲田大学第一理工学部建築学科卒業
1965年	早稲田大学理工系大学院建設学科修士課程修了
	高砂熱学工業(株)入社
	以降主として, 空気調和換気設備工事の設計・施工業務に従事.
	途中, シンガポールで超高層建築2棟の空調設備の施工経験あり.
2000年	N.A.コンサルタント代表　現在に至る

一級管工事施工管理技士, SHASE技術フェロー(建築設備全般　施工技術)

講師歴
高砂熱学工業(株)在勤中から, 退職後を含め早稲田大学・ものつくり大学・神奈川大学建築学科の非常勤講師を延べ15年間勤める

「100万人の給排水衛生設備」(2005年発行)
執筆者一覧

小坂　信二　(小坂技術士事務所)	1章
堀尾佐喜夫　(川崎設備工業株式会社)	2章
小池　道広　(株式会社長谷工コーポレーション)	3章
中村　勉　(須賀工業株式会社)	4章
清水　亨　(株式会社ユニ設備設計)	5章
水上　邦夫　(株式会社エヌ・ワイ・ケイ)	6章
安藤　紀雄　(N.A.コンサルタント)	7章, 8章
小川　正晃　(株式会社ユニ設備設計)	2章, 3章, 4章, 9章, 10章
柳村　暁　(須賀工業株式会社)	11章
瀬谷　昌男	イラスト担当

(執筆順, 所属は発行当時)

〈編著者略歴〉

小 川 正 晃 （おがわ まさみつ）　　　［担当：2～4章，9～11章，全体チェック］

1961 年	早稲田大学第一理工学部建築学科卒業
	東洋陶器(株)入社
1963 年	(株)西原衛生工業所設計課入社
1965 年	森村協同設計事務所(現：(株)森村設計)設立に参加
1974 年	小川設計コンサルタンツ設立
1975 年	(株)ユニ設備設計と合併，取締役設計室長
1982 年	代表取締役社長
2000 年	取締役会長　現在に至る

技術士(衛生工学部門)，設備設計一級建築士，建築設備士，一級管工事施工管理技士，消防設備士

社外活動等

1985～1996 年	東海大学建築学科　非常勤講師
1992～2012 年	給排水設備研究会　副会長(企画委員長)
1997～1999 年	公益社団法人　空気調和・衛生工学会給排水設備委員会　委員長
1999～2003 年	一般社団法人　東京都建築設備設計事務所協会理事
2002～2012 年	NPO 法人 生ごみ処理システム協会理事長
2004 年	SHASE 技術フェロー(給排水衛生設備　設計技術)
2015 年	公益社団法人　国際観光施設協会理事

〈イラスト作者略歴〉

瀬 谷 昌 男 （せや　まさお）

1959 年	東京都立工芸高等学校機械科卒業
1964 年	大成温調(株)入社
	以降，特殊空調・衛生設備の設計・施工および品質管理業務に従事
2001 年	退職　現在に至る

建築設備士，一級管工事施工管理技士，消防設備士，建築設備検査資格者

編集協力：嶋田　成二　（しまだ　せいじ）
　　　　　(株)ユニ設備設計チーフエンジニア

フォーマットデザイン：細山田光宣＋相馬敬徳（細山田デザイン事務所）

- 本書の内容に関する質問は，オーム社ホームページの「サポート」から，「お問合せ」の「書籍に関するお問合せ」をご参照いただくか，または書状にてオーム社編集局宛にお願いします．お受けできる質問は本書で紹介した内容に限らせていただきます．なお，電話での質問にはお答えできませんので，あらかじめご了承ください．
- 万一，落丁・乱丁の場合は，送料当社負担でお取替えいたします．当社販売課宛にお送りください．
- 本書の一部の複写複製を希望される場合は，本書扉裏を参照してください．

JCOPY ＜出版者著作権管理機構 委託出版物＞

100万人の給排水

2015 年 8 月 25 日　第 1 版第 1 刷発行
2024 年 2 月 10 日　第 1 版第 6 刷発行

編著者　小 川 正 晃
イラスト　瀬 谷 昌 男
発行者　村 上 和 夫
発行所　株式会社オーム社
　　　　郵便番号　101-8460
　　　　東京都千代田区神田錦町 3-1
　　　　電話　03(3233)0641(代表)
　　　　URL　https://www.ohmsha.co.jp/

© 小川正晃・瀬谷昌男・小坂信二・水上邦夫・安藤紀雄 2015

印刷・製本　三美印刷
ISBN978-4-274-21785-2　Printed in Japan

関連書籍のご案内

• 空気調和・衛生設備の定本を、
さらにわかりやすく、
基本的知識を体系的にまとめた一冊！

空気調和・衛生設備の知識 改訂3版

●空気調和・衛生工学会 編　●B5判・270頁・定価(本体3600円【税別】)

2002年3月発行の「空気調和・衛生設備の知識(改訂2版)」の改訂版。
現行版の記述内容を土台として、最新の技術動向を取り入れるだけでなく、環境指向や安全志向といった今日的観点を取り込み刷新している。また、学生向けの参考書であることを前面に打ち出し、空気調和設備、給排水衛生設備、さらに関連する電気設備の基本事項を確実に身につけられる内容となっている。

• 衛生技術者の実務に役立つ必携書！

給排水衛生設備 計画設計の実務の知識 改訂3版

●空気調和・衛生工学会 編　●B5判・380頁・定価(本体4600円【税別】)

2001年11月発行の「給排水衛生設備 計画設計の実務の知識(改訂2版)」の改訂3版。
給排水衛生設備の計画・設計業務全体の流れをふまえて、基本概念から新技術の具体例までを実務に即して解説。各種設備の計画・設計に関する実務的知識についての長年の研究成果と実務経験を集大成したものであり、プロを任ずる設備技術者にも実務テキストとして活用していただける一冊である。
今回の改訂により、最新の業界動向、技術動向を取り入れ、また環境志向や安全志向などの新しい観点を盛り込んだ内容となっている。

• 空調技術者の実務に役立つ必携書！

空気調和設備 計画設計の実務の知識 改訂3版

●空気調和・衛生工学会 編　●B5判・314頁・定価(本体4000円【税別】)

2002年2月発行の「空気調和設備計画設計の実務の知識(改訂2版)」の改訂3版。
空気調和設備の計画・設計業務全体の流れをふまえて、基本概念から新技術の具体例までを実務に即して解説。各種空気調和設備の計画・設計に関する実務的知識についての長年の研究成果と実務経験を集大成したものであり、プロを任ずる設備技術者にも実務テキストとして活用していただける一冊である。
今回の改訂により、最新の業界動向、技術動向を取り入れ、また環境志向や安全志向などの新しい観点を盛り込んだ内容となっている。

もっと詳しい情報をお届けできます.
◎書店に商品がない場合または直接ご注文の場合も
　右記宛にご連絡ください。

ホームページ http://www.ohmsha.co.jp/
TEL／FAX TEL.03-3233-0643　FAX.03-3233-3440

(定価は変更される場合があります)